国家出版基金项目
NATIONAL PUBLICATION FOUNDATION

“十三五”国家重点出版物出版规划项目—构建和谐劳动关系理论研究丛书

劳动关系转型与雇佣模式变革

The Transformation of Labor Relations and the Change of Employment Mode

陈玉明 著

中国工人出版社

图书在版编目（CIP）数据

劳动关系转型与雇佣模式变革 / 陈玉明著.
—北京：中国工人出版社，2020.4
ISBN 978-7-5008-7396-9

Ⅰ.①劳…　Ⅱ.①陈…　Ⅲ.①企业 - 劳动关系 - 研究 - 中国
Ⅳ.①F279.23

中国版本图书馆CIP数据核字（2020）第044338号

劳动关系转型与雇佣模式变革

出 版 人　王娇萍
责任编辑　罗荣波　周子欣
责任印制　栾征宇
出版发行　中国工人出版社
地　　址　北京市东城区鼓楼外大街45号　邮编：100120
网　　址　http://www.wp-china.com
电　　话　（010）62005043（总编室）
（010）62005039（印制管理中心）
（010）82075935（工会与劳动关系分社）
发行热线　（010）62005996　82029051
经　　销　各地书店
印　　制　天津嘉恒印务有限公司
开　　本　880 毫米 × 1230 毫米　1/32
印　　张　10.5
字　　数　240千字
版　　次　2020年6月第1版　2020年6月第1次印刷
定　　价　76.00 元

目　录

绪　论 ………………………………………………………… 001

第一章　雇佣格局演变与企业雇佣模式的调整 …………… 011
第一节　雇佣格局的演变与影响 …………………………… 013
第二节　环境变迁中的雇佣格局与雇佣模式 ……………… 021
第三节　相关概念的辨析 …………………………………… 033

第二章　主要发达国家的雇佣格局演变 …………………… 043
第一节　雇佣格局演变的分析框架　……………………… 045
第二节　欧美国家雇佣格局的演变与特点 ………………… 048
第三节　日本雇佣格局的演变历程 ………………………… 061

第三章　中国雇佣格局的演变与国别比较 ………………… 071
第一节　中国雇佣格局的多元化发展历程 ………………… 073
第二节　雇佣格局演变的国别比较分析 …………………… 088

第四章　劳动关系系统中的雇佣决定机制 ………………… 095
第一节　工作场所治理机制 ………………………………… 097

第二节　中国劳动关系系统中的雇佣决定机制……… 115

第五章　新型的雇佣模式与人力资源管理系统……………… 125

第一节　雇佣模式的界定与分类……………………… 127

第二节　多元雇佣模式的结构特征与具体形态……… 134

第三节　基于新型雇佣模式的人力资源管理系统 …… 151

第六章　企业雇佣模式的选择机制…………………………… 157

第一节　企业调整雇佣模式的内在动力……………… 159

第二节　企业基于动因的雇佣模式选择机制………… 166

第七章　多元雇佣模式中的员工行为与实施效果………… 183

第一节　构建基于雇佣身份的员工行为机制………… 185

第二节　个体层面：员工行为的差异化……………… 188

第三节　群体层面：员工群体间互动的影响………… 203

第四节　企业雇佣模式实施效果的思考……………… 212

第八章　多元雇佣模式中员工行为机制的实证研究……… 223

第一节　研究设计……………………………………… 225

第二节　问卷设计与数据整理………………………… 248

第三节　量表的信度和效度分析……………………… 260

第四节　研究假设的检验……………………………… 267

参考文献………………………………………………………… 304

后　记…………………………………………………………… 329

绪 论

在当前，包括中国在内的很多国家都面临着雇佣格局的变迁与企业雇佣模式的变化，并且这也将是一个长期的趋势。本书中所说的多元化的雇佣，指的是两个方面的涵义：一是指在很多国家中正在发生的整体雇佣格局从原来的长期雇佣为主转变为多种雇佣方式并重的变迁，即雇佣方式多元化；二是在雇佣格局的变迁中大多数的企业组织调整了其内部的雇佣模式，开始更多地使用非典型雇佣方式或是同时使用多种雇佣方式的雇佣管理政策。这两种现象在主要发达国家和作为发展中国家的中国都出现了，并且产生了重大而长期的影响，它的影响不仅体现在企业雇佣管理方式的变革上，也体现在劳动关系系统的整体转型上。对这一问题的深入研究在理论上有助于拓展人力资源管理和劳动关系的理论，在实践上有助于认识和解决中国独特的劳动关系问题，构建具有中国特色的和谐劳动关系。

一、问题的提出

雇佣格局的多元化演变与企业雇佣模式的调整是近几十年中一直发生着的重要变化，笔者对这些变化的深入了解是在进入该研究领域之后才开始的。实际上，在之前的很长一段时间里，笔者都一直接触着与雇佣格局和雇佣模式相关的概念，如国有企业的“铁饭碗”、日本企业的终身雇佣制、灵活就业和劳务派遣过度使用等。后来在对雇佣管理问题进行反复思考后，发现它们是存在着内部联系的，而有效地认识这些联系可以使我们更好地明晰雇佣问题的本质。在国有企业开始改革的年代，主流的观念认为国有企业过于稳定的用工模式是缺乏效率的，但如果对比当时的日本企业，他们同样采用的是具有稳定性的雇佣制度，那他们的效率又来自哪里呢？这种疑问是笔者在后来的思考中产生的。

实际上，长期雇佣在当时的欧美国家中也是普遍存在的。在“二战”前后到20世纪70年代中期，主要的发达国家大多是以长期雇佣方式为主的雇佣格局，虽然美国的学者将日本的长期雇佣体制称为终身雇佣，但美国的大部分企业也基本采用了长期雇佣的模式；而在20世纪70年代中期之后，这些国家开始了雇佣格局的多元化发展历程，组织的雇佣模式也向更加灵活的方向进行调整。中国的雇佣格局与用工模式的变化随着改革开放而展开，这些变化可以将其视为中国经济体制改革的一个重要组成部分。中国与主要发达国家发生的如此相似的变化不由得让我们思考以下两个问题：

第一个问题是这些变化为什么会近乎同时发生，并且变化的方向也是相似的？根据本书的分析，21世纪雇佣格局发生了两次重大的变迁，第一次变迁中长期雇佣模式开始在很多国家的雇佣格局中占据了主导地位；第二次的变迁则是从长期雇佣模式为主的格局转变为各种长短期雇佣方式并重的雇佣方式多元化的格局。这些变化既有国际环境的共同影响，也有各个国家内部特殊情境因素的作用，前者使各个国家的雇佣格局演变表现出了相似的趋势，而后者则是各国雇佣格局相似演变趋势下内在差异的根源。中国在这一过程中既表现出了相似的雇佣多元化的发展趋势，也表现出了具有制度转型特点的深刻特殊性。

第二个问题是企业雇佣模式调整中组织的内在效率是如何实现的？“二战”到 20 世纪 70 年代中期这段时间，美、日等主要发达国家中的大部分企业组织都选择了长期雇佣模式，但这些企业也构建出了基于长期雇佣模式的组织内部效率，即经济合理性。现今的许多理论，如内部劳动力市场理论、承诺型人力资源管理理论等都具有长期雇佣的潜在前提，可以认为这些理论正是对实践的总结与提炼。问题在于，既有的长期雇佣模式已经构建出了有效的组织内部效率生成机制，那么以短期雇佣为主要特征的非典型雇佣方式被组织大量使用的合理性体现在哪里呢？应该如何解释这一过程中的企业组织对效率追求的变化，并且如何来实现组织对雇佣模式的有效选择与改善呢？

本书对以上两个方面的问题进行了探讨和回答。在回答的过程中，借助了 LR（劳动关系）和 HRM（人力资源管理）的理论视角来分别分析雇佣格局的演变与组织对雇佣模式的选择。之所以选择这两种视角来进行分析，原因在于：

首先，雇佣格局与雇佣模式分别适用于 LR 视角与 HRM 视角的分析框架。一方面，雇佣格局是一个国家劳动关系系统的重要部分，它的变动意味着劳动关系系统中各方主体内部关系的变化和权力结构的调整，所以通过劳动关系的分析框架和理论视角可以使我们发现雇佣格局演变的整体趋势与内在特点；另一方面，雇佣格局的演变实际上是由于社会中大多数组织，尤其是企业组织调整雇佣模式造成的，那么需要进一步思考的问题就在于哪些方面的因素使组织具有改变既有的长期雇佣模式的内在驱动力，并且在这些动力的复合影响下组织应当如何来对雇佣模式进行选择与调整，本书对这一问题的探讨借鉴了人力资源管理的主要理论，并结合组织行为领域的相关研究来分析雇佣模式的实施效果。

其次，企业中的劳动关系与人力资源管理存在着密切的内在联系。这种内在的联系表现在：一方面，当前的很多管理理论都是建立在长期雇佣的潜在基础假设之上的，而现实中的长期雇佣却是在劳动关系系统中形成的，如美国的产业关系系统；另一方面，包括雇佣模式在内的组织人力资源政策的实施效果会受到组织内部的劳动关系的影响，它的有效性是以劳动关系为基础的。雇佣模式的调整会影响企业内部的劳动关系，但这并不是单方面的决定关系，员工会根据劳动关系的变化来调整自身的行为，这又会修正人力资源管理政策的实施效果。这种复杂的互动关系决定了雇佣模式的选择与调整并非简单的组织雇佣制度变化的问题，对这一问题的分析和验证是本书第七章和第八章的内容。

因此，本书在分析雇佣格局与雇佣模式的相关问题时将两种理论视角进行了整合，用较为立体的方式对社会层面的雇佣格局、组织层面的雇佣模式和员工层面的雇佣关系与工作行为进行分析，并探讨它们之间的相互影响。从研究的结果来看，本书将基于两种理论视角的相关问题基本给出了相对良好的回答，但这些回答还不是完善的，因为雇佣格局与组织雇佣模式的调整是一个大的研究领域，涉及很多细致的具体问题，而本书目前完成的仅是对其中的主要问题进行梳理与探析，尚待完成的问题将成为未来的研究方向。同时，本书在雇佣模式部分的研究对象主要是企业组织，但其中涉及的某些方面的问题与结论并不限于企业组织。

二、本书的主要结构

如图 0.1 所示，本书主要涉及两个方面的问题，一是雇佣格局的演变，即近几十年中发生的雇佣方式多元化现象；二是在环境的整体变化中组织雇佣模式的选择机制。本书将结合LR与HRM两种视角来研究这些问题，根据研究的需要，本书主要分成四个部分：

第一部分，对雇佣格局演变和企业雇佣模式的调整进行整体的阐述。这部分内容在本书的第一章，首先阐述了雇佣格局演变的历史、推动的力量以及其所造成的影响，然后分析雇佣格局的多元化发展对组织雇佣模式选择与调整产生的影响，并探讨这两种变化之间的内在联系。

第二部分，分析雇佣格局的演变及其中发生的雇佣模式决定权力的变化。这部分研究在本书的第二章到第四章，主要借助劳动关系的理论视角来分析两个问题：一是研究中国和其他发达国家雇佣格局演变的发展趋势与行为主体的内在变化，并通过国别比较分析来探讨中国与其他国家在雇佣方式多元化中的共性与特性及其根源，这个问题的研究内容在本书的第二章与第三章；二是分析雇佣格局演变过程中劳动关系系统内的权力结构和雇佣决定机制的变化，从制度变迁的视角来阐明在雇佣格局演变的过程中谁开始拥有了更多的选择和决定雇佣模式的权力。这个问题的研究主要是通过理论研究的方式来进行的。

第三部分，探讨企业选择雇佣模式的内在机理，并分析雇佣模式实施的综合效果。这部分研究在本书的第五章到第七章。这一部分主要是从人力资源管理的视角来进行分析，在雇佣格局的多元化发展中，企业组织拥有了更大的雇佣规则决定权，而企业在新的环境下会如何选择雇佣模式？选择的雇佣模式会具有什么样的实施效果？这两个问题是这一部分的主要研究内容。在第五章中，鉴于既有研究中存在的对雇佣模式的认知偏差，本书对雇佣模式的内涵进行了界定，并对新出现的多元雇佣模式的内部结构特征进行了归纳，以此作为后续研究的基石；第六章探讨了基于雇佣动因的企业雇佣模式选择机制，近几十年的环境变化使企业产生了适应环境的新动因，它是组织雇佣模式调整的基点，因而在这一章对雇佣动因进行了分类归纳，并阐明其对雇佣模式选择的影响机理；第七章研究的是雇佣模式，尤其是多元雇佣模式实施的复合影响。由于雇佣模式的实施影响非常复杂，因而在这一章主要探讨的是其对员工个体和群体行为产生的潜在影响，通过结合已有的研究构建基于多元雇佣模式的员工行为机制，并以此作为基础对雇佣模式的复合效果来进行分析。

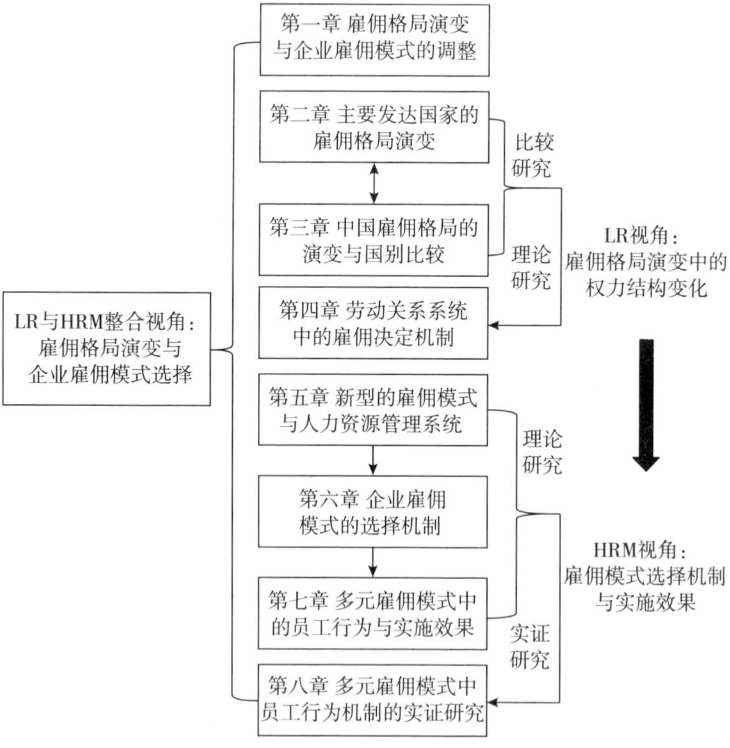

图 0.1　本书的结构与主要内容

第四部分，对上一部分中的雇佣模式选择机制与员工行为机制进行实证研究。这一部分主要是针对两个方面的内容进行展开：一是验证在多元雇佣的组织情境中，不同的雇佣身份对员工态度与行为的影响，并比较雇佣身份与员工的选择意向在解释员工行为中有效性的差别；二是通过跨层研究的方法，验证雇佣动因与雇佣模式的结构特征对不同雇佣身份员工的工作态度与行为的跨层调节作用，考察不同的雇佣动因与结构特征对员工行为的影响机理。

三、总结

本书分别从劳动关系的视角和人力资源管理的视角研究了雇佣格局的多元化和组织雇佣模式的选择机制，这两种视角的研究内容也存在着密切的内在联系：一方面，雇佣格局的演变是各国宏观劳动关系系统整体变化的一部分，这影响了企业在雇佣模式选择上的权力边界和选择范围；另一方面，企业雇佣模式的调整不仅改变了组织的运行机制，也改变了组织内部的微观劳动关系，而劳动关系的变化通过影响员工个体与群体的行为进一步干扰了雇佣模式的实施效果。因而，这两种视角的结合使我们能够更好地理解雇佣格局与雇佣模式变化中的深刻的内在联系。

本书认为，欧美国家建立的较为成熟的劳动关系理论对中国构建和谐劳动关系的借鉴是有限的。首先，这些曾经成功的理论基本都是建立在长期雇佣模式的基础之上，但这一基础已经发生了重大的变化，当前中国和很多发达国家的雇佣格局和企业的雇佣模式都开始向多元化和灵活化的方向发展，长期稳定的雇佣在不断地减少，并且这种状况在短期内是难以改变的。这些整体的变化趋势不仅意味着企业管理方式的调整，更意味着劳动关系的系统性变化，过去的理论与经验能够为当前的劳动关系问题提供的借鉴在减少。其次，中国的制度背景与其他国家也存在着很大的差别，即使在经历了改革开放这一重大的制度转型之后，这些制度的差别也限制了西方劳动关系理论在中国的适用性。

这两个方面的特点决定了中国构建和谐劳动关系需要进行更多的探索性研究来明晰其中存在的新问题，如新型的企业雇佣模式和经济形态的影响，也需要寻找与构建新的劳动关系合作与协调机制。本书对其中一个重要的新问题——雇佣格局与企业雇佣模式的变化及其对劳动关系的影响来展开研究，希望这一研究能对人力资源管理和劳动关系理论的发展，以及企业雇佣管理和劳动关系协调实践提供帮助。

第一章

雇佣格局演变与企业雇佣模式的调整

第一节　雇佣格局的演变与影响

一、历史上的雇佣格局变迁

雇佣格局的变迁其实并不是全新的事物，在历史上这种情况已经发生过，并且也产生了很大的影响。Kalleberg（2009）认为雇佣的变化类似于历史钟摆的来回摆动（double movement），美国在 19 世纪 40 年代从短期雇佣为主的雇佣格局转向了长期雇佣，而从 70 年代中期之后它又开始向相反的方向摆动，这种摆动代表了雇佣在灵活性和安全性（或稳定性）之间的转变。Kalleberg 的研究中所描述的美国雇佣格局的两次转型，实际上在同一时期很多差别很大的国家都发生着类似的变化，这其中也包括中国。可以说，各个国家雇佣格局的变迁是在世界的整体经济环境变化中形成的，并且这种情况不是第一次发生。

（一）第一次雇佣格局整体变迁：长期雇佣主导

第一次各个国家雇佣格局的整体变迁主要发生于 20 世纪的“二战”前后，在这一时期很多国家都从短期雇佣为主的格局转为长期雇佣为主，并且伴随长期雇佣体制出现了一些与之适配的新型管理制度与管理理论。例如，在这一时期美国依靠集体谈判制度建立了稳固的劳动关系和长期雇佣制度，并在企业内部建立了长期的员工培训体制，美国的经济学家和管理学者也就此提出了内部劳动力市场和人力资源系统的相关理论；很多管理领域的学者们对日本的终身雇佣制津津乐道，并视之为日本企业崛起的根本原因之一，这种体制实际上建立于20世纪“二战”结束之后，并且在70年代已经开始萎缩；中国的长期雇佣制度建立于新中国成立后的社会主义改造时期，主要来自政府、事业单位和公有制企业，这些单位中的雇佣体制由于高度的雇佣稳定性而出现了“铁饭碗”的说法，它的出现、发展与萎缩虽然主要来自国内的经济体制变迁，但其发展与萎缩的时间与其他国家也存在着相近性。除此之外的很多欧洲国家，也在接近的时间存在着类似的变化。

虽然指代中国长期雇佣制度的“铁饭碗”受到了很多的争议，但实际上在同时期的很多国家中都是长期雇佣制度占据了主要地位，并且诸多研究也认为长期雇佣制度的有效性是非常充分的。员工队伍的稳定性、企业对员工的长期培养、高素质和高度投入的员工队伍的形成都是以此作为基础的，这些都是长期雇佣制度内在效率的表现。因而可以认为，尽管中国、日本和美国等国家的长期雇佣系统存在着制度性的差异，但都以特定的方式形成了内在效率：长期的雇佣制度解决了之前存在的雇佣不稳定的问题，并且由于建立了长期的雇佣关系，企业与员工之间以此作为信任的基础来进行长期深入的相互投入。在这种长期的互益中，员工可以获得稳定工作和职业的发展，可以得到深入的技能培训和与资历相关的工资上涨，企业得到了具有高度忠诚和高素质的员工队伍，使企业生产效率得到了很大的提高，而这又进一步强化了企业的长期雇佣制度。

仔细思考管理学的相关理论就可以发现，“二战”之后管理学与人力资源管理等学科有了很大的发展，其中的很多理论都是来自实施了长期雇佣的企业之中，这些理论在很大程度上带有着对员工进行长期雇佣的隐含假设。

这一时期的雇佣格局的演变与当时的整体经济环境有很大的关系，“二战”前的世界性经济危机使各国政府都强化了对经济的控制，提高了对劳动者的雇佣稳定性和收入增长的保护，这是以长期雇佣为主的雇佣格局能够稳定持续的重要历史背景。

（二）第二次雇佣格局整体变迁：雇佣方式多元化

第二次雇佣格局的变迁则是近几十年中出现的雇佣方式多元化的格局演变。从 20 世纪 70 年代开始，由于环境变迁的影响，中国与其他发达国家的整体雇佣格局都发生了明显的变化。在这之前整体的雇佣格局表现为长期雇佣方式为主导，从 70 年代中期开始，原有的长期雇佣方式在减少，各种具有非正式、临时性或非全日制特征的不稳定雇佣形式开始不断地出现，并且开始占据着越来越重要的比重，这些雇佣方式为了与长期正式的雇佣方式相区别，被称为非典型雇佣方式。

从数据上来看，雇佣方式多元化已经成为中国与大多数发达国家的共有现象。据国际劳工组织统计，美国的临时雇佣从 1972 年开始每年增长约 11%，到 2006 年美国各种形式的非正规就业约占就业总量的 30%，日本非正规就业形式占所有工作的 25%。而在中国，城镇的非正规就业总人数约为 1.36 亿人，基本占到城镇部门总就业人数的 51%（任远、彭希哲，2007）。这些变化表明，各种新出现的非典型雇佣方式开始被广泛地使用，并且占据着日益重要的地位。中国与主要的发达国家都处于雇佣方式多元化的格局变化之中。

从各国雇佣方式多元化发展的情况来看，我们可以发现其中的共性：第一，变迁的时间接近，本次雇佣格局的变迁虽然各个国家的起始时间不尽相同，但都集中在 20 世纪 70 年代到 80 年代；第二，雇佣格局变迁面临的国际环境是相似的，这些外部环境因素在不同的方面促进了各个国家内部环境的变化和雇佣方式多元化的进程；第三，虽然各个国家所面临的内部环境不同，但在整体变化方向上存在着共性，即原有的支持长期雇佣体制的各项制度性力量在逐渐被削弱或取消，各种以短期雇佣为特征的非典型雇佣方式的制度限制却减少了。

从雇佣格局的历史发展看，雇佣格局的变迁是基于大环境的变化而产生的，并且它也是大环境变化的一部分，所以想分析未来的雇佣格局，需要从对环境的整体分析来开始。同时，本书的观点与 Kalleberg 存在差异，他认为雇佣格局的这种变化是一种类似于挂钟来回摆动的现象。而我们却认为，虽然雇佣格局的变化使整体的雇佣状况偏离了稳定性而转向灵活性，并且短期雇佣的方式再次开始被广泛地使用，但这并不一定意味着雇佣格局的再次变迁是一种单纯机械式的回摆，它是一种相似但不相同的变化。而对其中的新变化的认识是非常重要的，这会使我们对雇佣格局变化中产生的新型劳动关系和人力资源管理情况有着更加深入准确的理解。

二、雇佣格局多元化演变的动力

推动雇佣方式多元化发展的动力是什么？本书认为，环境的整体性变化是导致雇佣方式多元化的根本原因。这些环境因素主要包括经济全球化的发展、以信息技术为代表的新技术革命的产生和新自由主义经济思想的广泛传播等，它们从不同的方面对雇佣方式多元化的发展产生影响。雇佣方式多元化的格局演变需要两个方面的条件：一方面是需要企业对雇佣方式需求的变化，即企业对雇佣方式的主要需求从长期雇佣转变为非典型雇佣，并且这不是少数企业的变化，需要相当数量的企业都发生雇佣方式的需求调整，这是雇佣格局演变的内在条件；另一方面是这些国家中都存在着支撑长期雇佣体制的各种制度性因素，包括政府的法律、已有的组织管理惯例等的影响，这些因素限制了企业对非典型雇佣方式的选择，只有当这些制度性的限制因素减少、企业拥有更多雇佣方式的选择权力时，才能带来企业雇佣模式的调整和雇佣格局的演变，这是雇佣格局变化的必要条件。

而前面提到的这些环境因素也恰恰促进了这两个方面的变化。经济全球化与新技术革命的作用在于改变了企业的外部经营环境，使企业具有调整雇佣模式、更多地使用非典型雇佣方式来重新适应环境的内在动力。经济的全球化意味着资本和商品可以在更广阔的范围内自由地流动，企业所面临的国家壁垒在降低，也意味着企业所面临的竞争压力和环境动态变化程度的提高，即原来处于国内环境相对稳定的企业开始面临着更加复杂多变的全球环境。同时，以信息技术为代表的新技术革命降低了沟通的时空限制，使更加丰富和立体化的信息可以更加便捷地在世界各地进行即时性传播，企业与消费者和企业之间的沟通距离被极大地缩小，它从信息传输的角度推动了全球化，增加了企业竞争的环境动态变化压力。所以，经济的全球化与新技术革命在这一过程中相互补充，共同扩大了企业的经营范围和竞争范围，使企业面临着更高的环境动态性和成本竞争压力，使企业更多的将竞争优势的构建放在了柔性和速度这两个方面，这种外在的环境变化最终将成为企业调整雇佣方式的内部动力。

新自由主义思想对雇佣方式多元化的主要推动作用在于改变了各国政府对雇佣方式选择的制度性限制。在 20 世纪 70 年代之前，中国与主要的发达国家的雇佣格局都是以长期雇佣为主，这些国家中存在着各种基础性制度来支撑长期雇佣体制：欧美国家主要是通过产业关系系统来保证对劳动者的稳定雇佣，日本是来自战后的企业与员工之间的高度合作关系，中国则是由国家的社会主义性质和公有制体制来保证的。但在 20 世纪 70 年代之后，很多国家受到新自由主义思想的影响，进行了更加市场化的制度变革，如英、美两国政府降低了对劳动者的保护和对维持产业关系平衡的要求，日本降低了对各种非典型雇佣方式使用限制。这些变化减少了企业在雇佣方式选择时所面临的制度性限制，使企业具有更多的选择权力。需要说明的是，中国在这一时期进行了经济体制的渐进性改革，尽管它的变化具有更多的复杂性和制度变迁的特点，但也在这一时期内出现了大量的能够自由决定雇佣方式的私营企业。

这三项环境因素对大多数国家都具有影响，虽然影响的方式会有所差别，但它们的出现使中国与其他的发达国家几乎同时开始了雇佣方式多元化的演变历程。

三、雇佣格局演变的综合性影响

雇佣方式的多元化是很多国家都出现的一个变化趋势，它是近几十年来经济与社会变化的一个重要标志。我们可以将雇佣方式格局的演变视为一个多层面的综合性变化，它在不同层面代表着不同方面的问题，并且这些层面的问题之间又存在着密切的内部联系，如表 1.1 所示：

表 1.1　雇佣方式多元化的影响在不同层面的表现

层面	趋势	关注点
社会层面（宏观）	雇佣方式的多元化	就业质量；社会保障；收入保障等
组织层面（中观）	雇佣模式的调整	雇佣管理与 HRM 系统的调整；HR 的多元化
员工层面（群体）	雇佣身份的分化	员工群体内的分化与冲突；组织公平
员工层面（个体）	雇佣方式的选择意向；雇佣的质量与稳定性	个体与组织的关系；雇佣安全感

在社会层面，很多关注这一领域的学者认识到的问题是在雇佣格局从长期雇佣主导变为多种形式并存的过程中，随着大量的非典型雇佣方式被采用，它对原有的长期正式雇佣起到了替代的作用，越来越多的劳动者将面对就业质量的下降和就业的不稳定，这不仅对劳动者的收入产生了影响，也需要政府提供更多的社会保障来予以保护。在原来的长期雇佣体制中，劳动者都有着较为完善的薪酬上涨机制，无论是美国企业的产业集体谈判还是日本企业的年功序列制，实际上都将工资的上涨机制与雇佣的期限连接在了一起。虽然机制不同，但劳动者都拥有获得更高收入的保障，同时员工的各种社会保障也常常可以与雇佣的年限相关联，而这些在雇佣格局变化的过程中都发生了改变。所以，从整个社会的角度而言，雇佣格局的这种变化对整个劳动者群体而言意味着收入和劳动者保障的降低，虽然部分具有高水平知识技能的员工会获得更好的收益与选择工作的机会，但这仅仅是少数群体，难以避免整体水平的下降。

在组织层面，雇佣方式的多元化对企业而言，意味着外部约束的降低，企业可以有更多的雇佣方式进行选择，可以根据自己的需要来调整现有的雇佣模式。在近几十年环境的整体变化中，既降低了企业使用雇佣方式的限制，又使企业所面临的环境动态性和成本竞争的压力不断地提高，这些压力需要企业具有更高的 HR 柔性、知识整合能力和成本竞争。这些内在的要求会使企业更多地使用非典型雇佣方式，通过调整原有的雇佣模式与人力资源管理系统来提高自身的竞争优势和对环境的适应能力。企业在雇佣方式多元化的演变过程中获得的雇佣方式选择权力尚不是其所面临的全部变化，企业在调整雇佣模式时也会面临负面效应，主要包括员工群体中非典型员工的低忠诚度和低工作投入的问题、员工群体内部的人力资源多元化与群体间不公平的问题等，这些成为困扰组织管理者的新的管理困境。

在员工群体层面，企业中员工群体的内部关系发生了很多变化，主要表现就是人力资源多元化的问题。随着越来越多的企业使用多元雇佣模式，企业中长期雇佣的员工和非典型雇佣的员工之间的差别也日益扩大，从而产生了两类群体雇佣身份的差别。这种身份的分化常常会使非典型雇佣的员工产生企业中存在着制度性不公平的感知，不同雇佣身份的群体之间的潜在冲突概率也因此提高了，并且群体之间的信任与合作水平也会降低，这为企业的雇佣管理工作带来了新的挑战。虽然员工的群体层面改变的是员工之间的关系，但这种关系最终的影响结果将会落在组织层面上。

在员工个体层面，雇佣方式的多元化使企业在雇佣方式上有更多选择的同时，也使员工有了更多的选择，只是这种选择在权力上常常是不对等的。有时员工会被迫接受自己不愿选择的雇佣方式，接受雇佣质量较低的工作，并且由于这些工作的临时性，员工会缺乏雇佣的稳定性与安全感。同时，这些变化也改变了员工与企业之间的关系，在企业减少对员工投入的同时，员工也在减少对企业的忠诚与工作投入，这些都是导致企业负面的工作行为。

这几个方面是在已有的研究中已经发现的情况，从整体上来看，雇佣方式多元化的过程中，原来与长期雇佣相嵌套的各种制度都在发生调整，我们可以在这种调整之中发现很多负面的影响。那么应该如何理解雇佣方式多元化呢？本书认为，这是一个需要辩证理解的问题：一方面，雇佣方式的多元化是基于当前的经济社会环境变迁所产生的变化，其中起到影响作用的环境因素既包括各国的国家情境因素，又包括全球化和新技术革命等超越国家范围的外部因素，所以从整体上而言雇佣格局的变化趋势是难以逆转的，各个国家在一段时期内已经难以回到原来的以长期雇佣为主的雇佣格局了；另一方面，需要注意避免非典型雇佣方式滥用所造成的负面影响，从表 1.1 中可以发现，对其滥用的负面影响常常是社会性的。以美国为例，非典型雇佣方式对正式雇佣的替代和产业的空心化、中产阶级的萎缩和劳动者实际收入降低等重要现象有着密切联系。

第二节　环境变迁中的雇佣格局与雇佣模式

环境的整体性变化是雇佣格局向着多元化发展和企业调整雇佣模式的根源，在这一过程中雇佣方式多元化既是环境变化的产物，也是企业调整雇佣模式所面临的外部环境之一，它限制了企业雇佣模式选择的边界。如图 1.1 所示，本书展示了环境的整体性变化、雇佣方式多元化与企业雇佣模式调整之间的关系，以及由此产生的相关研究问题。

一、环境整体变化的复合影响

本书认为环境的整体变化是其他变化的根源：在环境层面，它是雇佣方式多元化发展的动力来源，也决定了雇佣格局变化的方向；在企业层面，大环境的变化为企业的发展带来了新的压力，企业需要寻找新的雇佣管理方式来对环境进行重新适应。企业所面临的环境变化可以分为任务环境和制度环境两个部分，它们分别影响了雇佣格局演变和企业雇佣模式调整中的共性部分和差异部分，对于理解各国雇佣格局演变中的趋同和趋异有很好的帮助，也是分析企业调整雇佣模式选择机制的重要依据。

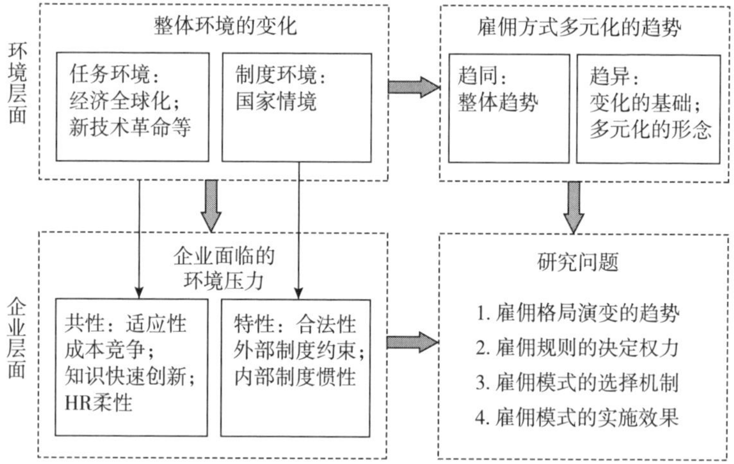

图 1.1　环境变化对企业雇佣模式调整的影响过程

（一）环境整体变化对雇佣格局演变的影响

整体环境中的任务环境的部分，主要包括经济的全球化和以信息技术为代表的新技术革命，这两个部分的环境因素超越了国家的范围，是推动很多国家雇佣方式多元化的重要外部因素，在这些因素的影响下，中国和大部分的发达国家都开始了雇佣格局多元化的变化。而制度环境的部分主要来自各国之间国家情境的差别，主要表现为国家之间的制度性差异。在不同的国家中，形成和支撑长期雇佣模式的制度性因素是各不相同的，并且影响这些国家的雇佣格局再次变化的因素也常常存在着制度性的差异，这两部分的制度性差异是在长期历史发展中形成的，它们是导致国家之间雇佣方式多元化演变的特征与形态差别的根本性因素。

如前文所述，雇佣方式多元化格局的出现与发展实际上需要两个方面的条件：一方面是对各种非典型雇佣方式使用限制的降低，各个国家中都存在着限制非典型雇佣使用的制度性因素，并且这些因素也各不相同，这些特殊的国家情境因素也是造成不同国家之间雇佣方式多元化差异的根源；而另一方面的条件，即企业对雇佣方式的需求变化。需要注意的是，即使企业有了更多选择雇佣方式的权力，也不意味着其必然会大量地使用非典型雇佣方式，达成这项条件的关键在于企业是否具有使用非典型雇佣的内部动力，而实际上整体环境中任务环境的变化使大量的企业都产生了这样的需要，这使其对雇佣格局的多元化发展产生了趋同效应。

（二）环境变化对企业雇佣模式选择的影响

雇佣方式多元化对企业而言首先是雇佣模式使用限制的减少，它是企业调整雇佣模式的必要条件，但不是充分条件，企业对雇佣模式的重新选择是由其内部动因决定的。企业进行雇佣模式调整的内在动力来自外部环境的变化，当外部环境发生变化时，企业就具有了调整内部雇佣模式来重新适应环境的内在动力，具体表现在以下几个方面。

任务环境对企业提出了效率和环境适应性的要求。经济全球化与新技术革命带来的影响是多方面的，它扩大了资本流动的范围，也提高了环境中的动态变化程度，提高了对企业灵活性和快速创新的能力要求，并使企业之间的成本竞争也变得更加激烈。处于这种环境变化中的各类企业会产生以下提高环境适应性的需求：提高自身的HR柔性来适应环境中的工作任务的数量与性质的变化，提高自身的知识整合能力来适应知识快速更新的变化，降低包括人工成本在内的各种成本来适应成本竞争的需要。在全球化的影响下，企业的竞争已经在一定程度上变成了全球范围内的竞争，处于不同国家的企业都不可避免地面临着这些共性的压力。所以，这一部分反映的是大部分企业在当今环境中面临的共性的问题。

制度环境对企业提出的是合法性的要求。这部分的制度因素指的是企业在雇佣管理中所面临的各种制度性压力，既包括外部制度的制约，如国家的法律、产业的集体谈判等，也包含企业内部既有的制度惯例的影响，如日本企业对正式员工的各种制度性保护。这种制度性的约束常常是缺乏共性的，它会随着国家情境的不同而有着较大的差别，如果不深入了解将很难理解具体企业所面临的制度压力。这些压力是对企业制定雇佣模式的限制，尤其是企业在追求企业效率时所面临与现有制度的合法性相互冲突，企业会存在着调整雇佣模式来规避制度的约束的内部动因，以此在经济合理性和社会合法性之间寻找平衡的有效途径。

因此，从企业雇佣模式调整的视角可以发现企业面临着两种环境的影响。

第一种影响是环境变化带来的压力，这些压力成为企业调整雇佣模式的动因。根据本书的文献梳理，企业调整雇佣模式，更多地使用非典型雇佣方式的原因主要有：提高 HR 柔性、降低成本、促进知识的整合与创新和规避制度约束。前三项是任务环境带来的企业面临的共性问题，最后一项是由制度环境中的某些制度限制而引起的，这几个方面代表了企业选择和调整雇佣模式的内在原因，这些在上一部分已经进行了说明。

第二种影响来自雇佣方式多元化进程中对非典型雇佣方式限制的变化，它代表了企业在雇佣方式上的选择范围。虽然各国在雇佣方式多元化的进程中都在降低对非典型雇佣方式的使用限制，但由于国家情境的差异，这些限制的解除也是有所不同的。这部分的影响属于环境层面对企业可选择的雇佣方式的约束。

总体而言，大环境的整体性变化带来了雇佣方式的多元化，降低了非典型雇佣方式的使用限制，也给企业带来了多方面的环境压力，强化了其更多地使用非典型雇佣方式以调整雇佣模式的动机。而在这一过程中，企业并非是被动的接受者，恰恰相反，企业是最主要的雇佣模式的选择者，所以在这一过程中需要考虑的是两个方面的问题：一是企业是如何选择雇佣模式的，其内在的动因、选择的机理和实施效果是什么样的；二是在劳动关系系统中企业拥有多大的选择权限，会受到哪些方面的权力限制，即雇佣模式选择中的权力结构，处于不同制度环境中的企业在这一方面会存在着很大的区别。这两个问题相辅相成，共同构成了企业雇佣模式调整的内部过程。

二、雇佣格局演变带来的研究问题

在环境变迁的影响下，中国和大部分发达国家的雇佣格局都开始向着多元化的方向发展，而在这一过程中产生了许多重要的研究问题。社会的变革时期常常会带来社会理论的重大发展，雇佣格局的演变与企业雇佣模式的调整同样具有这样的影响。本书认为，这些变化为组织管理带来的挑战主要包括三个部分：一是最直接的企业雇佣模式的选择问题，包括如何有效地选择雇佣模式及其实施的效果；二是企业雇佣模式调整引发的人力资源管理理论的发展问题；三是雇佣格局演变和企业雇佣模式调整中产生的劳动关系问题，前者从社会层面探讨劳动关系系统的变化，后者则是探讨组织中劳动关系与雇佣模式的交互影响。

（一）对企业雇佣模式选择的影响

环境的整体性变迁既在宏观层面产生了雇佣方式的多元化，拓展了企业雇佣方式的选择范围，也对企业组织的雇佣管理措施的调整提供了内在动力，很多企业都通过非典型雇佣的方式来实现提高企业人力资源的数量柔性、降低直接的人工成本或是知识整合与创新的目的。在这一过程中，多元雇佣作为一种新型的雇佣模式开始越来越广泛地被企业所采用。

虽然整体性的环境变化带来的企业雇佣模式调整已经产生了较长一段时期，但是其带来的管理问题还没有得到有效的解决，这在理论与现实之间形成了巨大的落差。本书认为，环境的整体性变化产生了多个方面的影响，企业需要有效地调整其雇佣模式以提高对环境的适应性。针对这一问题的思考逻辑可以遵循“雇佣动因—雇佣模式选择—实施效果”，即首先分析环境变化带来的企业雇佣动因的影响，其次分析企业如何根据动因来选择和调整雇佣模式，最后分析特定雇佣模式的实施效果。当前已有的研究构成如下：

第一，针对企业选择雇佣模式动因的研究非常少，仅有少数研究通过归纳的方式来分析引起企业调整雇佣模式的原因。造成这一问题的原因或许在于学者们认为非典型雇佣就是为了节约成本和提高人力资源的柔性，并不需要对其进行专门的分析，虽然后续的研究发现了在一些知识性行业非典型雇佣具有特别意义，但并没有在动因上做出归纳。

第二，对雇佣模式本身，尤其是关于多元雇佣模式的具体形态和内部特征研究尚存在不足。从 20 世纪 80 年代开始，学者就探讨在动态环境和新的雇佣格局中多元雇佣模型的形态，这部分的研究主要包括 Atkinson 的柔性企业模式、Olmsted 和 Smith 的核心——周边构型、双尾组织和 Lepak 与 Snell 的人力资源构型。这部分研究影响相对较大，但后续研究较少。

第三，对雇佣模式产生的结果进行的研究，这方面的研究主要包括组织层面和个体层面两个部分。其中在组织层面探讨雇佣模式实际效果的研究，尤其是实证研究非常少，大部分的研究都集中在从个体层面分析雇佣模式调整导致的雇佣关系与员工态度和行为的变化上，这部分的研究主要来自组织行为领域的学者。

从整体情况来看，当前的雇佣模式研究存在着不平衡的情况。从学科的角度来看，人力资源管理的学者主要研究了雇佣模式的模型，组织行为领域的学者主要研究了雇佣模式对员工的态度与行为的影响。这表明对雇佣模式研究出现了学科性的分割，缺乏对这些问题的整合性研究，并且这些研究集中在雇佣模式或是雇佣模式到员工行为上，缺乏从雇佣动因这一更加重要的起点来进行的研究，因为雇佣动因不仅是雇佣模式选择的基础，也是雇佣模式实施效果的标准。这两个方面反映了雇佣模式研究整体研究上的分裂与不平衡，这也是未来需要解决的问题。

（二）对企业人力资源管理理论与实践的影响

雇佣模式的研究对整个人力资源管理理论具有重要的影响。当前的很多管理学理论和人力资源管理理论都是在“二战”之后发展起来的。在长达几十年的长期雇佣制度中，企业的内部劳动力市场得到了充分的发展，企业与员工之间存在着稳定的雇佣关系和深入持久的相互投入，并以此基础上形成了特定的人力资源管理理论和管理体制，如承诺型人力资源管理、高绩效工作系统和内部劳动力市场理论等。这些较为成熟的理论大都是以长期雇佣模式为基础的，并且更加适用于处在较为稳定环境中的企业。

当前的环境已经发生了重大的变化，随着全球化和新技术革命等因素带来的环境动态性的不断提高，越来越多的企业开始更多地使用非典型雇佣方式，其雇佣模式也逐步调整为短期雇佣或多元雇佣。当企业实践和人力资源管理理论的基石——

长期雇佣开始转变为多元雇佣时，就意味着现有的人力资源管理理论需要进行修正与发展，构建与新型的多元雇佣模式相匹配的 HRM 系统。因此，在对企业雇佣模式的研究中需要对既有的人力资源管理理论的适用范围重新进行检查和思考，检验这些既有理论的适用性，并探讨如何构建适用于多元雇佣模式的新的 HRM 理论。

之所以认为雇佣模式的调整必然会带来人力资源管理系统的变更，主要是因为：第一，雇佣模式是人力资源管理系统（HRMS）的基础，雇佣的稳定性会影响企业与员工之间的合作程度；第二，从人力资源管理理论的研究来看，人力资源管理强调各个职能之间的内部匹配，进而实现人力资源管理的系统性优势，所以雇佣模式作为人力资源管理职能的重要部分，它的变迁必然会带来其他人力资源管理要素的协同变化，以及人力资源管理系统的调整。同时，雇佣模式不仅仅是人力资源管理系统的基础，也是企业发展内部效率的根基，企业需要在新型的雇佣模式中构建具有内在效率的人力资源管理系统。新型的多元雇佣模式与之前学者们总结的以长期雇佣为基础的承诺型 HRM 系统和以短期雇佣为基础的控制型 HRM 系统的不同之处在于，它是两种人力资源管理系统在同一个企业内部混合使用的新形态，所以有必要通过多元雇佣模式的研究来进一步探讨新型人力资源管理系统的特点。

（三）劳动关系系统中的雇佣格局演变

雇佣格局的演变与各国劳动关系的变化几乎是同时发生的，或者应该说企业雇佣模式的调整和雇佣格局的整体演变是劳动关系变化的一个重要部分。正式雇佣与非典型雇佣最为明显的差别在于雇佣的稳定性，雇主和雇员之间相互深入地投入常常是以稳定的雇佣作为基础的，其对于劳动关系和人力资源管理的理论与实践都具有重要的意义。

从历史的角度来看，美国劳动关系的稳定是在罗斯福新政时期开始的。罗斯福总统通过立法的方式保障了工会的合法地位，并推动了产业层面的集体谈判。稳定的雇佣和收入的增长一直是工会在集体谈判中的主要议题，正是从这一时期开始，长期雇佣体制和内部劳动力市场开始出现，并且劳方与资方的深层次合作也开始构建。正如布若威在《制造同意》一书中所提出的问题："为什么工人这么努力的工作"，他认为这是工人自发地同意与资本主义强制结合后的行为，而内部劳动力市场则是其构成机制之一。如果以此来对比 30 年代著名的霍桑实验第四阶段的群体实验中发现的问题，即工人为什么隐瞒或限制自己的工作产量，就可以发现以稳定的长期雇佣作为基础的组织内部劳动力市场等方面的机制对工人的劳动行为所产生的深刻影响。同样的，美国在 20 世纪 70 年代之后发生的雇佣格局的多元化现象也是随着工会和产业集体谈判的衰落而发生的。

雇佣模式与其他劳动规则一样，是在劳动关系系统中的三方主体的互动中形成的，所以分析劳动关系对雇佣模式的影响需要分成两个部分来进行：一是要分析劳动关系系统中各行为主体的构成与行为意识的变化，这些变化会影响各方主体对于雇佣方式和雇佣模式的选择倾向，例如雇佣方式多元化的进程不仅仅是雇主群体自身的选择变化，其中也有政府行为趋向的变化和劳动者选择变化的因素在发挥着作用；二是要分析各方在决定雇佣规则或雇佣模式中的权力机制，即雇佣决定机制中的各方权力构成。如果说前者意味着各方的选择倾向，后者则意味着各方的选择权力，但需要注意的是，雇佣格局分析的是整个社会层面的雇佣方式的结构，而在同一个社会的不同制度环境中雇佣模式的决定机制和权力构成是存在着差异的。我们所认为的雇主是雇佣模式的主要决定者，这一点在大多数情况下是有效的，但并不意味着雇主拥有绝对的权力，需要根据制度环境的差异来具体分析其中的决定机制和权力结构的差别，这一点对处于渐进的双轨制改革的中国具有更加重要的现实意义。

三、新出现的共享经济的影响

伴随共享经济出现的是基于互联网平台的新型用工模式。在各国雇佣方式多元化的进程中，随着短期雇佣方式的大量使用，整体的劳动关系具有短期性和不稳定性的特点，这对于大部分的劳动者都具有负面的影响，而共享经济中基于互联网平台的用工方式不仅强化了这一点，还带来了劳动关系的模糊性和认定的困难，这一点在共享经济发展迅速的中国尤为突出。

已有的数据表明，从行业规模来看，近年来共享经济行业规模呈快速增长趋势，到 2018 年共享经济的行业规模即将突破七万亿元。同时，根据国家信息中心发布的《中国共享经济发展年度报告 2018》显示，2017 年我国参与共享经济活动的人数超过 7 亿人，比 2016 年增加 1 亿人左右。同时，从从业人数来看，2016 年共享经济平台企业新增员工数（85 万人）占当年城镇新增就业人数（1314 万人）的比重约为 6.5%，而 2017 年我国共享经济平台企业员工数约 716 万人，比 2016 年增加 131 万人，约占当年城镇新增就业人数（1354

万人）的9.7%，这表明共享经济中的从业人数和增长率都有着很大的提高。国家信息中心预测，共享经济未来五年将可能获得年均30%以上的快速增长，这意味着共享经济的平台企业雇员人数会出现大规模增长，共享经济中平台企业的劳动关系会成为现有劳动关系的重要形式。

共享经济展示了基于互联网平台的新型员工与组织关系，既有的雇佣管理研究都是建立在法定的雇佣关系基础之上的，之前的研究将长期雇佣到各种非典型雇佣的变化视为企业与员工关系的弱化，被称为雇佣的外部化。而在共享经济中则有所不同，共享经济主要是以“互联网平台”而非“组织”作为中心，在这一过程中企业通过互联网平台将工作任务分配给劳动者，二者更加类似于“合作关系”而非“雇佣关系”。共享经济中平台企业将自身界定为中介机构的角色，平台企业与个体的劳动者都获得了极大的工作灵活性，但二者之间是否存在着劳动关系也成为一个非常模糊并且至今尚存争议的问题。共享经济平台的用工方式体现出了与过去的雇佣方式多元化进程中使用的非典型雇佣方式截然不同的特点。

另外，共享经济中的这种用工方式表现出来的某些特点同样符合雇佣方式多元化进程的特点。在雇佣方式多元化的进程中，非典型雇佣方式的使用是作为正式雇佣的替代与补充出现的，并在这一过程中逐渐占据着越来越大的比重，而雇主通过这种方式降低了对员工的责任心，获得了用工的灵活性，政府则可以通过这种方式来提高就业率。而基于平台的用工方式也同样具有这些特征，它可以视为对正式雇佣与非典型雇佣的补充和替代，雇主进一步获得了用工的灵活性和降低了对劳动者的责任心，并且这种用工方式同样促进了就业并被日益广泛使用。所以，共享经济中的用工方式是雇佣外部化的进一步体现，劳动关系在这一过程中变得更加不稳定，也更加具有模糊性，虽然一些年轻劳动者由于工作时间或工作方式的自由会倾向于选择它，但其在劳动者权益保护、工作稳定和职业发展上存在的缺失也是更加需要关注的。

第三节　相关概念的辨析

一、与雇佣方式相关的概念

在研究雇佣模式的时候，需要对一些涵义相似的概念进行辨析和界定，以保证在后续的使用过程中不会出现混淆或是界定不准确的问题。这里面第一个需要进行界定的是雇佣方式、雇佣模式和雇佣格局之间的区别。本书认为，为了避免概念使用上的混乱，有必要将这几个概念进行区分，来探讨其实际的内涵和适合的使用情境，因为在相关的研究中多次出现了由于概念界定不清晰而导致的问题。

表 1.2　与雇佣方式相关概念的辨析

概念	使用情境	内涵	相关词汇
雇佣格局	社会层面	社会中各种雇佣方式的整体结构	雇佣方式多元化
雇佣模式	组织层面	雇佣方式组合与雇佣管理政策	多元雇佣；长期雇佣
雇佣方式	个体层面等	现存的各种雇佣方式	非典型雇佣；灵活雇佣
雇佣身份	个体或群体层面	在多元雇佣模式中形成的基于雇佣方式的具有差别化特征的员工身份	—

1. 雇佣格局

雇佣格局主要是从社会层面来阐述社会中的各种雇佣方式

的整体雇佣结构，其在概念上与雇佣系统（employment system）相近。本书中提到的雇佣方式多元化指的就是雇佣格局的整体变迁，是当前正在发生的、从长期雇佣主导的雇佣格局转变为多种雇佣方式并重的雇佣格局。

2. **雇佣模式**

雇佣模式是针对组织层面而言的，指的是组织通过何种雇佣方式或是雇佣方式组合来雇佣劳动者，以及组织采取的与选定的雇佣方式相适配的雇佣管理政策。在这两个部分中，前者是雇佣模式的基础，决定了企业与员工之间劳动关系的性质与稳定性。需要注意的是，采用相同的雇佣方式或是雇佣方式组合的企业可能会选择不同的人力资源管理政策来管理员工，这就意味着雇佣方式不能代表雇佣模式的全部内容。本书对雇佣模式的内涵在后面重新进行了界定，将雇佣管理政策的内容部分加入了雇佣模式这一概念之中。

3. **雇佣方式**

雇佣方式是最经常使用到的词汇，涵义为长期雇佣方式和各种非典型雇佣方式的总称，可以同时在个体层面、组织层面和社会层面使用。之前的研究常常使用雇佣方式来指代雇佣身份、雇佣模式等相关概念，由此也造成了概念区分上的不准确，出现了研究结果的混乱与不一致，本书对各种与雇佣相关涵义的区分主要就是针对研究中的问题而提出的。

4. **雇佣身份**

这是本书所提出的衍生概念，产生于使用多元雇佣模式的企业中。使用多元雇佣的企业常常会通过不同的雇佣方式和雇佣管理政策来区别化地对待不同雇佣类型的员工群体，这在企业中的正式员工群体与非典型员工群体之间形成了制度化的组织地位与待遇的差别，即雇佣身份的差别。需要注意的是，并不是在所有的多元雇佣模式中都会产生明晰的雇佣身份，其根源在于企业通过制度化的方式来差别对待不同雇佣类型的员工。雇佣身份可以是以雇佣方式为特征来代表某个员工或员工群体的身份特点，在个体层面它代表员工的身份标签，在群体层面则代表不同的员工亚群体。

二、雇佣方式的类别与特征

（一）典型雇佣与非典型雇佣

从类型上，雇佣方式可以分为传统的雇佣方式和非传统的雇佣方式：

传统的雇佣方式，也称为典型雇佣方式（typical employment）、正式雇佣或标准雇佣方式（standard employment），这类雇佣方式主要包括全日制和无固定期限合同的用工方式，主要指的是具有长期雇佣特点的雇佣方式。

与之相对应的非传统雇佣方式也称为新型雇佣方式（new employment）或非典型雇佣方式（atypical employment）、非正式雇佣和非标准雇佣方式等，它是具有非正式、临时性或非全日制特征的不稳定雇佣形式的总称，在具体形式上主要包括了非全日制用工方式（part－time）、临时用工方式（temporary work）、劳务派遣、员工租赁方式及各种固定期限合同用工方式（contract work）等非永久性雇佣方式（non－permanent employment）。

（二）雇佣方式的特征分析

学者们在对雇佣方式及其产生的管理问题进行研究时常常会面临的一个障碍就是如何对各种不同的雇佣方式进行准确的区分。典型雇佣方式的特征较为明显，易于识别，各种非典型雇佣方式的区分是问题的重点，原因不仅在于非典型雇佣具有多种形式，还在于这些雇佣方式之间存在着交叉重叠的情况，并且其中的一些形式仍处在不断的发展和演化之中（时博、李新建，2008）。而在互联网平台的共享经济出现后，各种基于互联网的用工方式使劳动者与平台企业之间的劳动关系模糊化，在界定上存在更大的难度，这些情况带来了对非典型雇佣研究上的困难。

本书在这里通过介绍和分析 Kalleberg 的雇佣方式分类与特征分析，来比较不同的用工方式之间的区别。Kalleberg 分析和比较的主要雇佣方式及其替代方式包括：

1. 典型雇佣方式：全日制、无固定期限合同的用工方式。典型雇佣方式常常代表了雇佣的稳定性与长期性。

2. 非全时工作：工作时间短于所属企业的正常工时，每周工作 30 小时以内（加拿大和英国）或 35 小时（美国、法国和中国台湾等）。在这种雇佣方式中员工与企业常常具有长期稳定的雇佣关系，不同于经常面对临时性任务的小时工，与典型雇佣方式最为接近。

3. 短期合同：主要指短期的非继续性的雇佣方式。这类雇佣方式基本上属于短期合同工，在西方的主要研究中，这种短期一般是与无固定期限相对应的。

4. 劳务派遣：劳务派遣的特殊之处在于劳动者的雇主企

业和用工企业是相互分离的，即劳动力的所有权与使用权分属于不同的企业，所以这种特殊的雇佣方式也被称为是共同雇主模式，即雇主企业和用工企业之间分享了劳动者的使用权利，并分担了对劳动者的义务。

5. 自我雇佣者：国际劳动组织与联合国将就业状态分为被雇佣者、无酬家庭帮工、雇主（雇佣一个或是多个员工）和个体经营者（不雇佣任何员工），并将后两类群体归为自我雇佣者。

除了以上几种雇佣方式以外，还包括外包和分包两种雇佣方式的替代方式。它们是将企业内的一部分工作包给外部企业来完成，外包商与分包商的不同之处在于其员工是否在用人企业内工作。不过在现实的企业实践活动中，这两种方式常常是企业引入外部员工来完成任务的一种替代选择，企业可以通过这两种方式避免雇佣的限制，所以一些学者也将这两种方式作为间接雇佣的方式列出并与其他类型的雇佣形式进行比较。

Kalleberg（2003）提出的这五种雇佣方式的特征可以分为两类。

第一类包括特征的前三项，这三个方面的内容会对企业与员工之间关系的类型与强弱程度产生重要的影响：其中的第一项特征代表了企业员工之间的劳动契约关系，它代表了双方之间是否存在法定的雇佣关系，而第二项和第三项代表了企业与员工之间在工作场所中的互动关系和管理关系。

第二类包括特征的后两项，这两个方面的内容代表了员工工作的时间特征和雇佣的持续性。如果说前三项特征是企业与员工之间发生隶属关系和互动的基础，那么这两项特征代表了企业与员工之间维持这些关系的时限。企业与员工之间持续雇佣的时间越长，双方越有可能进行深入的相互合作与投入，也越有可能进行深层次的互动。

需要说明的是，这里列出的是一些比较常见的雇佣方式及其替代方式，其中前三种属于直接雇佣，企业与员工之间有直接的劳动合同与劳动关系。劳务派遣属于派遣公司和用工单位作为联合雇主来分担责任，但劳动者与用工单位不存在劳动关系。最后两种基本上属于劳务关系，完全不存在劳动关系。虽然后面三种在法律上不能将企业作为雇主来认定，但这些方式常常能够对直接的非典型雇佣起到替代作用，成为企业雇佣方式的补充选择，所以在对现实企业中的问题进行研究时，也需要对他们予以考察。而在当前，可以考虑在外包和分包之外增加基于互联网平台的用工方式，这种用工方式实际上也可以对直接的非典型雇佣方式起到替代的作用，并且在中国已经有较为广泛的运用。

总体而言，这五项雇佣方式的特征会影响企业与员工之间的雇佣关系。Kalleberg 用雇佣的外部化表达了这样一种涵义，随着这五种雇佣方式特征的减弱，企业与员工之间的管理关系与互动程度也在不断地降低，双方之间的合作关系更加倾向于外部化市场性活动。王兴化和张立富（2010）认为这些新出现的非典型雇佣方式的实质是将一部分在传统雇佣方式中需在企业内部完成的交易再次转移给了市场，所以企业大量使用非典型雇佣方式的过程也被称为雇佣外部化的过程。如表 1.3 所示。

表 1.3　雇佣方式的特征与雇佣的外部化

雇佣方式的特征	雇佣内部化—雇佣外部化						
	典型雇佣方式	非典型雇佣方式					
		直接雇佣		间接雇佣			
		非全时工作	短期契约	劳务派遣	自我雇佣	外包	分包
1. 用人组织是法定雇主	是	是	是	否	否	否	否
2. 在用人组织内工作	是	是	是	是	有时	是	否
3. 用人组织对其管理	是	是	是	是	有时	否	否
4. 用人组织对其持续雇佣	是	有时	否	否	否	否	否
5. 工作时间	全时	非全时	全时或非全时	全时或非全时	全时或非全时	全时或非全时	全时或非全时

作者整理自 Kalleberg AL, Reynolds J, Marsden PV. Externalizing employment: flexible staffing arrangements in US organizations [J]. Social Science Research, 2003, 32 (4): 525 - 552.

三、非典型雇佣方式、非正规就业与灵活就业

非典型雇佣方式是当前在人力资源管理和劳动关系领域中比较受到认可的概念，但有几个与之在内涵上十分接近的概念需要进行区分，主要有非正规就业（informal employment）、灵活就业（flexible employment）、非标准雇佣（nonstandard employment）与非固定就业（non - regular employment）等。本书主要对其中使用情境差别较大的非正规就业和灵活就业进行辨析：

1. **非典型雇佣方式**

非典型雇佣方式也称为新型雇佣方式（new employment），主要包括非全日制用工方式、临时用工方式、劳务派遣方式、员工租赁方式及各种固定期限合同用工方式等。这一概念是在与长期的雇佣方式相对比中作出的类别划分，目前在欧美研究中使用得非常普遍。

2. **非正规就业**

非正规就业的概念来自国际劳工组织（ILO），起初是指在非正规部门中工作的劳动者，后来又囊括了在正规部门中工作的非正规劳动者。这些劳动者所从事的一般都是工作待遇较低、稳定性较差的劣质工作（bad job）。这一概念的使用情境主要指向低质量的工作岗位，但从目前来看包括知识型企业和高端服务业在内的很多正规部门也逐步开始使用短期的雇佣方式，这一雇佣方式难以归入国际劳工组织对非正规就业的内涵之中。

3. **灵活就业**

灵活就业（Flexible Employment）更恰当的翻译应该为灵活雇佣。国内对灵活就业的界定是指在劳动时间、收入报酬、工作场地、保险福利、劳动关系等方面，不同于建立在工业化和现代化工厂制度基础上的传统主流就业方式的各种就业形式的总称。在欧美的文献中其涵义与非典型雇佣比较接近，但在中国研究使用的情境上更接近非正规就业①，并且主要使用在宏观的社会就业问题上。此外，国内大多数研究在统计灵活

---

① 劳动和社会保障部劳动科学研究所．中国劳动科学研究报告集（2000－2001年度）．北京：中国劳动社会保障出版社，2002：506.

就业的范畴与非典型雇佣比较接近，但也有部分研究在统计时没有包括其中的临时雇佣，造成了统计结果相差很大的情况。

对比这三个概念我们可以发现，非正规就业更多的是从工作的质量来做出的判断，一些并不具有灵活性但工作质量较低的工作也被包含在了其中①。在具体的涵义上，灵活就业与非典型雇佣是比较接近的，差别主要在于灵活雇佣更加强调雇佣形式、时间和地点等方面的灵活性，那些工作质量较高且具有灵活性的工作也可以包含在内，所以一些国内学者也将非典型雇佣翻译为灵活雇佣；在使用情境上，国内早期的研究更多地使用灵活就业而不是非典型雇佣，并且主要是将其与非正规就业一样使用在宏观的社会层面来探讨就业问题，而非典型雇佣方式目前也较多地在企业层面使用。

通过对这些概念的涵义和使用情境的分析，使用非典型雇佣方式这一概念更适合分析雇佣方式多元化的相关研究，因为其他两个概念更多的是从宏观层面探讨如何解决劳动者的就业与就业质量问题，并且非典型雇佣方式这一概念更适合从不同主体的角度分析其对雇佣方式选择的原因。与非典型雇佣方式相对应的概念则是代表了长期雇佣的典型雇佣方式，也被称为正式雇佣方式。

四、劳动关系相关概念的说明

本书中还涉及一组涵义较为接近的概念，即劳动关系

---

① 中国劳动和社会保障部劳动科学研究所课题组．中国灵活就业基本问题研究．经济研究参考，2005（45）：2－16.

(Labor relatinos)、产业关系（industral relations）和雇佣关系(employment relations 或 employment relaitonship)[①]，这三个词汇在基本涵义上是非常接近的，均代表劳动者与雇主之间基于雇佣劳动而产生的关系。其中劳动关系是更多在中国的语境中使用到的词语，并且其在个体、企业和社会等多个层面都可以进行使用，是三个概念中涵义覆盖最广泛的；产业关系和雇佣关系是西方的劳动关系领域中常用的词汇，产业关系意为产业层面的劳动关系，西方的集体谈判常常是处于产业层面的，所以在劳动关系领域中多使用产业关系这一词汇。近些年，由于个体化劳动关系的增加，雇佣关系更多地被劳动关系领域和组织行为领域的国外学者所使用，它主要是指个体层面的劳动关系。

① 雇佣关系的两个英文词语都有所使用，前者多见于劳动关系学科，后者多见于组织行为领域。

第二章

主要发达国家的雇佣格局演变

第一节 雇佣格局演变的分析框架

本书在这里将借鉴劳动关系系统的结构来探讨各国雇佣格局的演变。各个国家雇佣格局的演变实际上代表了劳动关系系统发生了重大的变化，原因在于雇佣是构建劳动关系的基础，雇佣的稳定性决定了劳动关系的性质和劳动者与雇主之间的合作程度。所以，雇佣格局的变化意味着社会中的雇佣方式的类型与使用比重已经发生了重大的调整，而这种变化的发生也意味着社会中的劳动关系将要或已经发生了重要的变化。当前在各个国家中发生的雇佣方式多元化现象，事实上意味着各个国家中的劳动关系向着短期化与不稳定的方向发展。本书将通过从社会层面分析劳动关系系统中政府、雇主和劳动者三方主体的变化和影响主体的各种环境因素，探讨各个雇佣格局的演变趋势。

一、环境影响的整体分析

在对主要相关国家的雇佣方式多元化发展的分析中，本书认为影响因素主要来自两个部分，即国际的共同环境的变化和国内环境中决定雇佣方式的相关主体带来的变化。

1. 国际环境的分析

国际环境变化对这些国家的影响是相似的，变化主要有新技术革命、经济全球化和新自由经济主义思想，很多国家都受到了这三个方面变化的影响。在“二战”前后到70年代在各国中形成的长期雇佣体制，是当时的国际环境与各国内部的行动主体互动选择的结果，并且在这种选择中我们可以看到美国、日本和德国等国家都以此找到了企业内部效率提升的路径。但在70年代之后，国际环境的变化促进了国内环境和相关主体的变化：首先，经济全球化增加了企业的外部环境的动态性和成本竞争的压力，使企业组织必须提高自身的灵活性与降低成本的能力，企业对非典型雇佣方式的需求开始增加；其次，新技术革命带来了技术的变革和产业结构的调整，并进一步从技术上提高了全球化的程度，企业组织开始寻求新的雇佣政策来应对这些变化对它的挑战，这是企业面临的新的经济合理性上的要求；最后，新自由主义的经济观点影响了政府的决策观念，很多限制非典型雇佣方式的政策与法规被弱化，这些变化减少了非典型雇佣方式的使用限制，也减少了企业选择非典型雇佣方式时所面临的各种制度性压力。但需要注意的是，这些环境因素对不同的国家所产生的影响有所差别，这一点在具体的比较分析中可以发现。

2. 国内环境的分析

在国内的环境中，需要考察的是影响雇佣变化的制度性因素和与之相关的行为主体。长期雇佣在整个雇佣格局中占据主要地位是由许多制度性因素支撑的，所以在雇佣格局的多元化变迁中必然会受到这些因素的影响，但具体的制度性因素有哪些、如何产生影响，这些都会因为国家的不同而有所差异，需要根据国家情境的差别进行具体的分析。

二、劳动关系主体及其行为逻辑

决定雇佣格局的主要行为主体包括政府、以企业为代表的各类企业和劳动者群体及其代表，这三方之间多个层面的互动构成了雇佣格局变化的基础：政府可以通过直接的行政控制和间接的立法等方式规制雇佣方式的选择；企业作为雇佣政策的制定者，通过选择适配的雇佣方式在经济合理性和社会合法性之间寻求平衡，它是雇佣方式的直接和主要决定者；劳动者群体也是雇佣方式的选择者，只是其相对弱势的地位决定了大多数的劳动者都只能被动接受雇佣方式。在分析行为主体时，需要将具体的国际环境与国内环境的外在影响和各个行为主体的内在动力结合起来，以此说明各个行为主体的选择对雇佣方式多元化的影响。

需要注意的是，相同的环境对不同国家的主体的影响有时会存在着相当大的差别，如同在全球化的影响下，日本与美国在进行产业转移的目的与方式上存在着显著的差别，所以只有深入行为主体的内部才能准确地把握其行为的逻辑，理解各国雇佣方式多元化发展的差异。我们将根据这一框架来研究这些国家在内外部环境的差别以及各个行为主体在特定环境中的行为方式，以此对各个国家的雇佣方式多元化进行比较和分析。

三、雇佣格局演变分析对象的选择

本书主要选择对美国和日本这两个具有代表性的国家进行分析，这两个国家代表了两种不同类型的雇佣方式多元化，在主要的发达国家中具有各自的典型性。雇佣方式的多元化是在国际环境与国内环境共同作用下，政府、企业与劳动者之间的互动形成的，其中政府是劳动雇佣的规制者，企业和劳动者是雇佣方式的选择者，三者的相互作用决定了企业的雇佣模式和社会的雇佣格局。美国与日本这两个国家所面临的国际环境及其影响是相似的，但其国内环境与行动者的行动方式存在着较大的区别，这造成了二者在雇佣格局演变中存在较多明显的区别，并且二者从不同方面对分析中国的雇佣格局演变有着重要的借鉴意义。

可能有人会有这样的问题，中国是在经济与社会体制发生重大转型的过程中发生的雇佣方式的多元化，为什么不选择俄国或是东欧这些同样具有转型特点的国家作为比较对象呢？原因在于，中国与这些国家的转型方式和转型结果是不一样的，并且我们对不同国家的雇佣方式多元化的比较研究的目的是探讨新的雇佣格局中企业雇佣模式的有效选择机制和在新的雇佣模式中企业内部效率的构建机制，关于这些方面作为发达国家的日本和美国能给予我们更多的借鉴。

基于此，本书以这两个国家作为主要的分析和比较对象，研究它们的内部变化机制与变化情况，再探讨中国在这一过程中的共性与特性。

第二节　欧美国家雇佣格局的演变与特点

一、美国长期雇佣格局形成的基础

美国在“二战”后的很长一段时期内都是长期雇佣方式占据主导地位，通常劳动者只为一位雇主长期效力，其劳动关系具有较高的稳定性（卡利伯格、新馨，2001）。美国以长期雇佣为主的格局的形成与罗斯福新政时期的政策有很大的关系。罗斯福通过推动劳动关系的相关法案，主要是 1935 年的《瓦格纳法》赋予了美国工会代表权，使工会有权代表会员与雇主进行谈判并签订集体合同，工会与企业的集体谈判制度也因此确立。在这一体系中，工会通过与企业的集体谈判来帮助劳动者获得稳定的工作和长期的工资上升，而企业的管理者获得稳定的员工队伍和员工的忠诚与工作投入。总之，在长期的雇佣模式中，企业与员工都增加了相互的投入。

罗斯福新政是在经济危机的背景下开展的制度革新，它通过劳动立法促进工会代表劳动者与企业形成了正式的集体谈判，构建了美国产业关系的形态，美国长期雇佣体系也恰恰是以此为背景形成的。此外，这种长期雇佣体系的建立除了产业关系协商机制的作用外，也与当时的产业格局和生产方式有着很大的关系，当时美国的产业格局中工业生产占据着主要的部分，而大规模的工业生产方式需要稳定且具有一定技能的劳动者。长期雇佣非常适合这一生产体系的要求，它既能保证员工队伍的稳定性，也能实现对员工技能的长期培养，保证大规模生产方式对员工的需求，因而成为当时企业构建内部效率的基础。

在罗斯福新政之前，福特 1914 年提出的“五美元工资”已经体现出了大规模生产体制对雇佣的稳定性和高素质的员工队伍的需要。当时美国整个汽车行业都存在着员工流动率过高的问题，福特公司的员工流动率达到了 380%。福特针对这一情况将员工的日工资从 2.5 美元提高到了 5 美元，将每天的工作时间从 9 小时降低到了 8 小时，之后福特公司的薪酬成本大幅度上升。福特通过高工资不仅吸引了大量的员工来应聘以保证大规模制造的稳定生产，而且还可以根据技能与熟练程度对员工进行筛选，并对员工进行深入的管理和长期的培养。这些因素使福特汽车获得了生产效率的大幅度提高，企业生产成本大幅度的下降弥补了薪酬成本的上升，并使利润得到了极大的提高。福特的个案实际上可以看出当时的生产体系对员工的需求状况，即长期的雇佣制度可以带来更高的生产效率，但这一尝试主要来自福特本人的管理意愿，而罗斯福新政的产业关系法规的推动则使长期雇佣制度有了实现的制度基础，长期雇佣方式也逐步地成为美国雇佣格局的主要部分。

二、美国雇佣格局多元化演变的结构分析

在罗斯福新政时期逐步形成了以长期雇佣为主的雇佣格局，但这种格局随着整体环境的变迁而发生了变化。在 20 世纪 70 年代之后美国经济、社会和政治上的一系列变化促进美国雇佣方式多元化发展，非典型雇佣的比例开始日益增加。数据表明：美国的临时雇佣从 1972 年开始每年增长约 11%，非全日制雇佣在 1970 年之后的 20 年间占劳动力中的总体比例从 16.4% 上升至 18%（Kalleberg，2000），当前美国的劳动力群体中非典型雇佣的整体比例也已经上升到了 31%（U. S. Bureau of Labor Statistics，2005；U. S. Government Accountability Office，2006）。从数据上看，各种非典型雇佣方式的使用比例都在不断地提高，美国的雇佣方式多元化的格局在这一过程中形成，这既有外部环境的影响，也是内部变化的结果。

（一）国际背景：全球化与新技术革命

美国同中国以及很多国家一样，其雇佣方式多元化的进程都受到了全球化和新技术革命的影响。

全球化的兴起是美国雇佣方式多元化发展的重要环境因素（Kalleberg，2009）。全球化将劳动力市场扩大到了更大的范围，资本的流动性得到了进一步的增强，使其可以在全球范围内寻找低成本的劳动者，这降低了劳动对资本的谈判能力，即全球化使企业变得更加强势，这改变了劳动者与企业之间的力量平衡，使劳动者不得不接受企业设定的缺乏工作稳定性的非典型雇佣方式。非典型雇佣方式受到企业青睐的原因在于，长期雇佣制度常常会使企业在人员的雇佣上缺乏灵活性，并且也需要对员工负有较多的责任和长期的工资上涨。所以，当全球化提高了企业所面临的环境动态性和成本竞争压力时，企业会更加倾向于选择非典型雇佣方式来雇佣员工。

新技术革命的出现，尤其是信息技术对雇佣方式的多元化产生了重大的作用，这种作用表现在直接影响和间接影响两个方面。在直接影响方面，新技术革命带来了产业格局的变化。新技术革命主要部分的信息产业在员工的使用上更加强调灵活性和员工知识的新颖性，所以愿意使用比较灵活的雇佣方式，而该行业中的员工也具有较高的主动离职倾向。这一产业的特征决定了其使用长期雇佣方式的倾向低于其他行业。在间接影响方面，新技术革命的出现进一步促进了全球化的发展。新技术革命降低了信息传播的时空限制，深化了全球化的影响程度，使企业所面临的环境动态性和竞争的时空范围都扩大了，这两个方面的压力促进了企业通过非典型雇佣方式来提高自己的人力资源柔性（Kalleberg，2000）。

（二）国内背景：产业关系系统弱化

美国雇佣方式多元化的国内背景主要是产业关系的弱化，产业关系即产业层面的劳动关系。产业层面的集体谈判是欧美国家处理劳动关系问题的主要手段：工会代表劳动者，尤其是工会会员与雇主组织进行集体谈判以获得工作待遇的提高和工作安全的保障；企业可以以此来获得员工队伍的稳定性和员工的企业内合作，从而提高企业的运行效率；政府在这一体系中通过制定规则和其他方面的协调措施对产业关系进行协调和治理。这种形成于“二战”时期的产业关系强调劳资双方在协商的基础上进行长期的合作，是战后美国长期稳定的雇佣体系的基础。

美国的这种产业关系系统形成于罗斯福新政时期，对于保障劳动者工作的稳定性具有积极意义，它的形成与发展也是三方共同努力的结果。但在70年代之后，在内外部环境的影响下，这三方都各自发生了变化，导致集体谈判中劳资双方的力量不均衡开始加大，而产业关系系统的作用也由此被弱化，并导致了以此为基础的长期雇佣制度的弱化和整体雇佣方式格局的多元化。

1. 新自由主义思想对政府调节劳动关系的影响

美国的产业关系理论认为，政府在劳资双方的集体谈判中应起到的是平衡双方力量的裁判员的功能。但在20世纪70年代之后，美国政府的新自由主义倾向日益增强，这种思想认为应该更多地依靠市场而非政府规制来发展经济和解决劳动关系问题，此后美国政府在应对产业关系的过程中开始采取对劳资力量失衡的不干涉的做法，同时也没有对非典型雇佣方式的使用进行有效的法律规制。美国政府的这种不作为在一定程度上导致了产业关系中劳资权力的失衡，弱化了产业关系系统的作用，间接促进了非典型雇佣方式的使用，加大了雇佣关系的不稳定性和整体工作质量的下降。

2. 美国产业格局的变化与产业的空心化

美国企业主体的变化主要来自产业格局的变化，这是其大量使用非典型雇佣方式的重要原因。美国在 20 世纪 70 年代之后，服务业和新兴的高科技产业开始处于日益重要的地位，这些产业增加的是一些高端的知识型工作和大量的低端服务型工作，这些新增加的工作岗位大多采取了非典型雇佣方式，所以它们的发展扩大了非典型雇佣方式使用的范围和数量；而同一时期美国的很多工业部门开始逐步地将工厂转移到美国之外的国家，这些部门采用长期雇佣的方式。所以产业格局的变化影响了美国的整体雇佣格局。雇佣方式的多元化与美国产业的空心化是一个伴生的现象。从图 2. 1 中可以看出，从 1997 年到 2017 年的 20 年间，美国的制造业占据 GDP 的比重在不断地下降，即使在奥巴马的政策影响下也没有发生大的变化。

此外，美国企业管理者的观念也起到了重要的作用。在美国企业的公司治理结构中，股东的利益是排在第一位的，并且相对于德国的银行与企业之间的稳定的股权关系，美国很多企业的股东更加关注短期的利益，所以变更雇佣方式和转移工厂来降低成本无疑对管理层有着很强的吸引力，同时美国的管理层固有的反对工会传统也得到了释放，降低了企业与工会之间

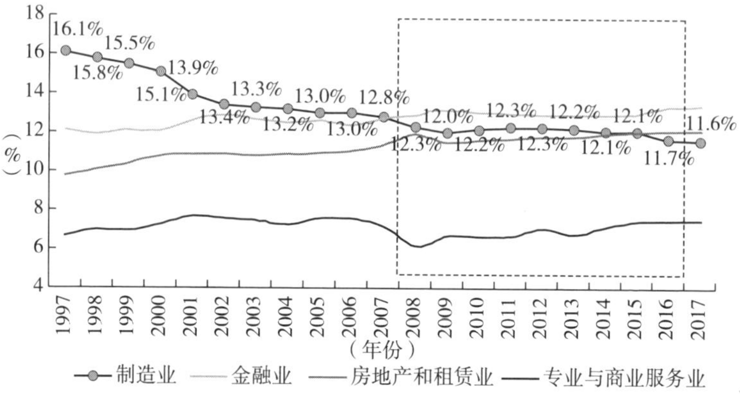

图 2.1　美国制造业占 GDP 比重的逐年变化趋势

的信任与合作的程度。

3. 劳动者群体构成的多元化与工会代表性的降低

美国产业工会的力量在不断地削弱，这主要表现在：一方面大量的无工会企业开始出现；另一方面工会的代表性在持续降低，工会在 50 年代中期能代表 35% 的劳动者，而在 1985 年这一比例降低为 19%（寇肯，2008）。如图 2.2 所示，美国工会参与率从 1954 年后就呈现出不断下降的趋势，并且这一趋势依然在不断地持续。在这一过程中，劳动者群体的地位开始处于日益弱势的位置。这些方面的变化都导致了工会作为产业关系中劳动者群体的代表地位在不断地下降，进一步导致了产业层面劳动关系的弱化。虽然工会代表性的下降是受到多方面因素影响的，但从结果而言，这种代表性的缺失降低了工会在集体谈判中的覆盖范围和影响力。

此外，在劳动者主体中，妇女、少数民族大量地进入工作场所，这改变了劳动力市场中的供求关系，也改变了劳动者群体的构成与价值观，因此而形成的人力资源多元化问题使劳动者的组织工作变得更加困难。工会主要代表的是劳动者的共同利益，而劳动者群体的多元化使其诉求的共性部分降低了，更多差异性的需求开始出现，这也为工会的组织工作带来了难度。

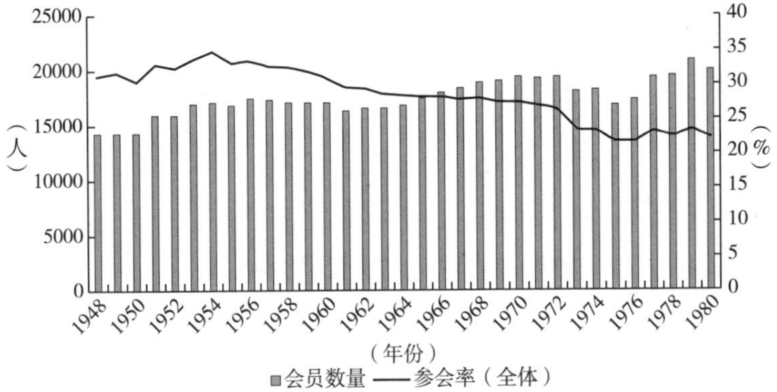

图 2. 2　美国劳动者工会参与情况

从美国政府、企业和劳动者这三方的变化可以发现，原来形成于罗斯福新政时期的支撑长期雇佣制度的产业关系在不断地减弱，这三方中企业的主导地位在不断地增强。在外部环境变化和自身内在诉求的影响下，更多的美国企业开始转移到海外，或是在国内更多地使用各种以短期雇佣为主要特征的非典型雇佣方式，这使美国的雇佣格局开始从长期雇佣为主向雇佣方式多元化演变的趋势上逐步地发展。

仅仅依靠对国内环境变化的分析是难以解释雇佣方式多元化的演进过程的。寇肯等人在 20 世纪 80 年代的著作《美国产业关系的转型》一书中，已经发现了美国产业关系的萎缩和非典型雇佣员工大量增加的现象，他用美国产业关系的转型来解释这些变化的根源。他意识到了这一过程中的美国产业关系和各个行为主体所发生的变化，但是他的解释过于关注美国的国内环境，尤其是产业关系系统的变化，将这些更多地视为美国内部产业关系变化的问题，忽视了经济全球化和新技术革命这些因素的重要影响。而实际上，在这些因素的影响下美国的产业关系系统所面临的已经不是简单的转型，而是整体系统的弱化与瓦解。寇肯的分析虽然符合当时美国的变化情况，但忽视了在全球化的国际环境演变下美国的企业已经有了更多的选择，并且他们没有像寇肯预期的那样，与工会继续在原有的框架下进行合作。

三、美国雇佣方式多元化的趋势分析

在美国雇佣方式格局多元化的变化中，我们可以发现外部经济环境的主要变化具有重要的影响，同时这也是美国内部的产业关系随着产业结构的调整而发生的重大变化，即产业空心化。在这一变化过程中，最有可能也最适合实施长期雇佣的以大规模集中生产为特点的工业产业占据的整体比例在不断地下降，美国原有的工业制造业大多外包或转移到了其他国家：20 世纪 50 年代，美国制造业产值占全球的比重在 40% 左右；从 60 年代开始，美国开始了去工业化浪潮；进入 80 年代，生产外包成为不可阻挡的全球趋势，去工业化和雇佣方式多元化的进程在不断地加速。美国由此转向以服务业为主的产业结构，制造业空心化现象日益凸显，2009 年美国在全球制造业产值中的份额跌破 20%，2010 年所占比重仅 19.4%，2010 年美国服务业在国内生产总值（GDP）中所占比重约 70%。

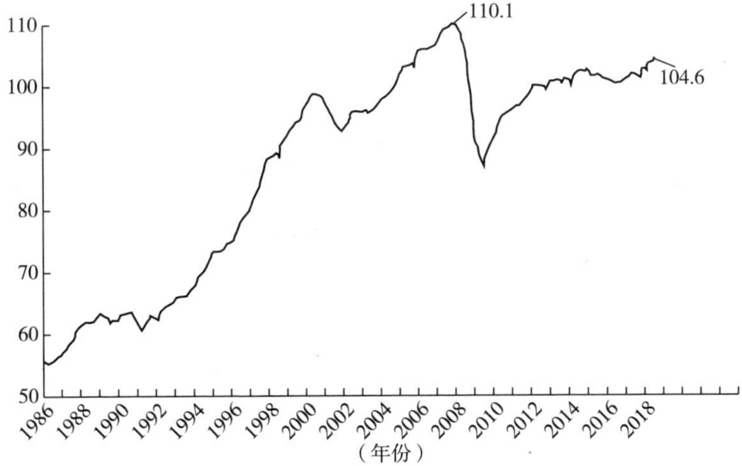

图 2.3　美国制造业生产指数

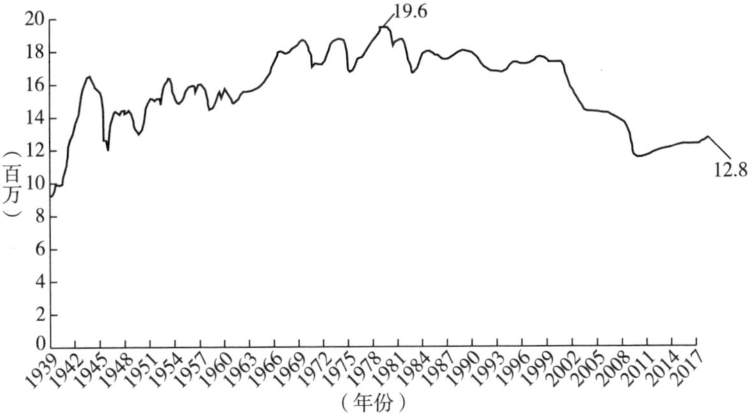

图 2.4　美国制造业就业人数

那么，美国有没有可能逆转产业空心化的趋势并在这一过程中改变雇佣格局呢？为了弥补国内的产业空心化产生的严重问题，美国的总统各自进行着自己的努力：美国的前任总统奥巴马提出再工业化的想法，试图逆转这一趋势。根据现实情况来看，这是比较难以实现的，美国此轮再工业化的重点不是回归传统制造业，而是致力于制造业里最高端、附加值最高的领域，尤其是大型复杂精密高度系统整合的产品，从而保持在高端制造领域的绝对领先，那些低附加价值的制造业难以从发展中国家回归到工人薪酬较高、用工规制较为完善的美国。

此后，美国的现任总统特朗普以"让美国再次伟大"的口号推进工业化的发展，他通过各种手段来要求企业加大对美国的工业投资，并通过贸易战的方式解决美国贸易逆差和工业产品缺乏竞争力的困境。但从美国的实际情况来看，长期的产业空心化已经较大程度地弱化了美国产业工人的技能，具有完善技能的熟练工人已经不像过去那样充沛，这成为美国逆转产业结构的重要限制。美国再工业化的难以实现可以从图 2.3 与图 2.4 中得到体现。美国制造业的指数虽然在 2008 年的金融危机后有所恢复，但是一直没有到达十几年前的峰值，只能算是周期性的经济恢复。2018 年 7 月美国制造业就业人数为 1280 万人，实际上也是在 2008 年的危机之后的缓慢恢复①。

美国制造业回归的困难还体现在其内在的结构性问题上。2017 年的一则新闻显示，美国的一家企业试图自己制造自行车，但建厂之后就面临着各种零配件缺乏的窘境。长期的产业空心化对美国的民用工业造成了巨大的伤害，美国在民用工业中产业链的不完整已经成为重要的限制条件。这些情况表明了美国制造业回归的困境，恢复与之前制造业能够契合的长期雇佣体制已经成为相当困难的事情。

---

① https：//user. guancha. cn/main/content? id = 37019&page = 2

四、欧洲各国雇佣格局的演变情况

欧洲主要发达国家的雇佣格局演变历程与美国存在着较大的相似性。产业层面的劳动关系在整体劳动关系中起着主导地位，并且是支撑长期雇佣方式的主要基础，这些方面都是欧洲主要发达国家与美国相似的地方。根据李新建等（2011）的观点，欧洲主要发达国家的雇佣方式多元化与美国是比较类似的，各国政府基本都在20世纪70年代之后开始逐步放松对非典型雇佣方式的限制，并且随着全球化的深入发展，这些限制也在进一步地减少。因而，对于它们的分析适用于与美国相同的分析框架。

1. 欧洲主要发达国家雇佣格局演变的特殊性

欧洲主要发达国家与美国雇佣格局的演变由于制度环境的差别，也有所不同，这些不同点主要表现在以下几个方面：

第一，工会影响力的差距。欧洲国家的工会力量更加强大，并且政府也更加关注社会公平的问题，因此其原有的长期雇佣体制也具有更强的刚性。虽然在不同的欧洲国家中，工会的力量强弱不同，但在整体上强于美国，并且很多国家的工会不仅仅有经济上的诉求，也作为一股政治力量而存在。所以与美国相比，欧洲国家的工会对于政府也更加具有影响力，这使欧洲很多国家的政府更加注意平衡产业关系和保护劳动者。所以，欧洲发达国家中企业选择非典型雇佣方式的目的更加倾向于能够获得雇佣数量上的柔性来应对短期的环境波动，在正式员工与非典型员工之间的公平性也相对更高一些。

第二，欧洲国家对劳动者的社会保障更多。企业使用非典型雇佣方式可以提高自身的灵活性，这对于应对环境动态变化比较有利，但非典型雇佣对于劳动者而言，存在着权益的损害。为了应对这一问题，很多欧洲国家的政府通过放松规制来提高企业人员灵活性的同时，在社会的宏观层面也提供了更多的对劳动者的社会保障措施，以此来减少对劳动者的伤害，这是其与美国政府在政策上有所不同的方面。

2. 欧洲主要发达国家内部的差别

除了与美国的差别之外，欧洲主要发达国家之间的雇佣格局演变也存在着基于国家情境的内在差异。以英国为代表的盎格鲁-撒克逊国家主要持新自由主义的经济观点，对劳动力市场中的雇佣方式多元化只进行低度的干预，这与美国的特点比较接近，英国的首相撒切尔夫人和美国的里根总统在 20 世纪 80 年代都是新自由主义的支持者，并且撒切尔夫人出台了明确的弱化英国工会和促进产业空心化的政策；以法国、奥地利等国家为代表的欧洲及南欧国家则持有保守主义的模式，强调就业保护和社会保险相结合，在促进非典型雇佣方式使用上比较谨慎；北欧国家主要是社会民主主义模式，政府在推进雇佣方式多元化发展的同时也加强对劳动者的就业保护，积极地给予员工各种补偿和就业培训，提高劳动者的可雇佣性。

在这些国家中，德国是明确维持产业关系系统的国家。德国的产业关系具有良好的合作传统，并且高技能工人也是德国制造业竞争优势的重要因素。与美国不同的是，德国的很多大企业的主要股东是银行，企业在经营时可以更多地关注长期的收益，而不是像美国企业那样更多地受到短期股价收益的影响，不会通过伤害工人的利益来获得短期的回报。

通过比较可以发现，英、美两国在雇佣方式多元化进程中的重要共同点在于，出现了信奉新自由主义经济思想的政府，其在弱化产业关系、推动全球化等方面的政策造成了两国制造业产业空心化的问题。20 世纪 70 年代美国的里根总统和英国的撒切尔夫人是新自由主义经济思想的政府代表，虽然他们在任的时候经济有所好转，将主要发展的产业集中在了高科技行业和金融业的领域，但产业空心化的根源也与此有关；而德国坚持维护国内的产业关系系统，维护和发展制造业，尤其是高端制造，并且将其作为国家的竞争优势，虽然其长期雇佣体系持续受到外部环境的压力，但对国家的整体发展也具有良好的作用。

第三节　日本雇佣格局的演变历程

与美国和很多欧洲国家不同，作为亚洲国家的日本经历了另一种类型的雇佣方式多元化。虽然全球化、新技术革命与新自由主义思想也同样影响着日本，但日本企业内部的独特结构与社会历史环境使其雇佣方式多元化的发展历程与方式和美国存在着较多的差别。

一、日本传统雇佣格局的形成

日本长期雇佣的格局主要是在“二战”之后形成的。在美国的指导下，日本进行了一系列的民主化改革，这些改革推动了工会运动的发展，也给日本企业中带来了企业制度的改革和新型的企业经营模式，消除了原有的国家体制和财阀对企业的影响（吴佩军，2009），并且当时政府为了社会稳定，要求劳资双方之间建立更加长期稳定的雇佣关系，日本式的长期雇佣体制由此得到了确立。在之后的发展中，日本的终身雇佣制度逐步与企业法人相互持股、主银行制、企业内工会制度之间建立了高度互补性（李博、周英华，2009），这种互补深化了企业与员工之间、企业与企业之间和企业与银行之间的长期合作与相互监督的作用，从而提高了日本企业的整体效能。

在这些变化中，日本的企业表现出了与美国企业不同的特殊性，这些特殊因素促进了长期雇佣制度在企业内部的发展。在政府方面，日本政府出于社会稳定的目的，支持企业与员工之间建立长期雇佣关系，以避免战后出现大规模失业的社会危机；在企业方面，日本的公司治理结构不同于美国，日本的主银行制度使企业与银行之间具有长期稳定的关系，同时在企业内部股东的利益并非第一位，它属于内部人的控制，从企业内部提升的管理者具有更多的权力，这使管理者更加注重发展企业中有能力的员工而非利润；此外，在技术上，日本很多企业内部发展的都是难以通用的专有技术，这也造成了企业需要自己培养员工和员工缺乏跳槽机会的情况。这些因素构成了当时日本长期雇佣的基础。

这几个方面的因素使日本社会长期雇佣的体制，在很长一段时间内得到了不断的发展。后来学者在对日本管理体制的研究中，常常将日本企业中的终身雇佣、年功序列和企业内工会这三项互补的制度誉为支持日本经济长期发展的三大神器。这三项管理制度起到了相互契合的作用，共同促进了长期雇佣体制在日本的发展，也是日本企业竞争优势的重要来源。在这三项制度中，终身雇佣制度是基础，它为员工提供了长期的工作保障，年功序列和企业内的广泛培训正是以此作为基础的，这种制度的形成早期来自政府的要求，之后来自管理惯性和内生效率的要求；年功序列是日本企业发展出的独特工资增长体系，是员工工资上涨的依据，它一方面通过“年”，即员工的工龄来提高工资以保证员工的忠诚度，另一方面通过“功”，即员工的能力提高来给予员工更高的工资水平，这种工资体系将员工的忠诚和能力结合在了一起，这种工资上升体制是以终身雇佣为基础的，既保证了员工的忠诚度与技能水平，也避免了企业薪酬成本的过度上升；在企业内的工会方面，企业内的工会是长期雇员的保护者，同时日本劳动关系中工会的作用主要表现在企业层面而非欧美的产业层面，并且在企业内部，工会与企业主要是以合作的方式表现出来的，工会与管理者之间存在着紧密的联系。

随着日本长期雇佣体制形成的是日本企业中具有高投入和高素质的员工队伍。美国企业中的蓝领工人在管理时会受到工会更多的限制，企业与工会之间的细致谈判在一定程度上使人员的使用缺乏灵活性，日本企业则不存在这样的问题。企业与员工之间的高度合作使日本员工具有技能上的互补性和使用上的柔性，这是日本企业基于长期雇佣体制所构建的企业内部效率的基础，与美国企业相比这种效率能更好地适应环境的动态变化。日本企业中长期雇佣而产生的内生效率要优于美国企业，这与企业中劳动者与管理者更深入的合作关系有着密切联系，这也是 20 世纪 60 年代到 70 年代日本企业常常能够击败美国企业的原因之一，但在环境整体变化的影响下，日本企业的这一套支撑长期雇佣模式的制度体系也受到了强烈的冲击。

二、日本雇佣格局的多元化演变

日本企业的这三项管理制度对日本经济的发展起到了重要

的支持作用，但随着日本企业所面临的内外部环境的重大变化，提高了企业对非典型雇佣方式的使用需求，日本企业基于长期雇佣体制所构建的雇佣管理体系的有效性和适应范围都因此受到了影响。从20世纪70年代开始，各种非典型雇佣方式在日本获得了持续的发展，长期雇佣不断地缩减，最后形成了如今多种雇佣方式并重的雇佣格局。导致日本雇佣格局演变的原因也是多方面的。

（一）政府规制方面的影响

新自由主义的经济思想对日本政府的经济政策产生了重要的影响。从20世纪80年代开始，新自由主义的经济思想开始影响日本政府的经济政策，并且日本政府在经济全球化的影响下认为，终身雇佣制已经成为工作结构变革的障碍，这两种观念带来的影响在于：一方面，削弱了企业法人之间相互持股和主银行制度，降低了企业之间以及企业与银行之间的抱团，使企业面临外部威胁时变得更加脆弱，这种互补性的制度性因素的弱化削弱了终身雇佣制的基础；另一方面，日本政府对非典型雇佣方式的使用限制也在减少，各种非典型雇佣方式的人数开始大量地增加，例如在劳务派遣方面，1996年日本法律许可的派遣工作从13种专业性工作增加到了26种，到1999年除制造工作以外的其他工作都被原则性地解除了禁令，到2004年制造行业的工作也被解除了禁令。

日本政府这两个方面的政策实际上起到了松绑的作用，既降低了企业使用非典型雇佣方式的限制，也使企业更直接地面对环境中的压力，外部的环境压力使日本企业有更大的内部动力和决心来改变原有的雇佣体制，更多地使用非典型雇佣方式。

（二）环境变化对日本企业雇佣模式的影响

第一，新技术革命背景下产业格局变化的影响。长期雇佣更加适合那些能够通过发展专有知识和内部连续性技能提升运行效能的行业，在新技术革命下兴起的信息产业和服务业不在这一范围之内。日本长期以汽车、钢铁、石化工业作为代表主导产业，这些产业的企业依靠长期雇佣体制来深化对员工的人力资本投资，并以此来发展其专有知识和内部的技术互补性来提高自身的竞争优势，长期雇佣体制对处于这些产业中的企业具有天然的适用性。新兴起的信息产业所需要的是不连续的革新思想而不是连续形成的熟练技能（李博、周英华，2009），其产业构造和职业构造与原有产业存在着很大的不同（王阳，2011），对其而言长期雇佣并不再是非常合适的选择。同时，在日本获得快速发展的服务产业也存在大量非典型雇佣方式，这与服务业的特点有着很大的关系，大多数的服务业对员工技能的需求比较简单，并且对环境的波动也更加敏感，所以在新发展的服务业中非典型雇佣方式是主要的选择。

第二，全球化带来的产业转移的影响。全球化所带来的产业转移对不同国家的影响是不同的。前文提到，美国在全球化的过程中进行了大量的产业转移，由此形成了产业的空心化问题。与美国相比，虽然日本企业也受到了全球化的影响，但它并没有像美国那样将大量的生产性企业直接转移到其他国家，即使是进行海外投资也是将一些边缘性的部分转移，保留企业的核心部分，所以全球化对日本产业格局变化的影响也是与美国不同的。究其缘由可以发现，日本企业与美国企业在利益相关者的关系上存在着很大的不同，日本的企业将员工（主要是正式员工）放在了更加重要的位置上，这导致了在产业转移和海外建厂时选择方式上的差异和对待正式员工上的差别。总体而言，全球化使日本企业面临着更加激烈的竞争，但对日本企业原有的长期雇佣体制影响相对较小，它们在这方面采取了与美国企业不同的选择。

第三，经济形势的恶化使企业更加关注降低成本的问题。日本的长期雇佣体制和内部的晋升制度在为企业带来高技能的员工队伍的同时，也需要企业对员工进行大量的投入，这种高成本的用工方式的负面影响在经济快速增加的时候并不明显，但在日本经济低迷的时期就成为一个受到诟病的管理问题。

20 世纪 70 年代的第一次石油危机结束了日本经济的高速增长，并使企业将经营的重点放在了降低成本上。在当时，很多企业开始关注企业经营重组（Re - structuring），即人、物、资金的减量化（王阳，2011）。这一时期日本厚生劳动省的调查（1988）显示：日本企业使用部分工时工最主要的原因是部分工时工可以减低企业的劳动成本（40.2%），其次是临时性业务的增加（32.5%）；定期契约工使用的主要原因是临时需要人力（32.6%），其次是可以节省劳动成本（32.1%）；日本企业使用派遣工最主要的原因是临时性专业技术人员的需求（34.1%），其次是成本节省的因素（33.4%）（Houseman，1995）。不过在这一阶段企业对非典型雇佣方式的使用量增加得并不多，1970 年日本临时雇佣的比例仅为 8.6%。20 世纪 90 年代日本泡沫经济的崩溃，使日本企业开始大量地使用非典型雇佣方式来降低企业的用工成本，据日本总务省的统计，1990 年临时雇佣者的数量占就业者总数的比例突破到 20%，到 2006 年这一比例已经达到了 30%。

因此经济形势的恶化，尤其是国内泡沫经济的崩溃是日本企业大量使用非典型雇佣方式来降低成本的重要背景。需要说明的是，高技能的员工能为企业生产出质量层次更高的产品，但并非质量越高就越会得到市场的认可，日本的企业在 20 世纪 90 年代存在着过度技能化的问题，即过度发展员工的技能生产出了成本为市场不能接受的高质量产品。所以在这种情况下，需要平衡质量和成本的要求，降低成本就成为一个重要的企业任务。但是非典型雇佣方式的大量使用会造成内部劳动力市场的瓦解和优质员工队伍的涣散，为了避免这种负面影响，很多日本企业在使用非典型雇佣方式时常常会确保正式员工的工作安全，而不是像美国企业那样，通过非典型员工替代正式员工。

（三）劳动力群体的变化

日本的劳动力群体的构成和职业意识在近几十年发生了较大的变化：一方面，在人口少子化和高龄化的影响下女性劳动者和老年劳动者再次参与到劳动力市场之中，并且这些劳动力群体主要是通过非典型雇佣的方式来再就业的；另一方面，很多新一代的劳动者更加倾向于选择工作的时间和安排上具有更多的自主选择和灵活性的工作方式，非典型雇佣的方式对他们的吸引力开始增加。从整体上来说，日本企业中劳动力群体的变化主要是就业理念发生了一些调整，其变化程度要小于中国和美国。美国劳动力群体的变化是多个方面的，包括劳动力的多元化、工会代表性的下降；中国则是由于制度变迁，将农村劳动力解放出来，并且新生代的劳动者的就业观念也有所不同。所以，日本劳动者群体中产生的变动只是来自就业的观念，变动程度和对雇佣方式的影响要小于其他的国家。

以上的这些因素推动了非典型雇佣方式的使用范围与规模，使日本的雇佣格局逐步地从长期雇佣为主走向了多种雇佣方式并重的多元化格局。

三、日本雇佣方式多元化的特点分析

在对日本雇佣方式多元化发展历程和推动力量进行了分析之后，可以发现其所具有的一些特点：

第一，日本的雇佣方式多元化最主要的推动力量来自日本国内经济形势的恶化和产业格局的调整。日本经济形势的恶化是受多方面因素影响的，包括石油危机、与美国激烈的贸易矛盾等。而中国和美国则与之不同，前者的主要推动力量来自国内经济体制的改革，后者来自全球化和新技术革命带来的资本流动和产业结构调整。

第二，在雇佣方式多元化的过程中，日本的企业出现了明显的基于雇佣身份的员工分化。终身雇佣制作为日本企业的一项制度惯例具有重要的意义，所以当日本企业开始大量地使用非典型雇佣时，为了避免非典型雇佣对企业重要员工造成过大的冲击，常常不会直接使用非典型员工来代替正式员工，而是在雇佣非典型员工的同时通过内部的人员配置、开设其他子公司和减少对正式员工的招聘数量避免直接解雇正式员工。在保持这两种雇佣制度并行的时候，在企业内部就不可避免地出现正式员工与非典型员工之间的雇佣歧视问题，虽然雇佣歧视或是雇佣身份的分化在很多国家中都存在，但日本的临时工与正式员工的工资差距在发达国家中基本上是最大的，所以如何处理好这两种并行的雇佣制度是很多日本企业在新形势下所要面临的重要管理问题。中国的很多国有企业中也存在着明显的雇佣身份分化的问题，但它主要是由制度性因素引起的，二者在性质上存在着一定的差别。

第三，日本集体劳动关系体制的特殊作用。与欧美国家不同，日本的工会主要作用于企业内部而非产业层面，企业内工会成为企业与员工合作和沟通的重要体制，并且企业的管理者在很长一段时间内有着比所有者更多的决策权，在很多时候这些管理者也是从员工群体中晋升上来的，与员工有着紧密的联系。这种集体劳动关系上的特殊性，使日本的企业、企业内工会与正式员工之间存在着紧密的内在联系，很少出现像美国企业中存在的使用非典型员工来替代和解雇正式员工的情况。日本的企业内工会的主要成员和服务的对象都是企业中长期雇佣的正式员工，这与美国的工会一样主要以保障正式员工的利益为主。当企业开始大量使用非典型员工时，日本的企业内工会强化了企业中雇佣身份分化的情况。

第四，日本企业集团内存在着雇佣模式外部延伸。与很多国家不同，日本与其长期合作的一些小厂商之间存在着十分紧密的联系和较为特殊的合作关系，大企业处于企业的核心，这些小厂商则作为周围次一级的企业以一定的依附关系出现。核心企业有时会将其一部分富余的员工转为这些小厂商的长期正式员工，这种方式将其雇佣模式外部化的压力转嫁给了附属企业，避免直接解雇可能会带来的对以长期雇佣为基础的管理方式和雇佣关系的负面影响。这实际上是雇佣模式向企业外部的延伸，中国的一些国有企业在这一点上有着与之相似的情况。

从以上几个方面的分析我们认为，日本的雇佣方式多元化与欧美国家存在着很大区别，它们的制度背景、管理体制都有所不同，即使有全球化这样的共同国际背景，也对二者有着不同的影响。虽然日本和美国的雇佣方式多元化都是外因为主的转变，但是通过比较可以发现，美国企业与日本企业在这一过程中的主动选择存在着很大的区别。美国不仅积极地大量使用非典型雇佣方式，而且也在积极地将工厂从国内转向其他国家，出现了对现有的正式员工的替代与威胁；日本的企业更加倾向于保留长期雇佣制度，将一些边缘性的工作转为非典型雇佣，但这些员工是作为对正式员工的补充而非替代，并且在海外建厂时也会将工厂的边缘性工作进行转移，这也避免了对正式员工的威胁。

第三章

中国雇佣格局的演变与国别比较

第一节　中国雇佣格局的多元化发展历程

一、基于劳动关系系统的分析框架

从20世纪80年代开始，中国发生了深刻的经济与社会转型，在这一过程中中国的企业所有制发生了变更，城乡二元体制被逐步打破，市场在资源的配置上起到了日益重要的作用。从劳动关系系统的视角来看，这些制度环境的变化带来了系统中的劳动者群体、以企业组织为主的用人单位和政府这三方内部构成和行为逻辑的变化，中国的雇佣格局演变的历程正是这三方主体在制度变迁中的互动与共同作用所造成的。

具体变化表现为：随着城乡二元体制的消解，劳动者的群体构成开始出现变化，农民工群体成为雇佣劳动者的重要组成部分，同时新生代群体的出现带来了工作价值理念的变化，他们选择雇佣方式和工作方式的特点都与老一代群体有所差别；作为雇佣方式主要决定者的企业组织随着经济体制改革出现了质的变化，国有企业与私营企业所占的比例发生了逆转，企业组织选择雇佣方式的内在逻辑也随着这种逆转出现了变化；中国的政府的角色在经济体制转型中也发生了变化，开始从计划经济下的企业所有者向市场经济中的规则制定者转变，对企业的管理方式也从直接管理转变为间接管理，这也意味其规制雇佣规则的制度与方式都有所改变。从总体来看，对中国雇佣方式多元化的演进历程的分析应结合中国的制度变迁以及这三方在制度变迁中构成、作用和地位的演变来进行。

如图 3.1 所示，与其他国家的雇佣格局多元化演变相同的是，中国的雇佣格局演变也是向着多元化的方向发展的，并且在这一过程中也受到了内外部环境的影响；与之不同的是，中国的雇佣格局变迁与国内环境的变化具有更大的影响，而其他国家并非如此，同时由于制度渐进式的转型，雇佣格局的多元化发展并非如其他国家平稳单一，而是出现了基于劳动力市场的多重制度分割，在不同的制度区域中雇佣方式多元化的发展存在着较大的差异。

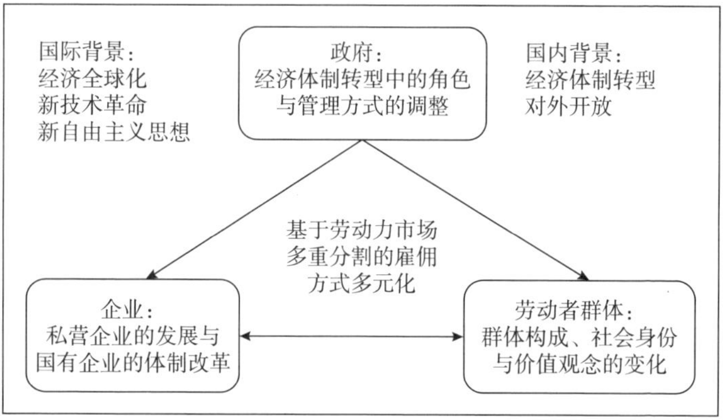

图 3.1　中国雇佣方式多元化的分析框架

二、企业构成变化对雇佣格局的影响

经济体制改革是我国经济转型中的重要部分，它打破了公有制一统天下的局面，在这一过程中民营企业与三资企业这些私有制企业开始大量出现，并逐渐占有越来越重要的比重。企业组织构成的这一变化意味着雇佣逻辑的整体变化，国有企业与私营企业在雇佣规则与雇佣方式的选择上遵循着不同的逻辑。

（一）私有企业的发展对雇佣格局的影响

从企业组织的构成而言，私有制企业的大量出现直接带来了雇佣格局的改变。在经济体制的转型和对外开放的过程中，民营企业和三资企业这些体制外经济开始大量地出现，倾向于使用非典型雇佣方式的私有企业推动了原有的长期雇佣为主的雇佣格局向雇佣方式多元化的方向发展。

在经济体制改革之前中国是公有制一统天下的时代，公有制企业作为一种独特的社会实体在肩负着经济活动的同时也承担了很多的社会责任，包括员工就业稳定和社会保障等，并且公有制企业也难以解雇现有的人员，公有制企业的这种特殊性质要求采用以长期雇佣为主的雇佣模式。而私营企业与之不同，它们更多的是从经济效率的角度选择用工方式，所以它们更愿意选择非典型雇佣方式以达到节约成本和快速适应市场变化的目的，在20世纪90年代对外资企业的研究发现，这些以追求低成本为主要目的的外资企业常常和员工签订很短的雇佣合同。虽然雇佣方式的选择是由劳动者和用人单位相互协商形成的，但由于劳动力市场的供大于求的格局，使企业处于更为强势有利的地位。同时由于当时中国劳动立法的滞后，难以完成对劳动者权益的保护作用，就导致了私营企业在雇佣方式的选择上拥有着更多的决定权。

（二）国有企业改革对雇佣格局的影响

在私有企业的规模和数量不断扩大的同时，国有企业的数量却在不断地减少，并且留存的国有企业也发生了经营管理方式的调整。在国企改革之后，很多国有企业改变了原有的以长期雇佣方式为主的雇佣模式，开始更多地使用各种短期雇佣方式，尤其是劳务派遣这一形式。国企改革使国有企业的管理体制与雇佣模式发生了变化（Cooke，2002），但这一变化的趋势是双向的。

一方面，大量中小国有企业和绝大多数集体企业在市场经济的冲击下纷纷转制、倒闭、拍卖、重组，数据表明，从1996 年到 2004 年国有工业企业的数量减少了 78%。国有企业的大量减少意味着实施传统的长期雇佣方式的经济实体也在大量地减少，而成功完成市场转型的国有企业在竞争的压力下，为了提高效率开始选择与私营企业相似的管理措施和雇佣方式，即发生了竞争性的同构，非典型雇佣方式在这些企业中开始被越来越广泛地使用。

另一方面，其他一些国有企业由于所处行业的特殊性而获得了垄断的地位，这些企业内部的雇佣体系出现了分化。企业垄断的基础主要体现在两个方面，一是占有自然性资源，如特殊的矿产资源；二是占有制度资源，如铁路、电信、电力、邮政等部门（刘平、王汉生和张笑会，2008），这些企业虽然占有资源的形式不同，但都是通过国家的特殊政策来实现其垄断的地位。

随着环境的变化，这类国有企业内部出现了类似于“核心—周边”构型的雇佣体制分化。一方面，这类国有企业较大程度上保留了原有的以长期雇佣为基础的管理体制，这类雇佣模式主要针对的是有编制的正式员工；另一方面，由于编制数量的不足，这些国有企业开始大量地使用非典型雇佣方式来规避制度的限制。在 2008 年之前，国有企业将这些无编制的员工称为临时工，采用的是临时雇佣合同，但大多数的雇佣关系会具有较强的持续性；在 2008 年《劳动合同法》颁布之后，劳务派遣这一方式开始成为这些国有企业使用非典型雇佣方式的主流。在 2011 年中华全国总工会对劳务派遣的调查中发现，国有垄断行业大量使用劳务派遣员工，有些国有企业的使用比例甚至高达 70%。在这类国有企业里形成了具有不同雇佣身份的员工群体，他们在经济与社会地位上存在着明显的区别：有编制的正式员工在其雇佣管理上依然具有单位制的特点，即长期雇佣与较多的员工福利；而没有编制的员工基本通过非典型雇佣方式进行招收，他们的薪资水平和管理方式更加的市场化。应该说，这些国有企业对非典型雇佣的使用是长期存在的，并且雇佣身份的差别也是如此，区别在于不同的时期通过不同的形式表现出来，这种表现形式的变化是由于 2008 年颁布的《劳动合同法》所产生的制度限制造成的。

从国有企业的分化中我们可以发现，改革方向的不同造成了不同类型的国有企业所处环境的差异，而这又影响了其内部管理方式的变革：第一类国有企业更多地走向市场，开始承受市场竞争的冲击，这种压力促进了其内部管理方式的变革，所面临的与私营企业相似的经营环境与压力使其在雇佣管理政策上也与之更加的相似，也就是所谓的竞争性同构；第二类国有企业处于不同于前者的制度环境之中，政策上的先天优势使其在一定程度上免受市场竞争的直接压力，因此它在管理方式上依然具有单位制的部分特点，但为了解决在人员编制等方面的制度限制和新出台的相关劳动法规的规制，也开始较多地使用非典型雇佣方式，但针对不同的员工采用了差别化的雇佣管理政策。

所以，虽然中国政府对不同类型的国有企业采取了不同的改革方案，但从整体而言国有企业的改革扩大了非典型雇佣方式的使用范围与数量，促进了中国雇佣方式多元化的发展，但由此派生的国有企业中的管理问题也一直都困扰着国有企业的管理者和中国政府。

三、劳动者群体构成与价值观念的变化

劳动者是雇佣方式选择的另一个主体，在改革开放中，中国的劳动者群体构成与价值观念发生了很大的变化，主要表现在城乡二元体制改革中农民工群体的大量出现和新生代员工独特工作价值观念的形成这个两方面，这些变化影响了劳动者对雇佣方式的选择倾向，对雇佣格局的多元化发展具有一定的促进作用。

（一）农民工群体的大量出现与就业限制

改革开放之后，中国的城乡二元体制开始逐渐松动，处于第一产业中的农民逐渐获得了自由流动的权力，农民工开始大量地出现并成为雇佣劳动者群体的重要组成部分。根据国家统计局的相关数据，2009 年全国农民工总量为 2.3 亿人，外出农民工数量为 1.5 亿人。与此同时，农民工在外出务工的过程中主要选择的基本都是短期的非典型雇佣方式，清华大学社会学系沈原教授的《农民工就业趋势报告》中发现，中国农民工就业存在着“短工化”的问题，并且这种趋势在不断扩大，农民工每份工作的平均持续时间越来越短，2000 年农民工平均每份工作持续时间为 3.8 年，2008 年农民工每份工作只持

续1.4年。造成这种情况的原因有很多方面。

首先，大部分农民工的人力资本和社会资本较低，这就限制了选择工作与雇佣方式的权力。他们在城市中基本上只能获得以非典型方式雇佣的低质量的工作，这些工作的低质量特征主要表现在工资收入、工作条件和工作的发展机会等方面。

其次，由于城乡二元体制的影响，农民工难以获得城市人口的身份，享受城市中的福利。宁光杰（2012）的研究表明农民工在雇佣方式的选择上受到了很多制度性的限制，在长期雇佣、自我雇佣和短期雇佣之间存在着多重分割与进入障碍，这些因素限制了农民工对雇佣方式的选择范围。

最后，农民工对非典型雇佣方式的接受和选择与其高流动性有很大的关系。万向东与刘林平（2007）的研究表明，农民工认为自己在总体上处于被分割、隔离的低水平就业市场之中。一方面，农民工常常是通过非典型雇佣的形式来就业，且其就业层次相对较低。另一方面，农民工显示出高度的水平性流动，即在不同的地区之间自由地变换着工作，这是由于农民工难以在城市中长期扎根，他们更多的时候是根据工资水平在地区间流动以追逐略好的工作机会，并根据整体工作机会的优劣来选择流入其他城市或是返回农村。

这种在不同地区间的高度水平性快速流动使农民工群体对非典型的短期雇佣方式具有较高的接受度，这与20世纪初美国底特律的汽车工人的流动方式有着相似的特点。

（二）新生代劳动者的特有工作价值观念

随着社会的发展和变迁，中国的劳动力群体在工作价值观上呈现出日趋明显的多样化趋势，这与新生代员工队伍的不断壮大有很大的关系。

首先，新生代劳动者成为劳动力群体中越来越重要的组成部分。国内将 80 年代之后出生的群体称为新生代，根据《中国人口和就业统计年鉴 2010》的数据，2009 年中国的适龄劳动力人口的总量约为 8.7 亿人，其中新生代劳动者的总量约为 2.8 亿人，占适龄劳动力人口的 32%，已经成为劳动力的主要力量。根据国家人口计生委统计，2011 年我国流动人口总量已接近 2.3 亿人。流动人口的平均年龄只有 28 岁，“80 后”新生代劳动者已占劳动年龄流动人口的近一半[①]。

其次，新生代群体具有独特的价值观与工作生活方式。新生代员工成长于我国的社会转型时期，独特的成长环境使他们在态度、个性、需求，特别是在工作价值观等方面表现出与老一代劳动者较为明显的代际差异（廖小平，2006）。与之前的劳动者相比，新生代劳动者更加追求工作的意义，在工作中寻求个人发展，崇尚工作中的自主性。在类似的情况下，新生代的劳动者更加愿意选择在工作时间、地点或是方式上具有灵活性的工作岗位。并且与“80 后”相比，已经登场的“90 后”更加愿意选择具有高自由度的工作方式和雇佣形式，例如当前的年轻劳动者更愿意选择进入快递和外卖等行业而非工作要求较严格的制造业企业。

这些情况表明，新生代已经逐渐地成为劳动力群体的主要组成部分，同时伴随新生代而来的是劳动者群体价值观的持续改变。这种工作价值观上的代际差异使新生代劳动者对非典型

---

① http://news.ifeng.com/mainland/special/zhonggong18da/content-3/detail_2012_11/12/19059827_0.shtml

雇佣方式有着更强的接受倾向，并且当已有工作无法满足其内在需要时，更容易产生离职行为。

四、中国政府对雇佣格局的调控

中国政府对雇佣方式多元化的影响是多方面的，他作为体制改革的制定者与执行者，由其主导的国企改革、打破城乡二元体制等方面的制度变迁都间接促进了雇佣方式多元化的发展。在直接作用方面，主要起到的是推动非典型雇佣方式的使用和促进其规范化这两个方面的作用。

（一）中国政府对雇佣方式多元化的直接推动

实现充分就业对任何一个国家的政府都是一个重要的目标，它是社会稳定的重要保障。在经济体制改革之前，中国政府为城市里的职工提供的基本上都是长期稳定的工作岗位，并通过城乡二元体制将农村人口限制在第一产业就业。这些情况被打破之后中国开始面临着严峻的就业问题，在 20 世纪 70 年代末之后的较长一段时间里，农民工、下岗工人和新毕业大学生是政府解决就业的主要对象，发展和促进非典型雇佣方式成为解决这些群体就业问题的一个重要方式，灵活就业这个概念就是在当时的情境中被广泛使用的。例如，中国政府在 2001 年的《国民经济和社会发展第十个五年计划》提出要大力推广包括劳务派遣在内的多种灵活就业方式，以此来解决国有企业下岗职工的再就业问题。这些政策的出台促进了各种就业中介机构的发展和非典型雇佣方式的推广，虽然最初这些机构主要是针对国有下岗职工设立的，但在后来的发展中其服务对象的范围也逐渐囊括了其他有就业需要的群体。

（二）中国政府对企业雇佣方式的间接规制

非公企业的大量出现改变了企业主体的构成，同时也改变了中国政府在市场经济中的角色与地位，逐渐从公有制企业的直接管理者转变为市场规则的制定者。

在原来计划经济体制下，国家对企业单位采用的是直接管理的方式，在市场经济中政府更多的需要通过制定相关的法律法规来规范企业的运行。政府再也无法像计划经济时代那样通过行政命令的方式来直接决定企业所选择的雇佣方式，在市场经济的背景下，政府需要通过制定劳动法律法规来间接地引导和规范企业与劳动者对各种雇佣方式的选择与使用。

在近几十年，中国政府通过制定和修订相关的劳动法律法规来逐步完成这一角色的转变。需要指出的是，法律本身就是具有滞后性的，中国由于法制建设的时间还比较短，并且在经济转型过程中常常面临着层出不穷的新现象与问题，相关法律法规在解决现实问题中的滞后性被进一步扩大，这降低了劳动法律法规在制定与执行过程中的效果，在一定程度上导致了政府在角色的转变过程中出现了有效规制的缺失，在这种缺失下企业对非典型雇佣方式的恶性使用成为一个难以避免的现象。

虽然从目前来看中国在这方面的立法与执法监督还存在着很多问题，但中国政府通过立法对非典型雇佣方式的使用进行规范化管理的趋势是可见的。

（三）劳动立法对雇佣方式使用的规制历程

《劳动法》与《劳动合同法》是中国目前对雇佣方式使用起到约束与规范作用的主要法律。《劳动法》颁布于 1995 年，是中国第一部劳动法律，是规范劳动者与用人单位之间雇佣关系的基础性法律，是开始通过法律手段调整劳动力市场运行的一个标志性法律，也是中国政府实现角色转型的起点。

2008 年中国开始实施的《劳动合同法》主要是为了弥补《劳动法》中关于劳动合同规定的不足而颁布的，这部分法律在立场上更加倾向于保护劳动者，并具有稳定劳资双方之间雇佣关系的立法理念，所以在某些规定中体现出了防止非典型雇佣方式过度使用的特点以维护劳动者的权益。但该项法律在规范企业使用非典型雇佣方式上并没有起到制定时的预期效果，很多企业和单位开始使用劳务派遣方式替代原有的临时工和短期合同的雇佣方式来规避该法中对无固定期限合同的规定。这导致了 2008 年之后中国劳务派遣的数量和在劳动者群体中的整体比例迅速地上升：根据国家统计数据，在 2008 年《劳动合同法》实施之前，我国劳务派遣人数为 2000 万人；根据中华全国总工会经过广泛调查统计获得的数据，到 2010 年底国内劳务派遣职工已经达到 6000 万人，而且主要集中在公有制企业和机关事业单位；按照国内职工总人数大约 3 亿人来计算，劳务派遣职工已经达到职工总人数的 20%（《国内劳务派遣调研报告》，2011），这些数据表明国内的企业存在着对劳务派遣过度使用的问题。

针对劳务派遣的这一新情况，2013 年中国政府又专门进行了讨论，并于 2013 年底由人力资源社会保障部推出《劳务派遣暂行规定》，这一条例进一步明确了同工同酬的原则，对三性的内涵进行了更明确的界定，并指定了劳务派遣员工不能超过正式员工 10% 的红线。从这一发展历程来看，中国政府在不断地完善和加强对非典型雇佣方式使用的规制，这主要是出于保护劳动者和维护社会公平的目的，并且这些法律已经在逐渐形成对企业用工的制度性规制。

总之，中国政府对雇佣方式多元化发展的作用是双向的，既有推动各种非典型雇佣方式发展以促进就业的一面，也有通过法律进行约束以防止其被滥用的一面。当前的就业压力和政府在劳动立法中存在的滞后性在一定程度上抵消了政府对非典型雇佣方式的约束作用，所以从总体的情况来看，中国政府在近几十年的雇佣方式多元化的进程中起到的推动作用是大于约束作用的。

五、中国雇佣格局演变的基本特征

与西方发达国家的雇佣方式多元化相比，中国的雇佣格局演变进程具有相似的趋势，也是向着多元化的方向发展的，但中国的这一变化又与这些国家有着非常明显的根本性差别，使中国雇佣格局的变化具有强烈的特殊性和复杂性。

（一）中国雇佣方式多元化的制度转型特征

比较而言，西方发达国家雇佣方式多元化的趋势一般是外因导向性，是随着全球化、新技术革命等因素导致的内部雇佣格局的调整。而中国雇佣方式多元化的发展与西方国家不同，它更多地表现出了体制转型的特点，具有内在制度环境变革起主要作用的特殊性。在制度转型之后，中国的企业、劳动者和政府的构成与角色都发生了很大的变化，对这些变化的分析是了解中国雇佣方式多元化演进趋势的重要依据。本书在对这三个主体进行分析之后发现，它们的变化从不同的方面促进了中国雇佣方式多元化的发展，并消解了一些原有的支持长期雇佣模式的制度。

与西方国家的差别还在于，中国雇佣方式的多元化并不是一个整体上同质渐进的过程。中国的经济体制转型属于循序渐进式的改革，在这一过程中新老制度不是简单的替代关系，而是一个相互交织、缓慢变更的过程，这些制度背景因素的影响造成了中国雇佣方式发展中的复杂性与独特性，使其呈现出基于劳动力市场的多种制度分割的特点，不同的劳动力子市场中雇佣方式多元化发展的情况具有显著的制度性差异。这是中国雇佣方式多元化最大的特点，也是与其他国家的根本性差异。

（二）雇佣格局发展中的多重制度分割

中国的劳动力市场由于制度变迁的影响呈现出多重分割的特点，并且细分出来的劳动力市场之间有着明显的雇佣方式上的差异：一级劳动力市场中会相对较多地采用长期的雇佣方式，二级劳动力市场更多地采用非典型雇佣方式。这些分割主要表现在以下几个方面。

1. 基于城乡二元体制的劳动力市场分割

这种分割将劳动者分为城市劳动者与非城市劳动者两类。由于中国城乡二元体制的影响，中国的外来务工人员，尤其是农民工群体在外出打工时常常处于二级劳动力市场之中，他们大都通过非典型雇佣从事工作条件和待遇较差的岗位。而当地的政府通常会优先将拥有当地户籍的城市就业人口放在一级劳动力市场之中，这种情况在改革开放的早期表现得十分明显。魏下海和余玲铮（2012）的研究发现，在正规就业和非正规就业中，户籍因素都对工资差异有显著影响；刘林平和张春泥（2007）认为人力资本和企业制度是决定农民工工资水平的基本因素，社会资本变量和社会环境变量对农民工工资水平没有显著影响，这说明农民工的工资在不同所有制企业和不同地区中没有明显的差异。属于非城市劳动者的中国农民工群体基本上处于二元分割的劳动力市场的底端，这个劳动力子市场地区性差异很低，具有高度市场化、缺乏内部劳动力市场或晋升机制的特征。

此外，本书的实证研究也发现，具有城市户口的员工更多地处在相对长期和稳定的雇佣方式上，农村户籍的员工的雇佣方式更加短期，更多的是通过非典型雇佣方式被雇佣；在员工对非典型雇佣方式的态度上，农村户籍的员工在对非典型雇佣方式的接受性也明显高于城市户籍的员工。与之相对应的是，被非典型雇佣的农民工收入水平要低于正式雇佣的城市员工，但这些农民工在组织公平的感知上却高于城市户籍的员工。

2. 基于产业或所有制的劳动力市场分割

这里提到的基于产业或所有制的劳动力市场制度分割实际上阐述是一种现象，虽然名称不同，但都是指中国情境中的国有垄断企业与非国有垄断企业在雇佣方式上的差别，这种差别的产生主要与中国企业所有制的变化和国有企业的发展战略有很大的关系。

在改革开放之初，实施以长期雇佣为特点的单位管理体制的国有企业占据着主导地位，新产生的民营企业与三资企业大量地使用非典型雇佣方式，这表现出了明显的基于所有制形式的劳动力市场的分割和雇佣管理方式的差异。在国企改革的过程中，一方面，大量的国有企业进行了破产与转制，在雇佣模式上也开始大量地使用非典型雇佣方式，不断地向私营企业趋同；另一方面，中国政府在对国计民生有重要作用的行业中设置了进入的限制，使这些国有企业能够在一定程度上免于市场竞争的影响。这些垄断性的国有企业受惠于政府的准入制度并且没有受到市场的直接压力，使其相对于其他企业可以更多地保留原有管理体制中的雇佣模式的特点，此时基于所有制的劳动力市场分割就转变为基于某些垄断产业或是基于垄断性国有企业的劳动力市场的分割。这种劳动力市场分割的特征在工资水平和雇佣关系上都表现出了明显的差别。

首先，在工资水平上，两种劳动力市场中的工作水平存在着明显的差别。陈弋等（2005）采用 Oaxaca Blinder 分解法的扩展形式，分析了 1995 年中国城市不同所有制企业间工资差异的决定因素，发现中央国有企业可以从特惠的制度因素中获利，享有高于市场水平的工资，“纯所有制差异效应”在工资差异中起到中心作用。这说明在垄断或政府管制行业，国有部门的劳动力普遍享有更多的工资溢价（薛欣欣，2008）。

其次，在人力资源管理与雇佣关系方面，国有企业与非国有企业也存在着限制的差异。程德俊等（2006）发现所有制特征对企业人力资源战略选择具有显著影响；张一驰（2004）通过 Tsui 的心理契约模型分析了中国企业的所有制类型对雇佣关系的影响，发现国有企业与非国有企业之间存在着很大的差别，而外资企业和民营企业之间的差别相对较小；孙瑞（2006）对不同所有制企业员工心理契约的内容与类型的研究也得出了相似的结论；凌云（2010）的研究表明，国有企业的内部劳动力市场强度要明显高于私营企业和外资企业，尤其是在长期雇佣方面与后两种企业的差距最明显。

3. 在正规部门中基于雇佣身份的劳动力市场分割

该种劳动力市场的分割既有制度变迁的原因，也有企业管理目标的原因。在这些正规部门中不同的雇佣方式常常代表了不同的雇佣身份，通过长期的雇佣方式招收的员工与非典型员工很多时候在工作待遇与管理方式上存在着明显的差异。这一情况不止存在于国有垄断企业，国外的很多针对雇佣模式与雇佣关系的研究都发现了雇佣身份的差别，本书将在后面对这一问题进行专门的探讨。

总之，从长期的趋势来看，中国的雇佣格局同其他国家一样正向着多元化的方向发展，但同时中国的雇佣方式多元化进程并非像其他国家那样均匀，而是随着劳动力市场的不同存在着制度性的分割。不同类型的劳动力市场中的雇佣格局演变存在着显著的差别，这些由体制转型造成的制度性的分割情况将会长期存在。随着制度的变迁与交替，其中起主导作用的制度分割类型和影响程度在发生变化：在已有的这些制度性分割中，基于城乡二元体制的劳动力市场分割随着改革的逐步进行在不断地减弱，基于产业与基于雇佣身份的劳动力市场分割在当前以及之后的一段时间内都会存在重要的影响。中国雇佣格局演变中的制度分割现象以及这些制度分割的持续与消亡实际上是中国制度转型的外在体现，只有深入了解制度转型的变化，才能从根源上把握中国雇佣格局演变的特殊性。

第二节　雇佣格局演变的国别比较分析

中国从 20 世纪 70 年代开始了雇佣方式多元化的历程，同一时期的美国等发达国家也处于相似的雇佣格局演变的过程中。在这一过程中，中国和这些国家一样，雇佣格局都从长期雇佣为主转变为多种雇佣方式并存，并且在雇佣格局中新增加的都是以短期雇佣为主要特征的非典型雇佣方式。这些相似的变化需要我们探讨这些国家的雇佣方式多元化是如何发展起来的，有什么共性和差异的因素在起作用等问题。

一、国家间雇佣格局演变的共性与差别

根据本书之前的比较分析，美、日等其他发达国家的雇佣方式多元化进程都是一个长期的过程，推动这一进程的主要动力既有外部环境因素的变化，也有内部制度因素的演进。这些因素变化的长期性和持续性，决定了这些国家的雇佣格局的变迁是一个长期的过程。这一情况也同样适用于中国，尤其是中国当前的经济与社会转型还处于进行阶段，这意味着在未来很长一段时间内中国的雇佣格局依然存在着很多可能的变化方向。同时，通过比较中国与其他国家的共性与差异，就可以知道哪些问题是雇佣方式多元化中所共有的，哪些是中国的特殊国情所决定的，这种区分对于下一步的研究有着重要的作用。

（一）共性因素

中国与发达国家的雇佣方式多元化进程中既存在着共性也存在着差异。共性的一个主要方面表现在都面临着经济全球化和新技术革命的影响，这两个方面增加了企业所面临的环境动态变化程度，这一部分的因素我们可以认为是属于任务环境的变化，它主要体现了环境对企业效率的要求。这两个方面的变化使中国企业同其他国家的企业一样都面临着重新适应环境的要求，它们要求企业具备更快的创新能力、节约成本的能力和

人员的快速反应能力，这对于不同国家的企业都有相同的要求，而非典型雇佣方式也是这些国家的企业的主要选择，这两种共同性的环境因素推动了这些国家的雇佣方式多元化。

另一个方面的影响来自新自由主义经济思想。20 世纪 70 年代之后很多国家都受到了新自由主义思想的影响，这种思想要求减少来自政府或其他方面对企业的限制，反对之前的以凯恩斯思想为指导的经济政策和以产业关系理论为指导的劳动关系政策，以这种思想为指导的政府所出台的政策将减少对企业的制度限制。主要的发达国家大多受到了思想的影响，如美国的总统里根和英国的首相撒切尔夫人就是这方面的代表人物，他们在任期间都推行了倾向于私营企业的政策，同时，这一时期的日本也受到了影响而采取了弱化日本企业之间与企业和银行之间的相互持股和主银行制度。同一时期的中国也一样受到了影响，只是与许多学者预想的有所差异，中国受到影响的程度并没有他们预期的那样显著，当前的形势与事实也证明了过度强调新自由主义经济思想的政策存在着很大的问题。

（二）差别因素

差异方面的主要表现是，虽然具有相同的雇佣格局变化趋势，即雇佣方式的多元化倾向，但由于国家情境（主要体现在制度方面）的不同，各个国家在变化的特征和形态上表现出了明显的差别。日本与美国的雇佣方式多元化就是如此，它们分别代表了两种类型的变革机制，而且即使是与美国比较接近的欧洲国家内部也存在着较多的差别。

中国雇佣方式多元化的进程与这些国家相比表现出了更加明显的区别，因为它变化的基础主要来自制度环境的变迁。虽然中国也在很大程度上受到了外部环境因素的影响，但它的雇佣格局变化本质上是一个长期的制度变迁过程，所以其发展历程也更多地具有中国制度转型的烙印，具有更强的内在变革起主要作用的特殊性。而发达国家雇佣方式多元化的趋势一般是外因导向性，是随着全球化、新技术革命等因素导致的内部雇佣格局的调整，虽然在这一过程也有着制度的交替，但制度交替的程度与中国相去甚远。中国与其他国家雇佣格局的多元化发展的具体差别主要体现在以下两个方面。

第一，雇佣方式多元化发展的均衡性存在着差异。在美国、日本这些国家中，支持长期雇佣体制的制度基础在不断地削弱，这是一个较为均匀的变化。中国的雇佣方式多元化由于制度转型而出现了割裂的现象，各种新旧制度的并行交替造成了中国雇佣方式多元化的进程不是同质均匀变化的，而是存在着基于劳动力市场的多重分割，中国的雇佣方式多元化与其他国家相比具有更高的复杂性。这一特点导致了中国的国有企业和私营企业在经济体制改革过程中所受到的制度约束存在着很大的不同，而这也使内部的雇佣管理方式存在着很大的差异。

第二，阻碍雇佣方式多元化的制度性因素的来源存在着差别。在雇佣方式多元化的过程中，中国与美、日等国都存在着支撑长期雇佣的制度因素，当雇佣方式多元化发生时，这些因素就成为阻碍因素。对比来看，可以发现美国和日本等国的阻碍性制度因素主要来自中间层次，如美国产业层面的产业关系系统和日本企业层面的高度合作化的企业与员工关系和管理传统，中国的阻碍性因素表面上来自企业层面，即国有企业中的长期雇佣体制，实际上来自国家层面。因为中国的国有企业在很大程度上依然受到原有管理体制的影响，这一点在很多垄断性的国有企业中表现尤为明显，国有企业领域中的雇佣模式变化需要国家的政策变革来进行推动，而私营企业中基本不存在阻碍的力量，这些新生的领域自一开始便不存在类似美、日等国的中间层次的阻碍力量。

从这两个方面我们可以发现中国与其他国家在雇佣方式多元化过程中的最为主要的差别，把握这一点，就能更好地理解中国的雇佣方式多元化的真实情况及其对不同所有制企业的差异性影响。

二、雇佣格局比较的总结

本书主要选择了美国和日本这两个具有代表性的国家进行分析，这两个国家代表了两种不同类型的雇佣方式多元化，它们面临的国际环境是相似的，但是由于国内环境的差别和企业、劳动者与政府这三方行动者的差别，造成了两国企业的雇佣模式和社会的雇佣格局的差别。两个国家国内环境与行动者的行动方式存在着较大的区别：影响美国的雇佣方式多元化的内部变化因素主要是产业关系系统的弱化，企业和劳动者之间主要是通过集体谈判来支撑长期雇佣方式的，在这一点上欧洲的主要国家与之具有更大的相似性，所以可以以美国作为代表来进行分析；日本的企业与劳动者在组织层面具有很高的合作性，其终身雇佣制正是以此作为基础的，而产业层面的劳动关系则影响很小，因此日本企业在面对经济形势的恶化和环境动态性的提高，对雇佣管理方式的调整也与美国存在着明显的区别，与韩国有着更多的相似性。

与这两个主要代表国家相比，中国在雇佣方式多元化的发展变化上有着深刻的制度转型背景，这种转型是渐进的双轨制改革造成的。这种改革方式导致了中国旧的体制和新的制度在不同的环境中能够同时存在，并在各自的范围内依旧发挥着重要的影响，前文分析中提到的中国的雇佣方式多元化出现了基于劳动力市场的多重分割的现象，在不同的劳动力市场中雇佣方式多元化的发展特点和组织选择的雇佣模式都存在着较为显著的差异。因而，可以得出这样的结论，中国的雇佣方式多元化具有超过了日、美等国家的、非常大的特殊性和复杂性，而同样，日、美两国的雇佣方式多元化进程也在某些环境中有着与中国的相似性，这种相似性能够成为我们借鉴和思考的部分。

因而，国别比较分析可以使我们更有效地借鉴国外的发展情况和已有的国外研究。当前关于雇佣模式的研究主要集中于欧美和日本等发达国家，这些国家的研究对中国企业的借鉴性存在差异：日本的企业，尤其是大型企业中雇佣模式的特点主要表现为正式员工与非典型员工之间存在着明显的雇佣身份差别，并且很少存在身份的转换机制，这一点与当前中国国有企业的雇佣模式有很大的相似性；欧美企业使用的雇佣模式和相应的管理方式更加接近于中国的私营企业。对共性问题与特性问题的辨析是有效借鉴国外研究的一个重要基础，在这个基础上我们可以从更多的视角观察中国的雇佣格局变化和组织雇佣模式的调整，以及影响和决定这些变化的深层次力量与机制，这是探讨企业雇佣模式的重要基础。

第四章

劳动关系系统中的雇佣决定机制

在之前的两章中，本书阐述了美、日等发达国家雇佣格局多元化演变的特点与趋势，而后分析了中国雇佣方式多元化的情况，并与这些发达国家进行了比较。这两章通过比较和分析劳动关系系统中三方主体的构成与行动逻辑，说明雇佣格局演变的内在动力，这些国家中的三方主体基本都出现了内部构成与行为倾向的变化，促进了非典型雇佣方式的使用、企业雇佣模式的调整和社会雇佣格局的多元化发展。劳动关系系统中的权力结构影响了三方主体在雇佣规则制定上的话语权，也会影响雇佣决定机制的具体形态。

需要说明的是，虽然整体环境的变化强化了雇主选择雇佣方式与调整雇佣模式的权力，但强化的程度是因环境而有所不同的，在不同环境中雇主所拥有的选择权力是存在着差异的。这一点在进行制度变迁的中国更为明显，新旧制度的交替过程造成了基于劳动力市场的分割，雇佣方式多元化在不同的制度分割区域中的发展具有差异性。同样，劳动关系系统中的权力结构和雇佣的决定机制也在不同的分割区域中有所区分，本章将借鉴劳动关系的相关理论对这些情况进行探讨。

第一节　工作场所治理机制

工作场所治理机制涉及劳动关系领域中的一个重要问题：

工作场所中的制度规则是由谁来制定的？或者说，谁有制定这些制度规则的权力？雇佣模式是工作场所中劳动规则的重要组成，通过分析劳动关系系统中的权力结构可以更好地理解雇佣模式的决定机制，了解各行动主体有多大的权力来影响雇佣模式的选择，及其选择的基本倾向和权力来源。

一、不同理论视角中的工作场所治理机制

对于工作场所中的治理机制，到目前为止主要出现过四种治理的思想体系，它们所提出的治理机制的内在差别的根源来自这些思想体系的基础假设的差别，如图4.1所示，可以通过以下四个问题来辨别：

1. 劳动力是否是一种商品？

2. 在竞争性的劳动力市场中，雇主与雇员是否具有平等的地位？

3. 雇主与雇员之间是否存在着内在的利益冲突？如果存在，是否能够有效地协调？

4. 在工作场所治理中，雇员的发言权是否重要？

在这些问题中，前三个问题是这些学科的基础假设，是造成这些思想体系差别的根源，关于劳动者发言权的第四个问题是探讨在既定的学科中存在的不同治理机制，是否存在着发言权意味着劳动者在治理机制中的地位与参与情况。

（一）主流经济学派的视角

在这几个问题中，前两个问题就可以将主流的经济学与其他三种理论体系区分开，即对劳动者是否为商品和劳资双方的地位是否均等进行回答。主流经济学认为当劳动力市场充分竞争

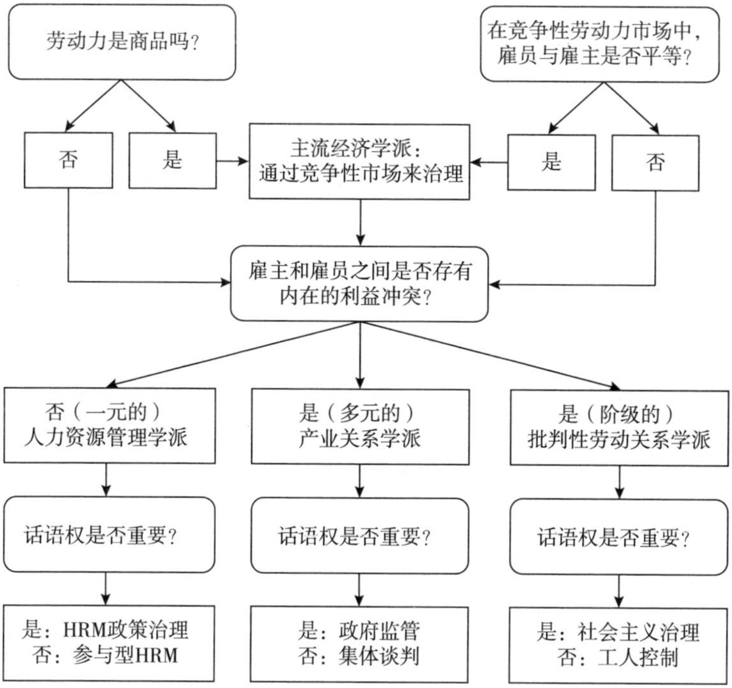

图 4.1　工作场所治理的思维逻辑基础①

时劳动者与雇主之间的矛盾与冲突是不存在的，而雇主与劳动者之间具有平等的地位且充分竞争的市场能够有效地解决劳动关系中的问题，劳动者可以通过用脚投票的方式使雇主改善雇佣的条件，而劳动规则的博弈也可以通过劳动力市场中双方的博弈来解决。根据这种观点，主流的经济学认为工会实际上是一种危害，因为它通过组织工人进行集体行动从而形成了一种劳动力的卖方垄断。

---

① （美）约翰 W. 巴德（John W. Budd）著．于桂兰，于米，于楠等译．劳动关系：寻求平衡（第三版）［M］. 北京：机械工业出版社，2013：42.

主流经济学的这种观点来源很早，但至今依然具有影响力，当前的新自由主义经济学也信奉这些观点。[①] 这里面的问题在于，劳动者与雇主之间只具有形式上的平等，双方在劳动力市场中所具有的权力与地位是很难实现平衡的。这一点在企业组织的规模日益增大的发展过程中会变得更加明显，所以自由放任的竞争性劳动力市场在很大程度上代表了放弃对劳动者权益的保护。如果主流经济学的这种方式真的能够有效地解决这些问题，那之后的几个理论视角就不会出现并且具有现今的影响力了，并且将劳动力视为商品将会导致工作过程中对劳动者的不良使用，会对劳动者的身心造成不良的影响，这也是后续的理论所不能认同的部分。

（二）批判性劳动关系学派的视角

主流经济学之后的三个理论体系的主要区别在于对第三个关键问题的回答，就是雇主与劳动者之间是否存在以及存在着什么性质的利益冲突。对这一问题的不同答案意味着解决劳动关系问题的路线差别。

对这个问题最早进行回答的是批判性劳动关系学派，也就是马克思主义的观点。在它的观点中，双方的矛盾是具有阶级性的，并且不可调和的，该理论认为劳动者与雇主之间矛盾的根源来自整个社会制度的局限，因此需要通过重新建立社会制度、改变国家政权和所有权制度进行解决。并且从它的解决方式来看，无论是社会主义治理还是工人控制都已经没有资方的

---

① 巴德提到的主流经济学应该主要是指新自由主义经济学的观点，凯恩斯的宏观经济学观点也曾在一段时期内占据主流的位置，因此需要予以区分。

位置了，此时虽然还存在雇主，但新的雇主是由与劳动者具有利益一致性的员工代表或是代表劳动者利益的政府构成的。因此，从解决问题的方式上可以理解为什么批判性的劳动关系学派也被称为激进的劳动关系学派，但如果深入了解批判性劳动关系产生的背景就可以发现它是对当时严峻劳动关系问题和经济社会危机的有力回应。同时，主流经济学之后的三个理论学派对于工会作用和地位的认知也有所不同，批判性劳动关系理论认为工会有助于提高劳动者的权力，能够在一定程度上缓解劳动关系的冲突，但由于劳资冲突是资本主义社会制度中不可调和的矛盾，所以工会并不能解决根本性的问题，改变社会制度才是出路。

（三）产业关系学派的视角

在马克思主义理论之后出现的是产业关系学派，产业关系学派关于问题的回答是雇主与劳动者之间确实存在着利益的冲突，但这种冲突并非是不可协调的，所以没有必要打破原有的社会制度，关键在于寻找正确的协调方式，由于承认劳资双方存在着多元利益，因此也被称为多元论。美国的产业关系系统能够有效地发挥作用，与当时严重的世界性经济危机这一现实背景紧密相连，当时美国总统罗斯福的新政政策正是为了应对这一经济与社会危机构建的，并且其中的劳动关系法案正是构建美国产业关系系统的基础，在此之前美国政府一直信奉自由主义经济学的政府对市场的不干涉政策。

在产业关系学派的理论中，政府通过法律确定了工会与雇主之间的谈判规则，并协调二者之间的集体谈判能够尽量有序地进行，其起到的是一个促进双方协调的仲裁者作用。在这一思想体系中，工会需要具有独立性，并且在整个协调体系中具有重要的作用。劳动者通过工会的组织化而产生集体性行动，并以此来获得能够与雇主谈判的力量，同时在很多国家中工会也是选举中的重要票仓，在政治领域同样会发挥着重要的作用。总之，可以将产业关系理论视为资本主义制度中构建的一种自我修复的机制，通过劳动关系系统中政府、劳方和雇主的充分协调来缓解社会中的既有矛盾。在这一理论中，工会的作用非常突出，但当前随着雇佣格局多元化发展而产生的工会地位和覆盖率的下降，造成了基于产业关系理论的协调机制的衰弱。

（四）人力资源管理学派的视角

人力资源管理学派是最晚出现的，它对这一问题也提出了完全不同的答案：它认为雇主与劳动者之间利益是一致的，不存在根本的利益冲突，既有的劳动关系问题是由于管理和沟通中的问题造成的，这一理论体系也被称为一元论。该理论对工会同样持有排斥的观点，但原因与主流经济学强调的垄断不同，它是从工会的功能进行否定的，它认为工会能够提供的只是劳动者群体的共同利益，通过人力资源管理就可以针对每个员工的需求进行精细化的设计，可以更好地满足员工的差异化诉求。

对于这一理论体系的出现，可以从德鲁克提出的人力资源和知识员工两个概念来了解。20 世纪 50 年代之后，德鲁克认为当时美国的员工已经与过去时期的劳动者不同了，他们具备了更多的知识，甚至在特定领域和职位上超过了他们的管理者，所以应当将其视为一种资源。人力资源管理学派的特点在于排斥员工的集体行动，从这一点来看员工的力量减弱了，但个体员工所具有的知识和技能不仅能提高其在劳动力市场中的优势，也能使其对雇主具有更大的话语权。

人力资源学派中提到的利益的一元性质并不总是可信的，既有的HRM理论认为存在着承诺型HRM体系和控制型HRM体系，前者中确实有着利益一致性的体现，劳资双方之间有更加强调合作和长期的紧密联系；但在注重成本的控制型人力资源管理中两者的利益明确地表现出了差异。此外，虽然人力资源管理与产业关系学派具有很大的理论差别，但本书认为，从历史的角度来看，正是由于集体谈判带来的长期雇佣体制和内部劳动力市场的发展，导致了劳动者与雇主之间的利益开始呈现出更加一致化的特点，进而促进了一元论中的HRM相关理论的产生。如果没有集体谈判的保护，很难克服美国企业中管理者的短期化倾向。

总之，虽然这四种思想体系在理念上存在着较大的差异，甚至是对立的，但是每种体系都在特定的历史时期作为重要的工作场所规则的治理机制而发挥作用，这一点可以从表4.1中引用的劳动关系视角变迁的时代背景中有所体现。并且在当前这些治理机制也不是单独存在的，而是几种机制共存，当前的工作场所中的规则制定和雇佣模式选择实际上是多项机制共同作用的结果。

表4.1　劳动关系研究视角的变迁

劳动关系的研究视角	马克思主义视角	多元论视角	一元论视角
理论产生的时代背景	资本主义的发展处在自由竞争时期； 政府代表资本家利益	资本主义经济从自由竞争向垄断过渡； 工人运动的强大压力； 政府采取建设性干预政策	全球经济一体化； 知识经济的推动； 社会化大生产的发展； 工人运动的进一步深入

续表

劳动关系的研究视角	马克思主义视角	多元论视角	一元论视角
劳动关系的基本假设	本质上是对立和对抗性的阶级冲突，这种冲突是不可调和的	劳资双方既有冲突，又有合作，在冲突中合作，在合作中冲突	劳资双方在根本利益上是一致的，但存在利益上的局部冲突
劳资冲突的原因	阶级与阶级间的剥削与被剥削的不平等关系	组织是一个多元的实体，不同的人有不同的利益和不同的关注点	冲突源于管理不善、沟通不畅
对策	通过阶级革命消灭雇佣劳动和私有制	集体谈判，三方协商，制度干预	改善管理就能减少冲突

资料来源：崔勋，吴海艳．从近代劳动关系研究视角的变迁看劳资冲突走向[J]．中国人力资源开发，2010（5）：80－84.

二、工作场所治理中的权力结构与雇佣倾向

各项工作场所治理机制的主要差别在于内部的权力结构不同，一方面，权力结构可以决定制定雇佣规则时谁应处于主导位置，以及制定规则时会受到哪些方面的权力制衡和限制；另一方面，处于主导地位的雇佣规则制定者会倾向于如何选择雇佣模式也是工作场所治理中的重要问题。本书在这一部分对这两个方面进行简要的分析。

（一）工作场所治理机制中的权力结构

一般情况下，我们都会将雇主视为雇佣模式的决定者，但需要注意的是，雇主并不总是拥有决定权，或是拥有完全的雇

佣决定权，很多情境中它都会受到各种制约性力量的限制，这种限制会影响雇佣模式的选择和雇佣规则的制定。因此，这里需要分析每一种工作场所治理机制中的权力结构，如图 4.2 所示。

图 4.2　工作场所治理机制中的权力结构与民主参与

1. **竞争性市场**

图 4.2 中没有将竞争性市场放入权力关系图中，因为在这种机制中双方的权力对比是以劳动力市场中的供求关系所决定的。虽然大多数情况下劳动力市场中劳方的权力要小于雇主，但这种情况并不绝对，并且即使整体的劳动力市场供大于求，也可能存在着一些供小于求的细分劳动力市场。因而，在理论上将该机制中的权力关系视为不能确定是比较合适的方式，在现实的劳动力市场中劳方在大多数的情况中都处于弱势的地位。

主流经济学中对于劳动力市场中的劳资力量对比持不干涉的态度，认为政府不应该过多地干涉经济，所以在这种机制中很少有政府的角色，即使大多数劳方处于弱势时也是如此，可以理解为劳动力市场中处于强势的一方更加能够决定雇佣规则的制定。但从现实的情况来看，这对于大多数的劳动者是不利的，再结合主流经济学中将劳动力视为商品的观点，就可以发现这种雇佣规则的制定机制在实际运行中对于劳动者和社会持续发展的负面效果，所以之后的工作场所治理机制都在寻求使劳动者获得更多的权力以平衡双方的权力关系的机制。

2. 权力失衡：劳＞资

在该类型中包括两种治理机制：一是工人控制，主要是指合作社或社会主义制度下的工人控制与工人所有模式，由于劳动者群体拥有着所有权，可以控制雇佣规则的决定和实施；二是社会主义治理机制，依靠社会主义制度的建立使劳动者能够从政权中获得根本的保障。

前者的一个典型代表是前南斯拉夫的工人自治制度，工人群体通过企业的工人委员会和管理委员会直接管理这些企业，以此参与企业的管理实践；后者在苏联等社会主义国家中比较常见，与前者的工人相对直接的管理与控制企业不同，后者的企业由国家进行管理，虽然政府作为雇主的身份出现，但政府、劳动者和企业在宏观层面上的利益是一致的，政府的社会主义取向保证了对劳动者的利益的保护。在话语权方面，工人控制可以保证劳动者能够有较为直接的参与，而这一点在各个社会主义国家由于管理体制的不同而存在差异。例如，中国在新中国成立初期曾大范围地学习了来自苏联的工厂管理体制——“马钢宪法”，这种管理体制的问题在于劳动者缺乏民主参与工厂管理的机会，而中国在1956年之后开始推行的“鞍钢宪法”中的“两参一改三结合”提出了让管理者参与劳动、让劳动者参与管理，实际上就具有提高普通劳动者在工厂管理的话语权和参与方式的实践成分。

3. **权力均衡**

这种类型中的权力均衡指的是劳动者与雇主之间相对的权力平衡，而非绝对的力量均衡。这种类型的治理机制主要基于产业关系理论，具体的治理机制包括两种：一是集体谈判，在该机制中劳动者获得权力的方式是通过工会组织形成劳动者的集体行动，拥有超过个体劳动者对雇主的权力；二是政府监管，政府通过确定各种法律法规和行政命令来协调劳动关系，保持权力关系的相对均衡，因此政府并不一定站在劳动者一方，而是要根据劳资双方的权力关系维护双方的平衡，如美国在1935年罗斯福新政时期出台《瓦格纳法案》赋予工会代表权之后，又在1947年出台《塔夫特－哈特利法案》来约束工会以维持产业关系的平衡。

在话语权方面，集体谈判中劳动者和雇主或雇主组织都会直接参与到工作场所规则的制定中，具有较强的参与性；而政府监管中的参与性与之相比相对弱一些。事实上，这两种机制常常是相互补充的，政府会通过立法来推广集体谈判达成的一些内容，或是用立法来实现集体谈判难以达成的相关举措。虽然政府监管机制的目标是维持平衡，但由于劳方处于弱势，所以政府的监管大多数时候会表现出倾向于劳方的特点。美国产业关系系统的发展，正是通过罗斯福新政的立法来确保工会能够进行集体谈判而建立起来的，这也可以视为这两项机制相互补充的一个例证。

4. **权力失衡：劳 < 资**

这种类型中主要包括参与型的HRM和非参与型的HRM两种治理机制，基本都是由雇主制定劳动规则，差别在于雇主是否会给予劳动者参与的权力。集体谈判中劳动者参与的权力来自法律的规定和自身集体化的程度，而在两种 HRM 治理机制中雇主拥有较大雇佣规则的制定权力，员工是否有参与的权力是由雇主来决定的。本书认为，雇主在人力资源管理治理机制中选择是否给予员工参与权，既受到雇主的意愿影响，也受到员工的知识水平的影响。劳动者能够获得的权力来自自身的知识与能力，无论雇主具有何种意愿，在知识型的企业中员工都会更加具有参与权，而在一般性的劳动密集型的企业中员工拥有参与权的可能性更少，尤其是在泰勒制中的“脑体分离”的组织分工的影响下，这类企业更希望获得的是服从的工人。

在分析了各种工作场所中的治理机制后，可以发现这些治理机制分别作用于社会、产业和组织等不同的层面，并且它们虽然在理论上是相互排斥的，但很多时候是同时出现来发挥作用的，例如，在当前的环境中很少有国家单纯依靠竞争性的劳动力市场而没有相应的政府监管，并且除了这两项在社会层面起作用的机制外，组织内部也有着自身的工作场所治理机制在起作用。本书认为，可以将这几项治理机制视为同时存在的处于不同层面的雇佣规制治理机制，并且相互之间能够产生影响。对于处于制度转型的中国，由于劳动力市场存在着制度性的分割，这些机制会以更加复杂的方式产生相互的作用。

（二）工作场所治理机制中的雇佣倾向

一般而言，在雇佣模式的决定机制中，弱势的一方会更加倾向于选择具有保障性的稳定雇佣，强势的一方则更加倾向于通过短期灵活的雇佣来获益。在劳动力市场的相关研究中已经发现，当预计到未来劳动力供给开始减少时，企业更加愿意签订长期的雇佣合同以避免出现员工数量不足的问题，而劳动者则相反，希望能够保持雇佣的灵活性以便在劳动力市场中获得更多可选择的工作机会；当预计到未来的劳动力需求会有所不足时，劳动者更加愿意选择签订长期的雇佣合同，企业则相反，希望通过短期的雇佣合同来获取雇佣和人工成本的灵活性。实际上这说明了在竞争性劳动力市场的雇佣模式决定机制中，处于优势地位的一方会更倾向于选择更加灵活的非典型雇佣方式。

表 4.2　工作产生治理规则中的权力影响

治理方式	规则制定方式	如何影响雇佣方式选择	劳动者权力来源
竞争性市场	劳动力市场供需	强势的一方倾向于更加灵活的雇佣方式	无
社会主义治理	国家的政策与控制	政府的制度构建和对国有企业的直接管理能够保障劳动者雇佣的稳定性	国家政权的保障
工人控制	工人组织决定	工人组织制定有利于组织中劳动者的稳定雇佣政策	员工共有企业
政府监管	政府立法	政府通过制定法律来限制或放开某些雇佣方式的使用	劳动法律法规
集体谈判	雇主与工会协商	工会倾向于提出保障员工雇佣稳定性的要求	集体行动
HRM 政策	企业单独决定	组织根据自身的需要制定，大多数情况下会以成本和雇佣灵活性为出发点	无
参与型 HRM	企业决定 + 员工参与	组织根据自身的雇佣动因和员工的需要来选择雇佣模式	员工的知识等

劳动者市场中劳方处于弱势地位是常态，尤其是作为个体出现的劳动者，所以劳动者会借助于其他来源的力量改善自身

的处境。其中，基于批判性劳动关系理论的社会主义治理和工人控制与基于产业关系理论的集体谈判和政府监管四种机制都能够使劳动者获得个体之外的权力来源：(1) 社会主义治理机制中国家的政权是劳动者利益的代表，虽然劳动者没有在微观层面上拥有具体的企业，但在社会的意识形态和国家制度中，劳动者是国家的主人，也是抽象意义上的企业财产的共同所有者，所以社会主义治理机制中国家的制度会倾向于保护劳动者，政府也会通过在国有企业的直接管理中维护劳动者的权益，为劳动者提高稳定、有保障的雇佣模式；(2) 工人控制的机制中劳动者群体自身就是企业组织的管理者与控制者，是企业中劳动规则与雇佣模式单方面的制定者，因为企业的利益和劳动者的利益是合一的，受工人控制的企业会倾向于制定维护劳动者利益的雇佣模式；(3) 集体谈判中劳动者的力量来自劳动者群体内部的集体行动，组织化的劳动者群体能够提高其对雇主的谈判能力，工会常常在进行集体谈判的议案中提出薪资、福利和雇佣稳定性的要求；(4) 劳动关系系统中的政府监管机制所提供的力量是不确定的，原因在于政府起到的是协调者和平衡劳资力量的作用，因此它会根据自己对劳资关系的判断来制定出偏向于雇主或是劳动者的政策，例如政府可以出现限制某些非典型雇佣方式的滥用，也可以通过法规来放宽某些非典型雇佣方式的使用限制。这里在政府监管前面加上劳动关系系统限定的原因在于，现实中的政府并不都会认可和遵循产业关系理论中的政府平衡劳资关系的角色与功能。

最后，在人力资源管理的决定机制中，雇主是劳动规则和雇佣模式的单方决定者，但是这一机制中的雇佣模式决定倾向要更加复杂一些。

从员工的情况来说，员工的知识技能水平是员工权力和地位的来源，也是决定其是否具有参与企业决策的话语权的重要因素之一。可以将主流经济学的观点和人力资源管理学派的观点结合起来，二者分别作用于社会层面的劳动力市场和组织层面的内部劳动力市场，具有知识的员工在两个层面常常都具有优势，他们会选择对自己有利的、更加具有灵活性的雇佣方式，而知识权力较低的员工则会被迫地接受企业所决定的雇佣方式。在这两种雇佣方式的选择中，可能最后出现的都是灵活性的雇佣方式，但差别在于受益于灵活性的对象有所不同。

从雇主的情况来说，选择具有灵活性的雇佣模式能够使企业在降低人工成本和提高雇佣柔性方面取得优势，这也是非典型雇佣方式在 20 世纪 70 年代中期之后被大量使用的重要原因。但是雇主对雇佣模式的选择具有更多的复杂性，它所要实现的目标可能不仅仅是降低成本和提高雇佣柔性，因此雇主的雇佣模式选择需要根据其雇佣动因来进行判断。本书认为，非参与性的人力资源管理中企业更加希望通过灵活雇佣来实现 HR 的柔性或降低成本，并且这类企业中需要的人员类型也常常不属于知识型的员工；而在采用参与型的人力资源管理的组织中，其对知识员工的雇佣模式的选择具有更大的复杂性。本书将在后续的章节中对雇主的雇佣模式选择这一关键性问题专门进行探讨。

从以上分析可以发现，不同的雇佣决定机制中不仅存在着内部权力结构的差别，机制中内在的雇佣方式选择倾向也是有所不同的，这些机制都曾在不同的历史时期发挥过重要的影响，并且现在依然发挥着作用。例如，在美国的罗斯福新政之前，竞争性市场的机制几乎是唯一的决定机制，之后随着劳动关系系统的构建，集体谈判和政府监管的决定机制开始增强，雇佣的稳定性在这一时期不断地提高；而在 20 世纪 70 年代中期之后，在外部环境变化的影响下，工会的力量不断下降，政府对角色的定位也不再是平衡关系的协调者，而是转为更加放任的态度，基于产业关系理论的治理机制对雇佣的影响力在不断下降，这一时期恰恰是美国雇佣格局多元化的发展，并且也是劳动关系日益变得短期化和不稳定的时期。

三、雇佣格局演变中的雇佣决定机制

在讨论完各种工作场所治理机制中的权力结构之后，我们需要结合这几种机制分析在雇佣格局的多元化发展中是如何受到这几种机制的影响的。需要说明的是，在一个社会的劳动关系系统中，不会只有一种雇佣规则的决定机制在起作用，而是几种机制共同发挥作用。大部分国家基本都以劳动力市场机制作为基础，同时通过集体谈判或是一些政府监管来提高劳动者的权力，实现对劳动力市场负面效应的平复，这些机制的强化或弱化在整体上会影响一个社会雇佣格局的演变方向。当前的雇佣方式多元化，即雇佣格局从长期雇佣为主转变为多种雇佣方式并存，意味着在这些国家中支持长期雇佣模式的雇佣决定机制在减弱，而支持短期雇佣的雇佣决定机制在增强。在各个国家雇佣方式多元化的进程中，各种雇佣决定机制的变化如下：

第一，各个国家中的劳动力市场机制基本上都得到了强化，并且是一种世界范围内的强化。本书之前提到了三种整体性的环境变迁，包括新自由主义经济思想的兴起、全球化的发展和以信息技术为代表的科技革命所产生的影响。其中全球化的作用是促进全球范围内劳动力市场的形成，同时全球化使资本能够更加自由地流动，这意味着雇主的权力得到了加强，不再受限于一个国家内部的制度限制和劳动者的反抗，他们可以利用自己的优势地位来获取更大的雇佣决定权力。

第二，在劳动关系系统中，集体谈判的雇佣决定作用降低了。造成这一情况的原因不仅在于全球化造成的雇主权力上升，也在于政府对自身在劳动关系系统中角色认知的改变和工会实力的下降。根据产业关系理论，政府应该起到劳动关系的平衡者的作用，所以当全球化导致了劳动者与雇主之间力量的失衡时，政府应该更加扶持劳动者一方。但是在新自由主义经济思想的影响下，政府开始调整自身的角色与定位，更加倾向于采取不干涉的方式予以应对，甚至出台了有利于增强雇主雇佣决定权力的法律制度，这些情况造成了集体谈判机制的弱化。虽然在这一过程中新自由主义经济思想不是唯一的影响，但其造成的影响非常重要，集体谈判机制的弱化和政府监管导向的变化使劳动者要求雇佣稳定性的能力降低了。

第三，在组织层面，人力资源管理的两种机制起着不同的效果。在日益强化的劳动力市场中，具有高知识水平的员工无论是在劳动力市场中还是企业中都会拥有更多的权力，并且更加倾向于选择灵活性的雇佣来获取收益，所以在参与型的 HRM 机制中员工会拥有更多的决定权，并且员工也会倾向于较为灵活的雇佣方式；对于一般性的员工而言，人力资源管理的决定机制实际上可以看作劳动力市场机制在企业内部的延伸，由于雇主具有更多的决定权，他们会根据劳动力市场的情况来决定选择何种雇佣模式，但大多数的选择基本上是具有灵活性的雇佣方式。由此可以发现，无论是人力资源管理的何种机制，基本上都促进了短期雇佣方式的使用，促进了雇佣方式多元化的格局演化。虽然人力资源管理理论中有基于长期雇佣的承诺型人力资源管理，但本书认为这种长期雇佣需要特殊的制度基础，如集体谈判、国家的制度要求等，否则难以抵制雇主短期化的雇佣倾向，美、日等国家在这些制度基础削弱后，都开始更多地使用非典型雇佣方式。

此外，社会主义治理机制的应用范围也在大量地减少。社会主义治理机制虽然也处于社会层面，但这并不是各个国家都具有的机制，社会主义治理机制的减少主要是由于大部分国家的社会主义性质的变化，随着国家政治经济制度的剧变，这些原社会主义国家也比较彻底地从社会主义治理转变为劳动力市场主导的机制。同时，包括中国在内的少数社会主义国家进行的市场经济体制改革，也减少了社会主义治理在整个社会中的比例。

从以上的分析中可以得出这样的结论，在一个社会中同时存在着多种雇佣决定机制，并且这些机制会在多个层面发挥作用。雇佣格局的整体变迁既代表着劳动关系系统的内部调整，也意味着各种雇佣决定机制的强化与弱化。当前的雇佣方式多元化中，倾向于维持雇佣稳定性的集体谈判制度和社会主义治理两种机制在削弱和减少，而劳动力市场和人力资源管理这两种常常被雇主所主导的机制的作用在扩大与强化，并且后两种机制的雇佣倾向会更多地体现在代表雇佣灵活性的非典型雇佣方式上。雇佣决定机制中的这些权力结构和影响力的变化阐明了雇佣格局多元化演变的内在过程。

第二节　中国劳动关系系统中的雇佣决定机制

如前文所述，影响雇佣方式或雇佣模式的多种工作场所治理机制常常是同时存在的，但是在环境的变化中每种机制的影响效果会有所变化，并且在存在制度分割的各个劳动力子市场中起主导作用的机制也可能存在着差别。与美、日等发达国家不同，中国的雇佣方式多元化具有制度转型的特征，并且如前一章所述，中国的雇佣格局演变存在着基于劳动力市场的多重制度分割，所以对中国劳动关系系统中雇佣模式的决定机制的分析需要结合这一情况，既要分析制度环境变迁带来的各种工作场所治理机制影响力的变化，也要分析不同的制度区域中的雇佣决定机制综合作用的差异。

一、经济体制转型前的雇佣决定机制

中国在经济体制改革之前，基本属于公有制一统天下的格局，其中公有制的企业可以分为国家所有制和集体所有制两种，前者适用的工作场所治理机制是社会主义治理，后者在一定程度上符合工人控制的工作场所治理机制的特点。虽然两种治理机制有所不同，但它们都有保障劳动者雇佣稳定性的雇佣决定倾向，因此在很长一段时间内能够进入公有制企业就被认为拥有了“铁饭碗”。不过这两类公有制的企业依然具有一些重要的差别，国有企业能够提供的雇佣模式更加具有保障性。

改革开放初期，一些对中日企业的观察学者认为，中国的

国有企业与日本的主要企业具有不少相似的特征，如强调雇佣的稳定性、资历在晋升和薪酬福利中有着重要的作用、重视对员工的长期培养、都关注员工的参与等。这些相似性的本质来自雇主与员工之间的利益高度一元性，但中国的国有企业和日本企业二者产生利益一致性的机制是本质不同的：国有企业中的利益一致性来自社会主义治理，是由于利益的高度一致而产生高度的积极合作关系；日本企业则来自参与型的 HRM，这一机制在利益的一致性上是低于社会主义治理机制的，但由于日本企业中股东地位的弱化使其能够表现出高于欧美企业的利益一致关系和劳资合作水平。

这也引出另一个问题，既然二者具有较多的相似性，为什么当时的社会却普遍认为日本企业很有效率，而中国的国有企业却被认为效率低下？本书认为主流经济学中将原因简单地归结为产权不清晰是不恰当的，不能简单地认为国有企业的效率一定是低下的，因为国有企业自身的定位不同于以营利为目标的私营企业，并且当时中国的国有企业还要承担许多的社会功能，如承纳社会就业等，这实际上应视为社会主义治理内在需要的体现。

二、经济体制转型过程中的雇佣决定机制

如前面第三章所述，中国的经济体制改革选择的是渐进性的双轨制改革，这造成的结果是中国的雇佣方式多元化出现了基于劳动力市场的多重制度分割，而其中的基于所有制和国有企业中基于雇佣身份的两重制度分割也对雇佣决定机制产生了差异化的影响，即在不同的制度分割区域，存在着差别性的雇佣决定机制。此外，本书在第三章中对劳动力市场的制度性分

割中归纳出的基于城乡二元体制和基于所有制具有一定的重合性，前者是针对劳动者提出的，后者是针对用工企业提出的，而在改革过程中前者的制度分割开始变得日渐模糊，因此这里使用基于所有制的制度分割来指代。

在中国经济体制转型的过程中，首先发生的重大变化是原有的公有制一统天下的格局被打破了。这造成了第一重基于所有制的制度分割，即在不同的所有制企业中决定雇佣规则的机制存在着明显的差别。由于不同所有制的企业所面临的制度环境存在着巨大的差异，在一定程度上导致了相同所有制企业中雇佣模式具有制度性同构和不同所有制企业之间存在着体制性差别。陆铭（2004）的研究认为国有企业与非国有企业有着完全不同的工资和就业决定机制，国有企业在员工的选、育、用、留方面的弹性远小于非国有企业。同时，由于国有企业内部存在着人员使用编制的限制，这些企业开始使用非典型雇佣方式来弥补人员数量上的不足，在这一过程中有编制的正式员工与没有编制的临时雇佣员工在雇佣管理模式上存在着非常大的不同，因此出现了基于雇佣身份的第二重制度分割。

除此之外，新出现的基于互联网平台也带来了新的变化，其所具有的特点与前面二者相反，它更多地表现为一种打破了制度分割、构建了一个基于互联网平台的劳动力市场的特点。本书将在此分析中国雇佣方式多元化过程中出现的制度分割与新经济形态以及在其中的雇佣决定机制，如表4.3所示。

表 4.3　中国雇佣方式多元中的雇佣决定机制

第一重制度分割：基于所有制	第二重制度分割：基于雇佣身份	经济转型中的雇佣决定机制
国有企业	正式员工	弱化：社会主义治理； 强化：竞争劳动力市场；政府监管；人力资源管理
	非正式员工	强化：竞争劳动力市场；政府监管；人力资源管理
私有制企业	—	强化：竞争劳动力市场；政府监管；人力资源管理
基于互联网平台的用工		强化：竞争劳动力市场

（一）私有制企业中的雇佣决定机制

私有制企业的雇佣决定机制主要包括竞争的劳动力市场、政府监管和人力资源管理，这三种机制都处于强化的态势。

在竞争性劳动力市场的机制方面，改革开放使中国的计划经济体制外出现了新的劳动力市场，并且随着改革的深入，其起作用的范围开始日益增加。在改革开放之前，中国依靠计划经济中的人员调配方式进行劳动者的配置，国内的劳动力市场是在改革开放之后逐步建立的，随着体制改革不断深化而完善。在体制改革的过程中，一方面，中国的企业构成发生了重大的变化，公有制企业在这一过程中大量地减少，并且也开始逐步地转为通过劳动力市场来获取人员，私有制企业则占据着越来越大的比例，出现的私有制企业带来了大量的人员需求；另一方面，从农村出来的大量劳动者成为早期劳动力市场中的供给方，而后越来越多的各种层次与类型的劳动者开始依靠劳动力市场来获取工作。应当说，竞争性的劳动力市场是私营企业雇佣决定的主要机制，这一机制的作用在不断地增强。

在政府监管方面，中国的私营企业受到的制度性约束主要来自日益规范和完备的劳动法律体系。中国政府在计划经济中主要依靠直接的行政管理和约束国有企业，但这种方式无法应用于与政府缺乏隶属关系的私营企业中，所以中国政府在改革开放后出台了一系列和劳动有关的法律、行政法规、部门规章及一些地方性法规对这些私有企业进行规制，与雇佣有关的法律包括1995年颁布的《劳动法》和2008年制定的《劳动合同法》及其后续出台的补充规定。劳动法规的建立是为了应对劳动力市场的负面效应，所以在雇主权力更强势的劳动力市场机制出现后，政府的监管更多在于保障劳动者的权益。需要说明的是，很多发达国家在雇佣方式多元化的过程中对企业雇佣的法律限制大都在放缓，但这些国家已经具有了相对完备的规制雇佣管理的法规，而中国的政府是在相对较低的起点中开始强化监管的。

在人力资源管理机制方面，长期以来由于法律的滞后性和其他增加劳动者权益的雇佣决定机制的缺乏，体制改革早期的私企的雇主在企业中拥有着极大的权力，常凯（2002）称之为"雇主控制"，雇主不仅能够控制整个生产过程，而且各种雇佣、薪酬福利和劳动条件也由雇主来决定，工人处于从属和被动的状态。同时，由于中国的劳动力市场长期处于供大于求的状态，雇主在劳动力市场中占据着优势的地位，并且中国的大部分私营企业都属于劳动密集型企业，在雇佣方式的选择上更加关注用工的灵活性和人工成本的降低。这两种情况决定了私营企业组织会更加倾向于选择非典型的用工方式，并且它们也拥有比较充足的权力来做出这种选择。

（二）国有企业中的雇佣决定机制

国有企业中的雇佣决定机制的情况较为复杂，一方面，它在正式员工与非正式员工之间存在着基于雇佣身份的制度性差别，其所适用的机制有所不同；另一方面，在市场经济的影响下，国有企业中原有的基于社会主义治理的雇佣决定机制在弱化，其在某些方面产生了与私有制企业相趋同的变化。

1. 正式员工部分

在国有企业的正式员工部分，起主要作用的依然是社会主义治理，但其作用已经有所弱化。政府已经出台了一系列的针对国有企业雇佣体制改革的相关文件：1992 年，国家劳动部、国务院生产办、国家体改委、国家人事部和中华全国总工会联合发布了《关于深化企业劳动人事、工资分配、社会保险制度改革的意见》；2002 年，国家经贸委等发布了《关于国有大中型企业主辅分离、辅业改制、分流安置富余人员的实施办法》。

这些政策提出了国有企业员工的退出机制，建立了正式员工从“国有企业人”向“市场人”的身份转换机制，在一定程度上为解决国有企业中存在的雇佣过度刚性的问题提出了制度上的依据，增加了国有企业中管理层对员工解雇和管理的权限，为长期雇佣体制的消解提供了制度上的依据。但这些制度的具体执行情况和具体企业所面临的市场竞争情况密切相关：大部分的非垄断性国有企业面临着较大的市场竞争压力，它们根据这一制度削弱了原有的管理体制的影响来适应竞争性环境，并且由于竞争性的作用，在雇佣模式上开始向私营企业接近；而那些处于垄断地位的国有企业由于缺乏这种压力，其在长期雇佣体制上管理方式和雇佣模式上的变化相对较少，依然在一定程度上保留原有体制中的社会主义治理的特点，具有较高的雇佣稳定性。从总体而言，这些制度的出台和改革的进行，使国有企业中的正式员工也受到了竞争性劳动力市场机制的影响。

2. 非正式员工部分

在国企改革的过程中国有企业尤其是垄断性国有企业，一方面，没有深入解决长期雇佣体制的低用工弹性的问题，另一方面，人员编制的限制又使其必须控制正式员工的数量。为了解决这两个方面的问题，这些企业开始大量地使用非典型雇佣来解决额外的人员需求，以此来规避人员编制的限制。随着非典型雇佣员工的不断增加，国有企业形成了具有不同雇佣身份的员工群体，他们在经济与社会地位上存在着明显的区别：有编制的正式员工在雇佣管理上依然具有一些单位制的特点，即稳定的雇佣与较好的员工待遇；而没有编制的员工的管理方式更加的市场化，薪酬水平也主要由劳动力市场来决定，这就在垄断国有企业中形成了明显的基于雇佣身份的员工差别。

这一情况在2008年《劳动合同法》颁发之后发生了新的变化，该法律中关于无固定期限合同的规定给这些临时员工增加了一项转换为正式员工的途径。为了回避这一点，这些企业开始纷纷将雇佣方式从临时工的形式转换为无劳动关系的劳务派遣形式。这种变化意味着国有企业在经济转型的过程中面临着原有的管理体制留存的制度惯例和新出现的法律法规的双重约束，这使国有企业在雇佣模式的选择上面临着更加复杂的制度性约束，这种情况是由于中国新旧体制的交替造成的。

从这些方面的情况来看，在国有企业中，正式员工在较大的程度上受到原有雇佣体制的影响，不过这种影响正在减弱，并且在经济体制转型和国有企来改革的过程中新出现的几种机制也开始发挥作用；而非正式员工的雇佣决定机制与私营企业更加相似，也受到了一些国有企业体制中社会主义治理的影响，主要的表现就是虽然非正式员工也是通过劳动力市场的方式招聘而来，但其工资水平不会出现过低的情况，一般会高于同类岗位的私营企业。因此可以认为，在雇佣决定机制上，国有企业中的非正式员工部分与私营企业大同小异，正式员工与私营企业相比小同大异，其中的差异主要都是原有体制中的社会主义治理造成的，而相同的部分则是由劳动力市场的机制决定的。

三、其他相关问题

在解释完中国基于制度分割的雇佣决定机制后，还有一些问题需要进行补充解释，第一个问题是，为什么分析中国的雇佣决定机制中没有对集体谈判的机制进行阐述？

原因在于本书认为当前中国的集体谈判机制尚未得到有效地建立。集体谈判是产业关系理论中的重要内容，西方的产业关系理论认为，集体谈判机制中政府、企业和工会都是相互独立的，其中工会是劳动者利益的代言人，政府是劳资关系的协调人和平衡者。而中国在建立社会主义计划经济体制之后，政府、工会和劳动者之间属于高度一元的利益关系，国有企业的管理者作为政府的雇员，也需要充分考虑劳动者的利益，利益一元化的社会主义治理实际上替代了集体谈判的作用，工会成为国有企业管理机构的一部分，其地位与作用与产业关系理论中的工会已经有了区别。

中国在进行经济体制转型之后情况发生了变化，在这一过程中市场经济和私有制企业开始出现并得到了不断的发展，此时对集体谈判重新开始关注，但国内外的学者大多认为中国的工会缺乏独立性，难以在集体谈判中有效地代表工人。对于这一问题，本书的观点是：中国的制度转型并不是同步的，中国劳动关系系统中的雇主与劳动者两个主体较快地完成了市场经济中的身份转变，并且中国政府也对自身的角色进行了调整，而工会在这一过程中却没有发生充分适应性的变革，其运行的模式与计划经济时期相比并没有发生特别大的变化。因此，中国工会因难以有效地代表劳动者受到诟病，并且其不符合产业关系理论中工会角色的情况被认为中国集体谈判无法有效运行的关键原因。但是，中国的制度情境本身就是与西方不同的，中国的国家性质与政府的性质也都与西方国家不同，所以中国的工会是否需要按照西方独立工会的模式进行发展也是一个没有得到有效回答的问题。

第二个问题是，新出现的共享经济中基于互联网平台用工的雇佣决定机制是什么？本书认为，共享经济中出现的基于互联网平台的用工方式基本上是完全依靠竞争性劳动力市场的雇佣决定机制，也许这里称之为用工模式决定机制更合理。原因在于，基于互联网平台的用工方式的主要特点在于“去组织化”，从目前的法律规定来看，劳动者并不是企业的员工，而是通过领取任务的方式来完成工作并获得报酬，这在以滴滴为首的平台企业中十分常见。

从这一点而言，可以将这种用工方式视为企业构建的基于互联网平台的劳动力市场，并且在这个市场中，劳动者是非常自由的，在满足资质要求的前提下可以随意地进入或退出市场，而企业会通过价格来调节参与任务的劳动者的数量，这些特征非常类似于现实中劳动力市场的特点。同时，由于劳动者与和平台企业之间并没有可认定的劳动关系，因而集体谈判和人力资源管理的两种机制也无法发挥作用。

因此，在政府监管能够实现对这部分用工方式进行规范与界定之前，它几乎完全是通过劳动力市场来决定的，只是其中存在的用工尚难以称之为雇佣关系。同时，这种基于平台的劳动力市场常常是垄断性的，平台企业掌握着任务发布和报酬定价的权力，劳动者的报酬不是从被服务者那里获得的，而是从平台企业处获得的，故平台企业可以利用自身强势的地位，甚至于垄断地位来获得更多的权力。这种非常短期化的用工方式使平台企业获得了极大的用工柔性，并且劳动关系的模糊性也降低了对劳动者的责任，虽然劳动者也获得了工作安排的自由，但与平台企业相比，其在工作稳定性和职业发展中会面临着更大的不确定性。①

① 共享经济中的这种特殊情况不仅仅存在于中国，美国同样如此。美国劳动关系委员会总法律顾问皮特·罗布 2019 年 5 月在备忘录中宣布网约车的司机属于独立合同工，不是平台企业的员工，按照这一情况这些劳动者不能加入工会，提出劳动条件申诉时也无法得到保护。

第五章

新型的雇佣模式与人力资源管理系统

既有的很多研究中常常使用雇佣方式来指代雇佣模式，这实际上是存在着缺陷的。雇佣模式与雇佣方式的差别在于，雇佣方式是雇佣模式的基础，而企业的雇佣模式不仅仅包括雇佣方式，还包括许多雇佣管理政策。这些内在的差别如果不能进行有效的分析和识别，将会造成研究的混乱。这一情况在多元雇佣模式出现之后表现得更加明显了，原因在于多元雇佣模式中有着更加复杂的多种形态，所存在的内部差异也更加的突出，需要对其进行深入的辨析。同时，雇佣模式是人力资源管理的重要构成部分，所以雇佣模式的调整与变化会深刻地映射到人力资源管理系统之中。因此，本书在这里首先要对雇佣模式的概念和类型进行界定与分析，并探析新出现的多元雇佣模式的内在结构特征与具体的形态类型，最后思考多元雇佣模式的出现对人力资源管理系统产生的基础性影响。

第一节　雇佣模式的界定与分类

一、当前对雇佣模式界定的缺陷

在对企业雇佣模式进行研究之前，我们有必要设定雇佣模式的定义。这是因为之前的研究对雇佣模式的界定存在着一定的偏差，大都将雇佣方式等同于雇佣模式。这个问题在长期雇佣或短期雇佣占主导的雇佣格局中并不明显，但是当多元雇佣模式开始大量出现时，这个误差造成的影响开始逐渐增大。原因在于在相同的雇佣方式中，不同的企业会制定不同的雇佣管理政策来管理员工，这一情况在长期雇佣与短期雇佣中都存在，而多元雇佣模式的特殊之处在于它是长期雇佣与短期雇佣的结合，不同的结合方式使该策略具有更加复杂多样的形态，仅仅依靠雇佣方式已经难以有效地衡量其实际的功能了。

现今的研究没有对这一偏差进行有效的解决，这种研究现状也导致了学者们对雇佣模式理解上的差别。人力资源管理领域的学者提出了雇佣模式的理论模型，但是对于模型中雇佣模式的结构以及与结构相关的内部管理方式缺乏足够的认识，并且研究大多停留在理论阶段，缺乏后续研究，尤其是实证研究的支撑；组织行为领域的学者的研究缺陷在于集中进行了正式员工与非典型员工之间工作态度与行为差异，但常常将雇佣模式视为单一的和既定的，忽视了多元雇佣模式在形态上的多样性，造成了大多数的实证研究结论存在着相互矛盾的问题。

因此，本书认为需要对雇佣模式的概念和相关形态进行准确的界定，这在多元雇佣出现之后变得尤为必要。但是，这一界定也是相对困难的，主要原因在于：一是以短期雇佣为特征的非典型雇佣方式本身就是类型繁多的；二是在多元雇佣中长期雇佣与短期雇佣的结合也具有多种方式。

二、雇佣模式内涵的界定

雇佣模式这个词是本书做出的设定，在其他的相关研究中使用的比较接近的概念包括雇佣安排（employment arrangement）和雇佣方式等，这些概念的差异反映了不同学科对雇佣模式理解上的差别。我们对雇佣模式的涵义作出了狭义和广义的界定。

狭义的雇佣模式仅指企业所选择的雇佣方式或是雇佣方式的组合，本书将其等同于雇佣安排，已有大部分组织行为领域研究的界定与此近似。组织行为领域的学者对它的定义相对较窄，将雇佣模式主要视为企业为实现特定管理目标所选择的雇佣方式或雇佣方式组合，他们的研究主要关注雇佣方式差别所产生的雇佣身份问题，在研究中比较不同雇佣类型的员工在态度与行为等方面的差别。

广义的雇佣模式除了雇佣安排之外，还包括与企业选择的雇佣方式相匹配的一些人力资源管理政策。之前学者们提出的雇佣模式模型中不仅包括了不同类型的雇佣方式，也包括了与之相对应的雇佣关系和雇佣管理措施，这部分的研究主要来自人力资源管理领域。

在对雇佣模式概念的使用中，本书更加认同广义的界定。一方面，人力资源管理的各项要素是需要相互适配来发挥系统性的作用的，企业雇佣方式的调整也需要其他的管理政策作出适应性的变化，所以雇佣模式应该包含更多的内容；另一方面，虽然企业制定的雇佣模式在很多时候都表现为雇佣方式的选择，但深入考察之后会发现，某些在形式上类似的雇佣安排在不同企业中的功能有时会存在着明显的差异，这种差异在很大程度上是由企业选择雇佣模式时的主观动机决定的，并且企业会采取不同的管理措施与之配套，这些措施是导致功能差异的重要原因。例如，同样以长期雇佣为基础建立的人力资源管理系统，企业会根据环境动态变化的程度来选择发展该系统的人力资源是柔性还是匹配性（fitness），这种相同雇佣安排下的功能差异就来自企业雇佣模式内在特征的差别，也就是雇佣管理特征上的差别。

鉴于狭义的概念无法说明企业雇佣模式调整的全部内容，本书将使用广义的雇佣模式概念来进行研究。根据广义雇佣模式的涵义界定，本书将雇佣模式的特征分成了两个部分：

第一，雇佣安排特征，这主要是区分企业选择的雇佣模式应属于长期雇佣、短期雇佣还是多元雇佣；

第二，分析在相同的雇佣安排下企业雇佣模式的内在特征差别，这种差别不是来自企业选择的雇佣方式或是雇佣方式组合，而是企业根据特定的目的在这些雇佣安排的基础上选择的员工管理方式的特点，本书将其称为雇佣模式的雇佣管理特征。通过对雇佣管理特征的分析可以发现采用相同的雇佣方式的企业中存在的雇佣模式的内在差别。

三、雇佣模式的类型区分

企业的雇佣模式主要分为长期雇佣模式、短期雇佣模式和多元雇佣模式，可以通过雇佣安排特征来区分不同类型的雇佣模式，而同一类雇佣模式的内在差异需要通过其雇佣管理特征的差别来进行辨别。

（一）长期雇佣模式

长期雇佣模式的主要特点在于以长期雇佣作为用工体制的基础，这种雇佣模式所提供的雇佣稳定性是企业与员工之间能够进行长期合作和深入相互投入的重要基础。

从历史的角度来看，从第二次世界大战结束后到 20 世纪 70 年代后期，很多国家都形成了以长期雇佣为主导的雇佣格局（卿涛、郭志刚，2008）：美国与很多西欧国家通过产业层面的集体谈判来提高雇佣的稳定性和劳资双方的相互合作；日本的企业在组织层面建立了以年功序列和终身雇佣为主要特征的长期雇佣模式，其企业内工会也成为促进管理者和员工双方合作的重要部分；中国等社会主义国家建立以公有制为基础的单位长期雇佣模式。虽然这些国家的长期雇佣模式因具体情境存在着很多的差异，但它们几乎都通过这一模式获得了雇佣的稳定性和经济的长期发展。美国学者巴切尔和克莱斯蒂安森从宏观层面对十五个发达国家在 20 世纪 70 年代到 90 年代的劳动关系比较研究中认为，雇佣关系的稳定性会促进劳资双方的合作深度，并且雇佣关系稳定的国家在生产率上也有着更好的表现（丁为民，2004）。

对于长期雇佣模式如何产生内在效率这一点，存在着不同的解释。交易成本的理论认为，首先，长期雇佣能够降低员工行为的不确定性，行为的不确定性主要来自个体的机会主义和交易方的战略行为，它会增加雇佣合同中的不可预见的问题，从而全面增加交易成本（Kulkarni，2005），所以企业会通过内部化的长期雇佣来减少行为不确定性所产生的交易成本（Sutcliffe & Zaheer，1998）；其次，雇佣的稳定性会影响企业与员工之间进行相互投入的深度，当雇佣期限较短时，雇佣双方出于风险的顾虑均不愿意对另一方进行深入的投入，而长期雇佣可以解决这一问题，所以长期稳定的雇佣是双方深入合作的必要条件（De Cuyper，2008），使企业能对员工进行长期的培养，在人力资本专用性高的情况下更明显。

与交易成本理论从成本衡量的角度不同，人力资源管理理论主要从资源基础观（RBV）的角度展开分析。根据人力资源管理理论，企业的长期雇佣模式是企业深化内部劳动力市场和建立高绩效工作系统（HWPS）的重要基础。高绩效工作系统，也常常被称为高绩效人力资源系统（high performance HR system）、高绩效人力资源实践（high performance HR practice），此外，不少人力资源管理研究中使用高承诺系统（high commitment system）、高参与系统（high involvement system）、承诺型人力资源模式（commitment system HR system）等概念来表达与其相似的涵义。这些概念的理论内核都强调通过员工与企业之间的高度合作来提升绩效这一基本原理，而员工对企业绩效的高度承诺与参与恰恰是通过长期雇佣这一雇佣模式基础来实现的，这种高度合作所形成的高素质且积极投入的员工就成为企业的核心竞争力的来源，成为长期雇佣内在效率的来源。

需要说明的是，采用长期雇佣的模式的企业会根据其所处的环境动态变化的性质来构建两种不同形态的长期雇佣模式，这两种形态的主要差别体现在雇佣管理特征上，一种是强调人力资源管理内部职能之间能够有效一致的匹配性模式（fitness）；另一种是强调发展人力资源功能的柔性模式（flexibility）。在动态性较高的环境中，企业需要发展出相应的柔性，尤其是人力资源柔性来提高其对环境的适应能力，反之，企业则需要提高人力资源管理职能的匹配度来提高运行效率。

（二）短期雇佣模式

在很长一段时间内，在很多国家的雇佣格局中短期雇佣占据着主导地位。Kalleberg（2009）对美国雇佣格局变化的研究表明，在20世纪40年代之前是短期雇佣方式占主导的时代，在40年代到70年代中期则变为强调雇佣稳定性与安全性的长期雇佣主导时代，从70年代中期之后雇佣格局又开始向强调灵活性的短期雇佣回摆，变成长短期雇佣并重的格局。

需要说明的是，在短期雇佣模式的这一回摆过程中存在着一些与过去不同的雇佣管理特征上的变化。很多已有的研究基本都认为当前的短期雇佣与过去相似，意味着雇佣的不稳定、低质量的工作岗位和较差的工作环境以及较低的薪酬与福利，而企业在选择这种雇佣模式时常常以节约人工成本来作为主要目的。但一些管理研究者提出了异议，他们认为在新技术革命等因素的影响下，当前的短期雇佣代表了雇佣的灵活性、更多的学习机会和更加自由的工作环境，这种情况在一些高科技行业和高端服务业中表现得非常明显。Kunda（2002）的研究解释了这两种观点之间的矛盾，他认为对非典型雇佣的研究存在两种相互矛盾的观点的根源在于他们关注的是截然不同的群体：一方是具有一般工作技能水平的普通劳动群体，另一方是具有高水平行业知识的知识型员工，这两类群体分处于劳动力群体金字塔的底层和顶端，针对第二类群体的短期雇佣模式是在当前的环境中新出现的情况。

虽然企业对这两类员工同样通过短期雇佣的形式，但在具体的雇佣管理方式上却存在着很大的差异，短期雇佣模式对这两种群体也具有着迥然不同的意义。鉴于此，我们可以根据企业雇佣员工的层次和目的认为，短期雇佣模式在当前存在着两种具有不同雇佣管理特征的形态，一种强调对节约成本的需要，另一种强调企业吸收外部知识的需要，这两种雇佣模式由于员工层次的差别而存在着较多的不同的管理方式。此外，出于HR柔性的动因所产生的短期雇佣与这两种视角都存在着交叉，并不像二者这样泾渭分明，在判断上具有更多的复杂性。

（三）多元雇佣模式

多元雇佣的特点主要是以长期雇佣为特征的典型雇佣方式与一些非典型雇佣方式的组合使用，如赵斌和付庆凤（2012）认为多元雇佣是企业同时采用传统雇佣方式和短期契约工、非全日制工、派遣工等各种非传统雇佣方式，成为企业人力资源配置的通用策略。很多人力资源管理理论已经对长期雇佣模式和短期雇佣模式进行了相应的阐述，如高绩效工作系统理论、承诺型人力资源管理理论和人力资源管理系统理论，这些理论针对企业选择长期雇佣模式和短期雇佣模式以及相应的管理方式进行了十分深入的探讨。对于近些年来日益被广泛使用的多元雇佣的研究还相对较少，并且也比较零散，本书将在后面专门对多元雇佣模式的特征与形态进行阐述。

第二节　多元雇佣模式的结构特征与具体形态

一、现有多元雇佣模式的研究模型

多元雇佣理论认为企业应该按照员工对企业的重要程度将其划分为不同的类别，对不同类别的员工采用不同的雇佣方式，并且这些不同类型的员工在管理方式、工作岗位和薪酬待遇等很多方面都会存在着差异。这些研究主要通过理论构型法（configuration）来探讨多元雇佣模式的具体形态，这方面的研究主要包括以下几个模式。

（一）弹性企业模式

Atkinson（1984）的弹性企业模式指企业利用弹性及多样性方式来取代传统的单一化人力雇佣，以适应内外环境的压力。这一模式要求企业将员工分为核心员工（core worker）、边缘员工（peripheral worker）和外部员工（external worker）三种类别，所以也被称为核心——边缘模型（core - periphery）。

其中核心员工负责处理企业内最关键的事务，主要从事企业内比较重要、关键性强或者高技能的工作，在企业内部具有较高的地位，企业主要采用长期雇佣方式来维护这一群体的稳定性，这类员工在企业中的薪酬福利和发展机会都比较多。

边缘员工处于企业的外围，主要职能是协助核心人力完成工作任务，与核心员工相比，这些员工所从事的岗位相对比较简单，并且具有较强的替代型，这部分员工可以为企业提供数量上的柔性，当环境波动影响企业内人力需求时，可以通过变动边缘员工的数量来保护核心员工，所以这部分员工的工作保障和薪酬水平都低于核心员工。

外部员工不由企业直接雇佣，而是通过人力派遣机构或外包商所雇佣的人力资源，这些员工所从事的工作大都具有低技能、高重复性、专业性不高等性质，在企业内担任低技能、重复性或临时性工作，此类员工薪酬水平由从事工作性质而定，其工作的保障性很低。实际上边缘员工与外部员工同属于企业的外围员工，区别在于企业不直接雇佣这些外部员工，不必承担相应的责任，他们也有可能在企业中处于更加边缘的位置。

Atkinson 的多元雇佣模式也被称为核心——边缘员工模型

（Atkinson，1984），他认为这一模式可以使企业能够更好地应对环境的变化，企业可以以此获得人员的数量柔性和人工成本的柔性，并且起到保护核心员工不受环境波动侵害的作用。其他的学者也分别提出了一些类似的多元雇佣模式研究模型，如核心——周边构型（Olmsted & Smith，1989），双尾组织（Christensen in Derringer et al.，1991）和 attachment - detachment 模型（Mangum et al.，1985）等。这些模式在整体特征上与 Atkinson 的模式类似，都强调员工分成两种类型，并且这两种类型之间存在着深刻的内部身份差别。

（二）汉迪的三叶草组织

与 Atkinson 等学者提出的模型不同，汉迪（Handy，1990）的这一理论同样认为在新的环境下企业应由三类员工构成，但在员工的划分上不以产生柔性划分，而是以知识技能特点和企业需要划分。汉迪认为第一类员工是企业的核心员工，由专业技术人员及管理人员组成，他们是企业核心价值的创造者和维护者，属于企业中最重要的人力资源，所以企业必须要通过长期雇佣的方式保留这些员工；第二类员工是具有企业急需技能的专家，为企业提供某些方面的知识和技能服务，企业对这些员工的需要具有较强的时效性，所以主要是通过短期雇佣的方式来获得；第三类员工是临时性员工，这些员工处于企业的外围，他们从事技能水平要求较低的工作，在雇佣方式趋于短期和多元化，这部分员工与 Atkinson 提出的边缘员工和外部员工中层次较低、从事重复性劳动的一部分员工类似。

通过这两种观点的比较可以发现，汉迪这一理论的进步之处在于在模式中提出了对知识员工的短期雇佣问题，而在 Atkinson 的模式中短期雇佣基本都是针对低层次的员工的。应该说，汉迪的三叶草形态是他对组织管理观察的一种思考，并认为这是未来组织的样式。后来的学者在一定程度上证明了汉迪的研究，Kansson 和 Isidorsson（2012）通过案例研究归纳出了三种企业多元雇佣模式的实际使用方式：第一种是核心——边缘方式，企业会对工作任务进行分割，并使用不同类型的员工来完成不同的工作任务，非典型员工主要完成相对简单的工作任务，正式员工则完成相对复杂的企业核心任务，这一模式强化了正式员工与非典型员工之间的雇佣身份差别，非典型员工是对正式员工的补充和辅助；第二种是全核心（all core）方式，企业将非典型员工与正式员工同等使用，他们共同工作并完成同样难度的任务，这些非典型员工通常具有高技能，并能为企业带来功能柔性，在这种用工方式下，核心员工与边缘员工之间在雇佣身份上没有十分明晰的区分，所以这里用全核心来称谓；第三种是全边缘（all periphery）方式，工作中存在较少的核心工作任务，当不同类型的员工共同工作时，非典型的员工会逐渐取代正式员工，企业原有的内部劳动力市场机制也会逐渐瓦解。

在这里我们可以发现，学者们的理论构型与企业的实践还是存在着一定的差别的，在 Kansson 和 Isidorsson 的现实归纳中确实存在着汉迪提出的三种类型的员工，但这三种员工并没有同时存在于同一个企业，每种类型中只有三叶草中的两片叶子；同时这三类员工之间也并未完全像汉迪设想的那样存在着泾渭分明的差别，不同的雇佣管理方式中员工之间的互动关系与工作任务的设定都是不同的。这两点与理论和现实的差别让我们发现，汉迪是一个先见者，但他的模型缺乏对企业使用雇佣模式的本质思考，企业使用方式的差别不仅仅来自员工技能的差别，更来自企业的使用动机的差别。

（三）Lepak 与 Snell 的人力资源构型模式

Lepak（1999）和 Snell（2002）根据理论构型的方式对员工群体进行了更为细致的划分，之前的研究虽然提出了员工分类的形式，但没有给出员工划分的标准，Lepak 和 Snell 在研究中明确了这一问题。这两位学者根据员工人力资本的战略价值和独特性做出了人力资源构型，并从中划分出了核心员工和其他三种不同类型的非核心员工，进而建议对不同类型的员工采取不同的雇佣方式和管理方式。

Lepak 和 Snell 在这一领域的研究比之前的学者又更加前进了一步，不仅对员工进行了分类，也指出了员工分类的标准，这是他们比之前的理论模型先进的部分。但与此同时，我们也可以发现他们的模型与汉迪的三叶草模型存在着类似的问题，即在员工雇佣模型的划分中是以员工的特点而非企业的内在需要为标准，同时也缺乏对不同员工之间关系的探讨。并且，Lepak 和 Snell 的研究还是延续了长期雇佣的思路，认为竞争优势来自核心员工技能的特殊性和价值性，忽略了在高度动态的环境中竞争优势是来自企业中的员工吸收知识、整合知识和创造知识这一动态过程。之后的 Kang 等人（2007）对于这一缺陷进行了进一步的探讨，他们在人力资源构型的基础上分析了企业知识创新的机制，通过对这几类员工之间的社会关系的性质（强关系或弱关系）的研究，分析了其对开发式创新和探索式创新的机制，这一研究说明企业可以通过对不同类型创新的需要来配置不同类型的员工及其雇佣模式。

通过比较这些学者提出的模型或研究的结论，我们可以发现这些研究的共同特点在于：第一，都对员工的群体进行了划分，认为应对不同类型的员工采用差别性的雇佣模式，并且在这些雇佣模式中常常存在着工作与待遇上的等级差别，但划分的标准来自员工的特征而非企业的具体需要；第二，将视角集中在了多元雇佣模式模型以及它能够实现的功能上，忽视了产生多元雇佣的企业内在动机，这一点在 Lepak 和 Snell 的模型中尤为明显，它是通过员工已经具有的技能情况而不是企业的需要和培养机制来分析雇佣模式的，在研究视角上存在着缺点；第三，过于关注多元雇佣中员工群体的分类问题，对群体间的互动关系缺乏有效的探讨，也缺乏对员工行为变化的分析。

二、对多元雇佣模式内在特征的疑问

在对雇佣模式的界定中，很多研究都是根据雇佣模式的第一种类型的特征，也就是雇佣安排作出定义，而对其中存在的雇佣管理方面的内在差异大都没有给予足够的关注。这在长期雇佣模式和短期雇佣模式的研究中并没有产生太大的问题，但这种情况并不适用于内部差异非常突出的多元雇佣模式。多元雇佣模式的特殊性在于，它不是单纯的一种人力资源管理系统，而是同时存在着以长期雇佣为基础和以短期雇佣为基础的两套相互冲突的人力资源体系。这两套体系在企业中的结合方式构成了不同形态多元雇佣模式之间的主要区别，即多元雇佣模式中的雇佣管理特征，并且这些特征也会在很大程度上影响着雇佣模式的性质。

所以，已有研究中过于狭窄的雇佣模式界定妨碍了学者们对不同形态的多元雇佣模式的辨析和研究，导致了理论分析上的混乱。所以，本书认为有必要对多元雇佣模式的内在特征进行比较归纳，根据特征的区别来判断多元雇佣模式中存在的多种形态。在对已有文献进行整理后发现，已有的研究主要从以下几个方面的问题来探讨多元雇佣模式的内在差别。

1. 正式员工与非典型员工之间是否存在着明显的工作安排与待遇上的差别？

随着多元雇佣模式的广泛使用，很多研究发现企业中出现了基于雇佣方式的员工经济与社会的分化，这种雇佣身份的差异来自企业的雇佣管理策略。很多研究发现正式员工与非典型员工之间在工作条件和工作待遇上常常存在着明显的差距，这些差别在很大程度上是由企业对不同类型员工的差别化管理，尤其是对非典型员工的歧视性管理政策造成的。

Smith（1994）的研究认为正式员工与非典型员工之间存在着隐形的身份等级，并且前者常常高于后者；Alexander 等人（1995）发现非典型员工常常反映他们得到的工作比正式员工要乏味得多，即使处于类似的职位非典型员工的社会地位依然是相对较低的，这是由他们相对较短的工作期限、较低的专有技能和低复杂性的任务等因素造成的（Davis - Blake & Uzzi，1993；Lautsch，2002）。对于这种差别性的雇佣身份，国内的一些学者使用差别序列结构（高闯，1996）或身份的差序格局（李玲、陶厚永，2012）来形容。还有部分研究发现两类员工之间不存在显著的身份差别，这主要表现在较为高端的知识型员工群体中。

2. 不同的雇佣类型之间是否存在着转换机制？

一些学者提出疑问，正式员工与非典型员工之间存在身份分化时，是否存在着身份转换机制对于员工的行为具有很大的影响。

其中，社会认同理论认为地位存在差距的不同团队中，其成员的行为方式也存在着差别：地位较低的团队成员在有进入高地位团队机会的情况下会呈现出团队外偏袒（favoritism），团队成员会在试图进行身份转换时去诋毁现有团队（Tajfel，1978），但地位较高的正式员工则在两种测量中表现出了较高的团队内偏袒，这说明当存在身份转换机制时，地位较低的非典型员工群体会更加认同其地位较高的群体而非自身所属的群体（De Cuyper，2011）。

其他的一些因素也会对这一关系起到调节作用，如作为非典型员工的态度是自愿还是非自愿（Von Hippel et al.，2000）：自愿的非典型员工会表现出特殊的团队内偏袒，而非自愿的非典型员工则表现出团队外的偏袒。在这种情况下，不同雇佣类型的员工之间的关系存在着恶化的可能性，而非自愿的非典型员工的情况使这一情况表现出了更多的复杂性。

3. 不同雇佣类型的员工是否共同工作?

现有的主要多元雇佣模型将主要的关注点放在了制度性的差异上，但对于不同雇佣类型的员工之间互动关系的性质则缺乏足够的关注，而组织行为领域中的多元雇佣研究中有少部分的研究探讨了员工群体间的互动影响，学者们发现：多元化的雇佣安排常常使团队成员对他们的同事、管理者和工作团队产生负面的社会与心理反应（Blalock，1967；Hoffman，1985）；Davis – Blake（2003）的研究表明，正式工与非典型员工混合工作恶化了员工与管理者之间的关系，并且降低了正式员工的忠诚度，这种效果是随着非典型员工的雇佣方式特征的差异而权变的（Davis - Blake & Uzzi，1993；Uzzi & Barsness，1998）。因此，对多元雇佣模式的探讨应当加入对两类员工混合工作配置方式的研究。

4. 企业使用非典型员工的对正式员工起到的是保护作用还是替代作用？

对于企业使用非典型用工存在着两种视角，替代性（substitutive）视角与补充性（complementary）视角（Ko，2003）：在第一种视角中，非典型的工作者是作为正式员工的替代者出现的，企业的目的常常是降低成本和获得柔性；在第二种视角中，企业使用非典型雇佣方式的目的在于保护企业中的正式员工，以促进其对企业的承诺与合作，在这里非典型员工起到了核心员工的缓冲作用（Ko，2003；Matias - Reche & Mar Fuentes - Fuentes，2006）。

虽然 Lepak 等学者提出的多元雇佣模式中认为使用非典型员工可以保护正式员工免受环境不确定性的影响（Lepak & Snell，1999；Matusik & Hill，1998），但一些案例研究中发现企业使用非典型员工后会减少正式员工的忠诚度，并恶化同事之间的关系（Geary，1992；Pearce，1993），这实际上是由于企业将替代性目的而非一些学者们认为的补充性目的作用于非典型员工造成的。

5. 企业使用非典型员工的比例与层次？

亚群体的相对规模会影响其在整个群体中的人际关系和冲突水平（Wagner，Pfeffer & O' Reilly，1984），这意味着非典型员工的使用结果会受其在整个工作群体中的使用规模的影响。已有的一些研究已经得出了这样的结论：Chattopadhyay 和 George（2001）在已有的很多研究中发现，雇佣的外部化常常会对（正式）员工的态度产生负面影响。George（2003）的研究发现，使用非典型雇佣员工的数量与方式不同会有不同的影响，企业可以通过增加正式员工的工作安全感和管理者的责任来减少这些负面的影响，并发现工作的不安全感在这一关系中起到了调节作用。Broschak（2006）等的研究也表明，随着非典型雇佣员工使用数量的提高，其对正式员工的负面影响也在不断加大。

本书在对这些研究的分析中发现，多元雇佣中非典型雇佣使用的比例不是关键，关键在于企业的目的，即企业会在多大程度上通过非典型员工来代替正式员工。这是因为使用非典型雇佣员工常常会使正式员工感到工作的不安全感，使其感到心理契约的违背，从而弱化了其与企业的情感依附，降低了对企业的信任水平。非典型员工的使用对正式员工的待遇和工作安全产生了威胁，随着使用数量和范围的扩大，这种威胁的程度也会有所加剧。

三、对多元雇佣模式结构特征的归纳

本书在对这些研究问题进行分析和整合之后，认为这五个问题可以归纳为以下三个方面的多元雇佣模式的内部差异。

（一）雇佣身份差别

雇佣身份差别针对的是第一个问题和第五个问题，主要分析当企业采用多元雇佣模式的同时雇佣正式员工与非典型员工时，对二者的管理政策和工作待遇是否存在着明显的区别。很多多元雇佣模式的研究模型都建议企业对不同雇佣类型的员工实行差别化的管理，并且这种差别很多时候体现在了对非典型员工的歧视性的工作安排和薪酬待遇上。所以雇佣身份代表了不同雇佣类型的员工（主要指正式员工与非典型员工）在企业内的经济地位与社会地位，实施多元雇佣的企业中存在的对不同雇佣类型的员工的差别化待遇主要是企业的两套人力资源管理体系的差别造成的，而这种差别的存在很可能会为企业带来组织公平的问题。

在第五个问题中，企业雇佣非典型员工数量一般不会对多元雇佣的形态产生大的影响，而员工层次会表现出雇佣身份的差别：当企业雇佣具有较高层次的知识型非典型员工时，其与正式员工的身份差距较小；反之，当企业雇佣层次相对较低的非典型员工时，则比较容易在企业内形成明显的基于雇佣类型的员工身份差别。

（二）雇佣身份转换机制

雇佣身份转换机制对应的是第二个问题和第四个问题，分析企业中不同类型的雇佣身份之间是否能够进行转换，这一特征主要是针对存在着雇佣身份差别的企业而言的。这种身份转换机制代表了企业中的这两套人力资源管理体系之间是否存在或是存在什么样的联结机制。这种雇佣身份的转换机制可以包括上行和下行两种转换方式，前者代表了非典型员工转变为正式员工，后者表示正式员工逆向转变为非典型员工。

在雇佣身份存在着显著差别的企业中，这种身份转换机制的存在对正式员工与非正式员工都会产生重要的影响。对正式员工而言，雇佣身份转换机制的类型体现了企业使用非典型员工对其起到的是保护作用还是替代作用；对于非典型员工而言，雇佣身份转换机制的存在意味着他们可以通过身份的转换来获得雇佣的稳定性、长期的发展机会和更好的工作待遇，这对于有这方面需求的非典型员工有着重要的激励作用。

（三）工作整合机制

工作整合机制对应的是第三个问题，意味着不同雇佣类型的员工是否可以共同工作以及如何相互配置，这一特征会对不同雇佣类型员工之间的互动程度产生影响。这种影响是多方面的：一方面，当多元雇佣模式带来雇佣歧视和企业中的不公平时，这一机制会在一定程度上将不同雇佣类型员工之间的潜在冲突的显性化进一步放大。如前文所述，多元化的雇佣安排导致了不同雇佣类型的员工群体内部的矛盾，也会导致员工对管理者的不满情绪，因而工作整合机制对两类员工互动的促进作用会放大多元雇佣中存在的各种内部矛盾。另一方面，工作整合对于希望促进知识分享的知识型企业具有重要的作用，这类企业可以通过正式雇佣的知识员工和临时性雇佣的知识员工之间的互动来提高企业的探索式创新的能力（Kang，2009），虽然在这一过程中将难以避免知识外泄的问题（Matusik & Hill，1998）。由此可见，工作整合机制在促进不同雇佣类型的员工之间互动的作用上还是存在着多种影响的，如何有效地使用需要企业根据自身的情况来予以判断和选择。

需要说明的是，多元雇佣模式这三个方面特征的作用是不一样的，前两项特征构建了多元雇佣模式中两套人力资源管理体系的结合方式，第三项特征主要发挥的是调节作用，通过共同工作来调节企业内不同雇佣类型员工之间的互动程度从而起到影响员工某些方面的态度与行为。在已有的多元雇佣模式模型中基本上都体现出了差别管理和雇佣身份差别的特征，从柔性公司和人力资源构型这些模型中都表现出了这一特征，但它们普遍缺乏对后两个方面特征的归纳。

四、多元雇佣模式中的多种形态

多元雇佣模式的核心在于如何将两种基于不同雇佣模式的人力资源管理体系结合，本书根据前面归纳出的多元雇佣模式的内在管理特征来分析不同的形态中两种体系的结合方式，并分析当企业使用工作整合时会对其中的哪些方面起到调节作用。如表 5.1 所示，根据多元雇佣模式的三项雇佣管理特征，多元雇佣模式的具体形态主要分为以下几种。

表 5.1　多元雇佣模式的形态分析

多元雇佣模式的架构类型		雇佣管理特征		
		雇佣身份差别	雇佣身份转换机制	工作整合机制调节的因素
均衡型		无	平行	促进员工的交流与学习
长期雇佣体系主导	隔离型	存在	无	组织不公平感或相对剥夺感
	补充型	存在	上行	员工互动与激励机制
短期雇佣体系主导	替代型	存在	下行	降低工作安全感
	竞争型	存在	双向	激化竞争，降低工作安全感
综合型		存在	多向转换	促进员工的互动

（一）均衡型多元雇佣

在均衡性型多元雇佣中，基于长期雇佣的管理体系和基于短期雇佣的管理体系处于相对平衡的位置上。在实施这一雇佣模式的企业中，正式员工与非典型员工不存在明显的经济与社会地位的差别，并且企业并不会特别限制不同雇佣类型的员工在雇佣身份上的转换。这种类型的多元雇佣架构在新兴的高科技产业中应用得比较多，这些企业为了快速吸收和利用外部知识，会通过非典型雇佣的方式来吸纳外部的知识员工，并给予这些员工相对公平的工作待遇。均衡型的模式可以与 Kansson 和 Isidorsson（2012）提出的三种多元雇佣模式形态中的全核心型相对应。此外，学者 Mossholder（2011）总结了基于多元雇佣模式的合作型人力资源管理系统，该 HRM 系统正是基于这一多元雇佣形态而提出的。采取这类多元雇佣的企业会重视工作整合的机制以促进不同雇佣类型的员工之间的互动，从而达到企业吸收知识并进行知识创新的目的，这种架构是两种体系结合最为深入的一种多元雇佣形态。

（二）长期雇佣体系主导的多元雇佣

在长期雇佣体系占主导地位的多元雇佣中，短期雇佣体系是对长期雇佣体系的辅助与缓冲，企业使用非典型雇佣方式是为了保护正式员工不受环境波动的影响，保持正式员工对企业的承诺与投入。对于实施这一多元雇佣架构的企业，通过长期雇佣建立的高素质员工队伍是其竞争优势的来源，但由于环境波动和降低成本的压力，它们开始在一些技能要求较低或是边缘性的工作上逐渐地使用非典型雇佣方式。

在这一架构中，正式员工的雇佣身份要高于非典型员工，并且为了避免正式员工因为企业使用非典型员工而感到缺乏工作安全感，这类企业一般不会使用下行的雇佣身份转换机制，即保证正式员工不会被转为非典型员工。很多学者提出的多元雇佣模式模型，如 Atkinson 提出的核心——边缘模型、Olmsted 与 Smith 提出的核心——周边构型、Lepak 与 Snell 提出的人力资源构型和 HaKansson 与 Isidorsson 归纳的核心——边缘方式等都与这一构架的特点相符合：这些模型都提到了对非典型雇佣方式的使用，都认为这是对企业正式员工和核心员工的保护而非替代，认为企业竞争优势是来自在长期雇佣体系下正式员工队伍之中。在这一类型的多元雇佣架构下存在着隔离型和补充型两种形态，二者的区别在于是否存在着上行的身份转换机制，也就是非典型员工是否有转为正式员工的机会。

隔离型架构中两套人力资源管理体系是完全隔绝的，此时如果存在工作整合机制会在不同雇佣类型的员工互动过程中放大非典型员工对企业不公平的感知，这种形态十分接近于 Atkinson 提出的弹性企业模型。

补充型架构中非典型雇佣方式的使用除了具有保护正式的核心员工的功能外，还起到了对非典型员工的筛选和吸纳的作用，企业会根据需要将适合的非典型员工转为正式员工，这使非典型员工有了身份转正的机会，会在一定程度上缓解其在组织公平上的负面感知，并会对非典型员工起到一定的激励作用。此时工作整合机制会促进员工的内部交流，并激励一部分非典型员工为了获得转正的机会而努力学习企业所需的技能或提高其他方面的工作表现。日本的丰田公司就是一个例子，它通过期间工的转正制度来达到激励非典型员工和补充与培养正式员工的目的（邵剑兵、王蕴，2009）。

（三）短期雇佣体系主导的多元雇佣

在短期雇佣体系占主导地位的多元雇佣架构中，短期雇佣体系会侵蚀和替代长期雇佣体系所占的部分，并瓦解企业的内部劳动力市场。在使用这一架构的企业中，正式员工的雇佣身份是要高于非典型员工的，企业使用非典型员工来取代正式员工可以达到降低人工成本和提高柔性的目的。所以非典型员工是作为正式员工的替代者出现的，而随着企业大量地使用非典型员工，正式员工的工作安全感和对企业的投入与承诺会不断地降低。这种模式与 Kansson 和 Isidorsson（2012）归纳的全边缘型的多元雇佣在形态与功能上较为类似。

Grimshaw 等（2001）指出在最近的几十年里随着非典型用工方式的大量使用，企业中内部劳动力与外部劳动力之间的边界已经逐渐地消失了。这种用工方式常常会加大企业中不同类型员工之间的矛盾，使各种类型的员工都对企业缺乏忠诚感，正式员工的离职率也较高。George（2003）和 Broschak 等（2006）的研究证明随着企业使用非典型雇佣员工数量的提高，正式员工的工作安全感会不断地降低，并且这种负面感知会导致正式员工产生消极的工作态度与工作行为。所以可以认为，短期雇佣体系主导的多元雇佣模式体现了企业整体雇佣模式向短期雇佣模式靠拢的过程，但最终是否会完全转变为短期雇佣模式是不确定的。短期雇佣体系主导的多元雇佣架构具有将企业的雇佣体系外部化的作用，其中的替代型和竞争型代表了两种不同的雇佣外部化方式。

在替代型架构的多元雇佣中，只存在着雇佣身份的下行转换机制，也就是说，正式员工的数量与工作岗位会逐渐地被非典型员工所占有，例如，企业可以通过逆向派遣（将企业的正式员工转为劳务派遣员工）的方式来实现这一过程。

在竞争型架构的多元雇佣中存在着双向的雇佣身份转换机制，企业会通过某些管理措施变换员工的雇佣身份，使正式员工与非典型员工之间的雇佣身份转换可以双向进行，企业内的员工为了获得更好的雇佣身份展开竞争。一方面，企业可以通过这种方式来促进内部员工的竞争水平；另一方面，在这一雇佣架构下正式员工感知到由于这种竞争所带来的雇佣不稳定性，其工作的安全感和归属感会降低。在该架构中，长期的雇佣体系被异化成了短期雇佣体系的一个特殊部分，成为一种以雇佣身份为层级的短期雇佣模式。

（四）综合型多元雇佣

综合型多元雇佣以均衡型的多元雇佣模式为核心和主导，并以雇佣身份较低的短期雇佣员工在外围层作为保护和缓冲而出现的多元雇佣形态。此时，企业雇佣员工的类型可以分为三种，即长期雇佣的正式员工、短期雇佣的知识型员工和短期雇佣的一般性员工。其中层次较高的知识型非典型员工在雇佣身份和工作待遇上接近于正式员工，而层次较低的员工在雇佣身份和工作待遇上则会明显低于前两者。在对这种雇佣形态的雇佣身份转换机制和工作整合影响进行分析时，可以根据其不同部分的组合效果有区分地作出判断。

综合型多元雇佣的形态可以被视为均衡型和其他四种形态的组合，所以称之为综合型多元雇佣，这种多元雇佣的形态与之前学者们提出的多元雇佣模式模型比较接近，但这些学者并非从多元雇佣的内部特征作出分析，而是直观地对多元雇佣作出构想与预测。虽然 Lepak 和 Snell 的人力资源构型比其他学者的更加细致，具有更重要的理论价值，但同样由于这种构型并非来自多元雇佣的内部特征而缺乏实际的指导意义。

本书在这里根据研究的需要对雇佣模式的内涵重新进行了界定，对雇佣模式的类型与形态进行了细致的区分，并说明了不同形态的雇佣模式所具有的特点，以此来为之后的雇佣模式选择机制的研究提供基础。这些研究是在对既有的多元雇佣模型和相关研究的分析中得出的，之前的多元雇佣模式存在的问题在于关注了员工分类的同时忽视了对员工群体间关系的影响，我们根据多元雇佣内部结构分析出多元雇佣可能具有的各种形态，并且之前的学者们提出的多元雇佣模型也能包含在这些形态之中。

第三节　基于新型雇佣模式的人力资源管理系统

如本书前文所述，当前主要的人力资源管理理论是建立在长期雇佣模式的基础之上的，正是由于具有了这个基础，劳动者与企业之间才能够进行深入的相互投入，进而构建出组织的内部效率。但是随着非典型雇佣方式的大量使用，很多企业中长期雇佣模式已经逐渐消解或萎缩，多元雇佣模式开始得到了日益广泛的应用，那么在这一情况下企业的人力资源管理需要如何调整就成为一个需要探讨的问题。

一、既有的人力资源管理系统研究

在对人力资源管理系统（HRMS）的研究进行回顾的时候可以发现，目前西方学者关于人力资源管理系统的研究中，虽然存在着很多不同的划分标准和分类，但主要还是基于两条主线：以资源为基础和以控制为基础（刘善仕，2010），并且归属不同主线的人力资源管理系统在雇佣模式上也常常存在着明显的区别。这些研究主要有：

Walton（1985）是较早进行人力资源管理系统分类研究的

学者，他根据美国的经济环境变化而进行的研究中，首先将人力资源管理系统分为控制模式和承诺模式。

Arthur（1992）也提出了将企业人力资源管理系统分为传统的降低成本模式与现代的提高员工承诺模式的观点，并在之后的研究中运用1988年至1989年美国三十家小型钢铁企业的调查数据来研究不同的人力资源管理系统对企业绩效的影响，通过聚类分析证明了这两种人力资源管理系统存在着明显的差别（Arthur，1994）。

Youndt等（1996）从人力资本投资理论观点出发，将人力资源系统分为人力资本提升系统和控制系统。

Delery和Doty（1996）从人力资源市场的角度把企业的人力资源管理系统分为内部发展型和市场导向型，前者着眼于长期的观点来培养员工，通过开发企业内部员工的能力来获得竞争力，后者着眼于通过市场价格从外部劳动力市场获取符合企业要求的员工。

Lepak等（2005）建议根据人力资源系统的目标来进行定义，并认为人力资源系统根据其内部的架构可以分为依附型和承诺型两种，前者强调通过外部性激励和有效的监控来管理员工，后者则通过关注内部性的激励来发展员工的幸福和能力。

在对这些研究进行总结后发现，虽然这些研究通过不同的视角来对人力资源管理系统进行了分类，但基本都将其分为从长期视角出发、强调企业与员工之间进行高度合作的承诺型模式和从短期视角出发、强调对员工的行为和人工成本进行监控的控制型模式（刘善仕、刘辉健，2005；刘善仕，2010）。这两种模式中的雇佣模式存在着本质性的差异：承诺型强调通过长期雇佣来强化企业与员工之间的长期合作，以此来提高员工的专业技能和对企业的忠诚和投入，进而提高企业的竞争优势；控制型强调通过外部化的短期雇佣方式来节约企业的各项人工成本，以及提高企业雇佣的灵活性。由此可见，这两类人力资源管理系统恰恰是建立在不同雇佣模式的基础之上的，因而企业对雇佣模式的调整并不单纯是一个雇佣模式的变化，它在很大程度上也意味着其人力资源管理工作的整体性调整，这也正是当前雇佣模式研究对人力资源管理理论发展的重要意义。

二、环境变迁下的新型雇佣模式与 HRM 系统

20 世纪 70 年代之后，企业所面临的环境已经发生了重大的变化，环境动态性的提高使很多国家的雇佣格局都从长期雇佣为主转变为多种雇佣方式并重，各种短期的雇佣方式得到了越来越广泛的使用，很多企业已经将这些短期雇佣方式加入他们的雇佣模式之中。一种新的雇佣模式，即多元雇佣开始出现并被大量地使用。这种雇佣模式的变化对企业的人力资源管理实践和管理理论都提出了新的要求。根据人力资源模式中内部匹配的要求，雇佣模式是人力资源管理系统变迁的先行部分和主要标志，所以雇佣模式的调整会对人力资源管理的体系产生影响。

这些变化也意味着需要对现有的人力资源实践和人力资源管理相关理论的适用范围进行重新思考。本书认为，有必要构建以多元雇佣为基础的人力资源管理系统，原因在于多元雇佣模式与当前既有的人力资源管理缺乏足够的匹配性。目前许多既有的人力资源管理理论更加适用于相对稳定的环境，其理论的假设条件也是建立在长期雇佣的基础之上的。在“二战”

之后，美国和日本等国家的企业都以长期雇佣为基础建立了内部劳动力市场，并培养出了具有高素质和高工作投入的员工队伍，学者们根据这些企业实践发展出了承诺型人力资源管理、高绩效工作系统和年工序列制等相关的人力资源管理理论。

虽然学者们已经对人力资源管理系统进行了充分的研究，不过这些研究都是基于长期雇佣模式和短期雇佣模式的，或者应该说主要是针对长期雇佣模式的，以短期雇佣为基础的控制型 HRM 系统常常是作为被比较的对象而出现，但对于新出现的多元雇佣模式及其带来的人力资源管理变化，在当前还主要处在探索阶段。在这种情况之下，研究新出现的多元雇佣，发展基于新的雇佣模式的人力资源管理理论就变得十分必要了。

表 5.2　企业雇佣模式与人力资源管理系统的关系

人力资源系统内部要素	依附型人力资源管理系统	合作型人力资源管理系统	承诺型人力资源管理系统
雇佣模式	短期雇佣（外部雇佣）	多元雇佣（内外部结合）	长期雇佣（内部雇佣）
雇佣关系	短期/交易型	长期与短期/平衡型	长期/关系型
组织内的信任基础	以功利为基础	以知识为基础	以认同为基础
交换的动机	个人利益	特殊的回报；知识分享	情感的纽带；共享的价值观念
工作设计	低度参与；限制员工间的互动	中度参与；整合员工的水平社会网络	高度参与；紧密的员工社会网络
培训与开发	个体的能力	个体的能力与社会技能；认知型社会资本	群体共享型能力；关系型社会资本
奖励的重心	以个体为重心	群体与个体相结合	以群体为重心

作者整理自 Mossholder K W，Richardson H A，Settoon R P. Human resource systems and helping in organizations：A relational perspective［J］. The Academy of Management Review（AMR），2011，36（1）：33－52.

三、已有的进展与展望

虽然对理论发展的需求已经出现了一段时间，但是新型的基于多元雇佣的 HRM 系统还没有得到完善的研究。

首先，从研究的整体数量来看，对基于多元雇佣的 HRM 系统的研究还比较少。目前针对这一问题进行探讨的学者除了 Lepak 和 Snell 之外，主要是 Mossholder 等（2011）学者的研究，他们根据企业在雇佣模式等方面的特点重新总结了不同类型的人力资源管理系统，将其分为以短期雇佣为基础的依附性 HRM 系统、以长期雇佣为基础的承诺型 HRM 系统和以多元雇佣为基础的 HRM 合作型模式，具体特点见表 5.2。

其次，从研究的成熟度来看，当前的学界对于多元雇佣模式以及以此为基础的 HRM 系统尚缺乏有效的理解和充分的整合研究。已经比较成熟的 HRM 系统理论的优点在于：一是形成了内部一致的政策导向，即人力资源各个职能的内部一致性；二是连接了企业层面和个体层面，现有的 HRM 系统将员工的行为和企业的政策有机地结合在了一起；三是构建出了能够体现出内部效率的人力资源体系。现有的盖斯特模式和承诺型 HRM 系统理论较为充分地体现了这些特征，该理论建立在长期雇佣的基础之上，与其相关的人力资源管理的其他职能也都具有长期导向，并且将员工的长期承诺与对企业的深入投入和企业的 HRM 政策有效地结合在了一起，而且表明高素质和高承诺的员工队伍是企业竞争优势的来源，当前对基于多元雇佣 HRM 系统的研究还没有体现出这几个方面。

需要认识的是，构建与多元雇佣相适配的人力资源管理系统存在着内在的困难，其困难来自多元雇佣的特殊性：与以长期雇佣为基础的承诺型 HRM 和以短期雇佣为导向的控制型 HRM 系统不同，由于多元雇佣的内在动因存在着较多内在差异，并且这些差异也会体现在多元雇佣的具体形态上，不同动因与形态的多元雇佣所产生的功能会有非常大的差异，所以需要根据其内在逻辑来构建不同导向的基于多元雇佣的 HRM 体系，这是之前的 HRM 系统研究中不存在的困难，但也是未来人力资源管理发展的重要方向。

第六章

企业雇佣模式的选择机制

第一节 企业调整雇佣模式的内在动力

一、雇佣动因概述

在雇佣格局多元化的发展中，一些学者开始探讨：为什么企业在雇佣模式的调整中开始大量地使用非典型雇佣方式？引起这一变化的企业内在动因是什么？对于这一问题，Hippel（1997）首先提出了自己的观点，Hippel 通过调查将企业采用非典型雇佣方式的原因总结为降低成本、提高 HR 柔性和规避限制三个方面，具体原因如表 6.1 所示。

之后的一些研究发现企业吸收外部知识来进行知识整合（knowledge integration）也是企业使用短期雇佣方式的重要原因。Matusik 和 Hill（1998）提出非典型雇佣方式的使用可以降低成本结构，提高柔性以适应变化的环境，企业可以通过非典型雇佣方式来获取急需的知识技能，并鼓励正式员工学习和掌握这些技能，实现技能向企业内转移。国内学者赵斌（2007）将我国企业灵活雇佣智力型人员的主要动因归纳为：获取企业没有的或更专业的技术、产品、服务或品牌，规避与员工的法律纠纷，适应工作任务不均衡而带来的对人员需求的波动，企业之间人力资源的整合与互补。

表 6.1　企业使用非典型雇佣的基本原因

降低成本	提高 HR 柔性	规避限制
减少人工成本（如工资与福利）； 降低行政管理成本； 节省培训费用； 刺激正式员工提高生产效率； 节约其他方面的经费	提高劳动力群体的柔性； 提供技能柔性； 应对环境的波动； 解决正式员工的缺席引起的人员不足； 能够完成正式员工不能或不愿完成的工作； 使用非典型员工完成边缘化的工作	避免工会的影响； 避免劳动法规的规制； 避免以后解雇富余的员工； 避免对正式员工的许诺； 避免财务预算的制约； 避免员工产生工资不平等感知

作者整理自 Von Hippel C, Mangum S L, Greenberger D B, et al. Temporary employment: Can organizations and employees both win? [J]. The Academy of Management Executive (1993－2005), 1997, 11 (1): 93－104.

通过对这些研究进行总结，本书认为可以将企业大量使用非典型雇佣方式的雇佣动因归纳为提高人力资源柔性、降低人工成本、获取与整合外部知识和规避制度限制四个主要方面。

二、雇佣动因 I：提高人力资源柔性

全球化和信息技术的发展从制度和技术两个方面改变了企业的运行环境，使企业面临的环境动态性在不断地提高，这是当前企业调整雇佣模式来发展人力资源柔性的重要原因。

人力资源柔性是组织柔性的一个组成部分，是指在环境变化的情况下企业对雇员的“质”与“量”进行调整的能力。学者们从自己的研究出发提出了不同的 HR 柔性分类方式：数量柔性与功能柔性（Atkinson，1984）；协调柔性与资源柔性（Sanchez，1995）；动态柔性与静态柔性（Deyo，1997）；内部柔性与外部柔性（Cappelli & Neumark，2001）等。其中 Atkinson 的划分方式被运用得最广泛：数量柔性（Numerical Flexibility）是指企业在劳动力投入量与劳动力输出量的适应和调整能力；功能柔性（Functional Flexibility）是指企业发展员工的工作能力以使员工具有多样技能并运用于更广泛的工作任务之中。

对于企业如何更好地运用雇佣模式来提高企业的人力资源柔性，学者们提出了三种思路：第一种是通过对正式员工的长期雇佣来建立高绩效工作系统，并以此来发展功能柔性，这种雇佣模式将注意力都集中在了正式员工身上；第二种是通过雇佣外部化的方式来发展数量柔性来降低成本和应对环境的波动，对数量柔性的研究一般都忽视了使用非典型雇佣方式对企业中正式员工的影响；第三种是企业同时发展两种柔性（Matusik & Hill，1998；Quinn，1992；Snow，Miles & Coleman，1992）。

很多学者建议企业同时发展两种柔性（Quinn，1992；Matusik & Hill，1998），既有的多元雇佣模式模型中都体现出了这一观点。这些研究认为企业应对不同类型的员工采用差异化的雇佣方式，并在长期雇佣的核心中发展功能柔性，在短期雇佣的员工中使用数量柔性，以此来同时获取两种柔性。但同时实现两种柔性的人力资源管理战略并不成功，因为管理者对临时工的使用加大了正式员工与非正式员工之间的紧张与冲突（Geary，1992）。此外，Ackroyd（2002）认为 Atkinson 的观点太过强调柔性而忽略了技术在非典型雇佣中的作用，Ackroyd 提出了另外两种柔性雇佣模式：高监控（the high - surveillance firm）和新柔性企业（the new flexible firm），前者类似于日本企业的柔性生产方式，后者则提倡技术高超并能自我监管的团队工作方式，这两种方式都不需要核心员工具有多样化的技能。此外，Lewis（2000）认为“质”的柔性不适宜于低成本战略，因为能够产生柔性的资源和过程增加的多样性也许会导致较高的成本。

总体而言，企业应该如何发展这两种柔性与其所面临的具体情况有关，并不存在唯一的最佳柔性，从目前的研究来看，对于不同类型的人力资源柔性的使用范围的探讨还没有得出比较一致的结论。

三、雇佣动因Ⅱ：降低人工成本

当面临成本竞争的压力时，很多企业在雇佣模式中大量使用非典型雇佣方式来实现降低人工成本的目的（Davis – Blake & Uzzi，1993；Kalleberg et al.，2000），这是因为大部分的非典型员工的工资和使用成本都要低于正式员工。学者们发现，非典型员工在薪酬和工作待遇方面有很多时候要低于正式员工（Vincent & Grugulis，2009），正式员工的人工成本和解雇的难度与成本要远远高于非典型员工，这就使很多面临成本竞争压力的企业开始大量地使用非典型雇佣方式。

但使用非典型雇佣方式所节约的成本大多时候都是体现在直接成本上，而其他一些学者注意到非典型雇佣方式的使用也会带来一些潜在的负面效应。Tsui 等（1997）的实证研究发现，非典型雇佣方式可能会给企业带来其他方面的隐性成本。同时，Allan（2000）认为很多企业通过非典型雇佣方式来实现降低直接人工成本的目的，但是他们却常常忽视了使用非典型雇佣方式所带来的隐性成本及其对工作关系产生的负面影响，以节约成本为目的的多元雇佣模式对正式员工的雇佣安全、POS、承诺和忠诚都会产生负面影响（Bishop et al.，2002；Davis – Blake et al.，2003）。所以，企业在雇佣外部化的过程中需要考虑到这种雇佣方式所产生的潜在成本，因为非典型雇佣方式的使用会对员工的工作态度与行为产生负面的影响（George，2003）。

在非典型雇佣的成本问题上，交易成本理论提出了不同的观点：行为的不确定性也会影响不同雇佣方式所产生的成本，它主要指来自个体的机会主义和交易方的战略行为，会增加雇佣合同中的不可预见的问题，从而全面增加交易成本（Kulkarni，2005），所以企业会通过内部化的长期雇佣来减少行为不确定性所产生的交易成本（Sutcliffe & Zaheer，1998）。

对于长期的雇佣能够减少员工行为的不确定性和降低企业的交易成本还存在着争议。克莱因（2008）在对通用汽车——费雪车身制造公司的案例研究中发现，企业间的长期合同存在着因机会主义而产生的交易成本，虽然长期合同在某些方面降低了交易成本，但合同的刚性有可能带来其他方面的交易成本，所以“像科斯那样断定长期合约和缔约方声誉通常可以在市场上‘有效制止机会主义行为’是一种误导”，这种情况也有可能存在于企业与员工之间的雇佣合同上，不同的雇佣方式之间的交易成本实际上有着更大的复杂性。

总之，使用短期的非典型雇佣方式虽然在直接成本上有着明显的节约作用，但其带来的综合成本变化尚不明确。

四、雇佣动因Ⅲ：获取与整合外部知识

在新技术革命兴起之后，很多高科技行业面临着知识与技术的快速变化，从而对创新的速度有着更高的要求，这些行业中的企业常常会出于吸收外部知识并进行知识整合的目的来使用非典型雇佣来雇佣一部分知识员工。所以，很多基于这一动因的研究认为在动态环境中的企业在其核心价值领域使用非典

型雇佣对其创新有积极作用。

Matusik 和 Hill（1998）认为企业可以通过雇佣非正式员工来吸收企业外部的公共知识，并通过他们与核心员工的互动来创造知识，与此同时企业也会面临核心知识流失的风险。之后的一些相关研究认为环境的动态变化，尤其是技术的变化速度决定是否在知识员工雇佣模式中加入非典型雇佣方式的重要因素：在静态环境中，知识的保护比发展新的知识更重要，此时应该避免在核心价值领域使用非典型雇佣方式以避免知识的外泄；而在技术快速变化的环境中，企业完全通过自身的力量来开发新知识常常会降低企业的绩效（Poppo & Zenger，1998），同时内部化的雇佣方式常常会提高企业知识资产的专用性，稳定的员工队伍中的同质性的文化与知识特性也会为企业学习新知识带来额外的成本，所以处于这种环境中的企业应该在核心价值创造领域使用非典型雇佣方式来吸收外部的知识与创意（NESHEIM，2003），并让这些员工与企业的核心员工共同工作来促进企业内部的创新（Helper et al.，2000），这种安排可以提高企业核心知识创造的潜力，避免企业的核心知识为竞争对手所超越而显得陈旧。

从这些已有的研究中可以发现，知识整合动因也是企业使用非典型雇佣方式的重要目的，但在企业的核心领域雇佣非典型知识员工很可能会带来企业知识泄露的问题，是否选择这种雇佣安排的关键在于环境的动态性，尤其是知识技术的更新速度。

五、雇佣动因Ⅳ：规避制度限制

企业使用非典型雇佣方式的另一个目的在于规避制度性的

用工限制。这种用工的限制既有可能是来自外部的法律法规或其他机构的约束，也有可能是来自企业内部的制度惯例或人员编制和预算经费的限制。西方发达国家中有较为完备的劳动保护法律和强大的工会组织，他们对企业的用工，尤其是对正式员工的雇佣与管理存在着较多的限制，所以发达国家中很多企业通过非典型雇佣的方式来规避劳动法律的限制（Hippel，1997）。

同时工会一般是由正式员工组成的，非典型员工相比正式员工工会参与率较低，所以非典型雇佣的员工常常不是工会的主要保护对象，企业可以通过使用这类人员来避免工会在用工问题上的干涉，这种情况在美、日等国都可以发现。这些制度性限制因素的限制使企业顾虑到违背制度的影响，即组织的社会合法性的丧失，所以企业必须要调整其雇佣模式来避免这种情况的出现，其解决的办法在很多时候就是使用非典型雇佣员工。制度性限制因素可以视作企业为了能够继续维持其合法性而产生的一种人力资源柔性的需求，只不过这种需求不是来自环境波动产生的对人员短期的派生需求，而是来自制度环境中的规制与用人需求的矛盾（与需求长期或短期无关）。

这种情况更多地出现在了中国的国有企业之中，从劳务派遣在中国的发展就可以发现。中国的劳务派遣是在 2008 年《劳动合同法》出台之后才有了进一步的发展，在私营企业中劳务派遣员工的使用成本与其他类型的员工相比差别不是很大，能够节约的人工成本并不是很多，私营企业使用劳务派遣更多的是因为人员招募的便利等方面的原因；国有企业则不同，它们会给予劳务派遣员工以市场中等水平的工资，主要是通过劳务派遣的方式来替代之前临时工的用工方式，以此来规避新《劳动合同法》中对无固定期限合同的要求与自身的人员编制限制之间的冲突，这种变化是管理体制限制与外部法律要求冲突的缓解方式。

第二节　企业基于动因的雇佣模式选择机制

一、企业雇佣动因的层次性与复合性

本书在前面对企业调整雇佣模式的四项雇佣动因进行了分类分析，需要注意两个方面的问题：第一，雇佣动因的层次性，这些方面的动因有些是属于战略性的，有些是属于战术性的，其重要性和所属层次存在着较多的差别；第二，雇佣动因的复合性，企业有时会面临多种雇佣动因的复合性影响，那么这些不同类型的雇佣动因的组合方式是什么？在通过雇佣动因来分析企业选择雇佣模式的机制时，这是个不能回避的问题。基于此，本书根据对已有研究的总结将雇佣动因的层次与复合形态以及相关的环境因素在表 6.2 中进行了列举。在表 6.2 中，本书认为企业面临着两种类型的环境压力，即制度环境和任务环境。企业为了适应制度变迁，追求制度合法性而产生的雇佣动因属于制度合法性的层面；为了追求企业的效率而产生的雇佣动因属于任务环境的部分，其中会根据雇佣动因与竞争优势的关系来将其细分为战略战术两个层面。有以下几点需要进行说明。

第一，区分雇佣动因是属于核心（或战略）层面还是边缘的关键在于企业根据这项动因所要发展出的能力和环境适应性是否符合竞争优势的 RVIO 标准，即稀缺的（rarity）、有价值的（value）、难以模仿的（inimitability）和由组织开发的

(organization)。知识整合的雇佣动因可以帮助知识密集型的企业通过知识的积累和创新来构建自身独特的竞争优势，所以属于核心层；通过雇佣非典型员工来降低成本的方式是一种企业通过市场外部雇佣的行为，并不能为企业带来独有的优势，所以属于边缘层的雇佣动因；人力资源柔性这一雇佣动因具有一定的特殊性，它既可以指企业适应环境动态变化所具有的战略性能力，也可以指企业为了应对短期内的环境波动所需要的临时功能，而属于何种层面与人力资源柔性的实现方式有着很大的关系，所以它可以同时放在两个层面之内。

表 6.2　雇佣动因的层次与复合类型①

雇佣动因的层次	单项雇佣动因	复合雇佣动因	相关的环境因素
核心(或战略)层面	知识整合；HR 柔性	知识整合 + HR 柔性	环境的动态性
边缘层面	降低成本；HR 柔性	降低成本 + HR 柔性	环境波动与成本压力
制度合法性层面	规避制度限制	—	制度环境的变迁

第二，知识整合动因与降低成本的动因难以作用于同一群体上。原因在于：首先，这两项动因针对的是不同类型的非典型员工，知识整合动因常常在一些知识型员工身上，而降低成本的动因则被使用于替代性较强的低技能员工身上，本书提到的复合型雇佣动因是多种雇佣动因作用于同一员工群体时企业所选择的雇佣模式方式；其次，人力资源的功能柔性需要的是对员工的高度投入来取得更好的企业效率和环境适应性，与降

① 因为核心层面的员工雇佣动因对企业具有战略性的意义，所以核心层的雇佣也称为战略层面，考察核心层与边缘层的关键在于其对企业是否具有战略性的意义。同时，战略层面对应的环境动态性与边缘层对应的环境变动有着不同的意义，前者指的是环境的整体性动态变化程度，后者仅指短期性的市场波动带来的变化，是前者的一个部分，因而二者对人力资源柔性的要求存在着较大的区别。

低人工成本的动机在关注点和运行方式上存在着内在的差异，Lewis（2000）认为“质”的柔性不适宜于低成本战略，因为能够产生柔性的资源和过程增加的多样性也许会导致较高的成本。所以，虽然柔性与成本效率并非对立的两级（Gibson & Birkinshaw，2004），但在同一层面或员工群体中是难以实现这两项动因有效组合的。

第三，规避制度限制的雇佣动因可以视作企业由于制度约束而产生的一种特殊的人力资源柔性需求，这种柔性与环境是否存在波动没有直接的关系，其根源主要来自企业所面临的内外部制度环境带来的对企业用工的制度性约束。它的这种特殊性决定了它与其他的雇佣动因之间缺乏明显的交集，所以没有列出与之相关的动因组合。

第四，本书通过对雇佣动因性质将其划分为三个不同的层面，针对不同的性质和管理对象探讨企业的雇佣模式选择机制。但企业的管理实践活动常常是复杂多样的，当企业出于不同性质的雇佣动因而对不同类型的员工分别选择雇佣模式时，会使企业的雇佣动因和雇佣模式变得更加难以区分。

已有的雇佣模式模型研究的优点在于认识到了不同层面雇佣模式的变化，并将它们结合在了一个模型之中，其缺点在于没有将雇佣动因作为分析的基点，进而有效地分析出不同部分的内在逻辑。所以，本书在这里先根据雇佣动因的层面来进行分类分析，之后探讨不同层面的雇佣动因如何来选择雇佣模式，最后将这两部分的研究整合形成企业整体的雇佣模式。

二、基于动因的雇佣模式选择机制

本书认为对雇佣模式的研究应当从“雇佣动因—雇佣模

式选择—实施效果”这一逻辑思路来进行。虽然当前已经有了较多的雇佣模式的研究，但这些研究还存在着一些问题：之前的大部分研究都将注意力集中在了雇佣模式本身及其实施后产生的影响上，对影响企业调整雇佣模式的环境因素缺乏深入的考察。当环境变化时，企业会产生调整雇佣模式的动因，而后根据雇佣动因来选择雇佣模式，以此来提高自身的竞争优势和对环境的适应性。这些部分对雇佣模式的选择与调整具有重要的意义，在研究中却涉及不足，且缺乏整体性的思考。基于这些情况，本书构建了基于雇佣动因的企业雇佣模式选择机制的研究思路图，如图 6. 1 所示。

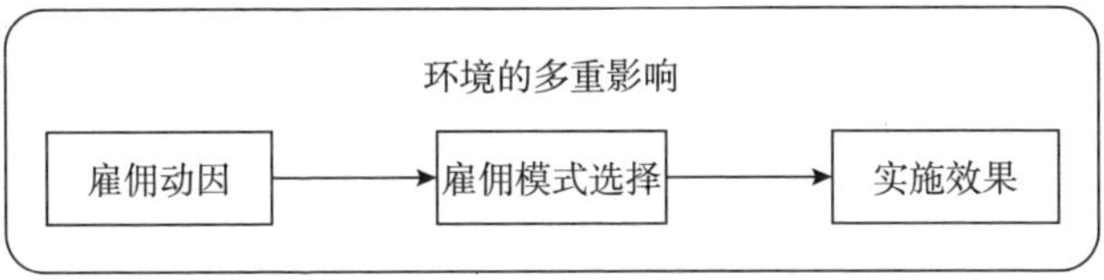

图 6. 1　企业雇佣模式的选择与实施

在这一部分，本书将分析各种雇佣动因与环境的特征，并分析在该环境中企业能够选择的与动因和环境适配的雇佣模式的可能范围，如表 6. 3 所示。在该表中，本书将雇佣动因的层面分成了三种类型：与战略相关的核心动因层面，主要影响组织中的核心员工；对企业的非战略的日常运营产生影响的边缘层面，主要影响非核心员工；对这两类动因都会产生影响的共有部分。不同层面中会同时存在着多种雇佣动因和雇佣动因的组合，它们都是基于特定环境中存在的或是强化的，雇佣动因是在特定的环境中企业的内在反应。本书将环境特征、雇佣动因与雇佣模式之间的内在匹配关系列于表 6. 3 中，需要说明的是，本书针对雇佣动因的差异，将环境动态性这一较为笼统的表述细化为知识扩散速度、竞争环境波动性和短期波动三种类型，并将制度限制作为一种特殊的 HR 柔性需要来进行分析。不同环境中的雇佣模式选择机制如下：

表 6.3　基于动因的雇佣模式选择

	环境特征	雇佣动因	雇佣模式
核心层Ⅰ	知识扩散速度（快）	知识的获取与整合	多元雇佣；短期雇佣
	知识扩散速度（慢）	知识内部开发与积累	长期雇佣
核心层Ⅱ	环境波动性（高）	HR 功能柔性（高）	强调 HR 柔性的长期雇佣
	环境波动性（低）	HR 功能柔性（低）	强调 HR 匹配性的长期雇佣
共有部分	环境短期变化（高）	HR 数量柔性（高）	短期雇佣；多元雇佣
	环境短期变化（低）	HR 数量柔性（低）	短期雇佣；多元雇佣；长期雇佣
	制度限制	HR 数量柔性	短期雇佣；多元雇佣
边缘层	环境中的成本竞争	降低成本（高）	短期雇佣
	环境中的成本竞争	降低成本（低）	短期雇佣；多元雇佣

（一）核心层Ⅰ：知识扩散的环境

知识的扩散速度是环境动态性的一部分，它对应的是企业在知识管理方面的雇佣动因。在知识扩散速度不同的环境中，企业需要选择不同的雇佣模式来维持自身的竞争优势。

环境的动态变化，尤其是行业中知识的扩散速度会在很大程度上影响企业的知识管理活动。知识的扩散速度对企业知识管理的影响主要表现在两个方面：第一，企业核心知识在整个行业中的扩散速度决定了企业能够维持已有竞争优势的时间；第二，知识的扩散速度决定了行业中的知识主要集中于行业的公共领域还是企业内部。原因在于：企业的核心知识是企业竞争优势的重要来源，这些知识的扩散则意味着企业竞争能力的消解，当企业独有的核心知识扩散到行业中的大多数企业时，这些知识就成为行业中的共有知识，企业依靠这些知识建立的竞争优势也就不复存在。所以知识的扩散速度决定了企业应当采取什么样的知识管理方式以维持自身的竞争优势，Golet 和 Berrell（2003）在研究了知识的性质和企业知识管理活动的关系后，认为不同的知识管理方式需要对应不同的人力资源管理政策，雇佣模式是 HRM 政策的重要构成基础，所以在不同的环境中需要采用不同的雇佣模式。

1. 知识缓慢扩散的环境

知识的缓慢流动使企业能够长期保有其核心知识，所以企业可以通过对某一领域的知识进行长期深入的开发与积累来培育自身的竞争优势，并对这些知识进行保密来降低其向企业外扩散的进程，使企业能在尽可能长的时间内利用这些累积的知识资产获取垄断收益。在这种环境中，企业是知识的主要创造者，并且行业中的知识也由于较低的扩散性而主要保留在企业的内部，企业中已经形成的知识资产成为长期竞争优势的主要来源，企业之间的竞争也主要表现为其知识资产长期积累的存量比较。

对处于该环境下的企业而言，对核心知识进行长期的深入开发和保持知识的专有与垄断是发展其竞争优势的关键，而为了维持这种优势企业会更多地选择长期雇佣模式，原因在于：第一，组织中的知识员工会携带组织的知识，包括各种核心知识，因此通过长期雇佣可以降低因人员流动而产生的知识外泄的问题；第二，内部员工的磨合与培养既可以提高员工为组织进行知识共享和创新的动力，也可以提高员工对组织特有知识的理解深度，这两个方面能够有效地促进知识创新，尤其是深度知识创新的实现。

2. **知识快速扩散的环境**

在知识快速扩散的环境中，企业依然能够成为知识的主要创造者，但知识的快速扩散会使企业的知识快速传播到整个行业中，它难以通过长期保有其核心知识来维持竞争优势，其获得垄断收益的时限也被大幅度地缩短，难以再进行长期深入的知识开发。同时，由于企业的知识会快速扩散到外部，行业中的新知识会大量地集中在企业外部的公共领域，企业需要具有快速获取外部知识的能力来吸收和利用这些新知识。

处在这种环境中的企业需要通过快速吸收外部的新知识来提高知识创新速度，这要求企业具备吸收与整合外部知识的能力，并通过快速的创新来持续更新企业的竞争优势。实现快速吸收外部的知识有多种方式，而短期雇佣具备新知识的员工和提高内部员工的学习能力是其中的重要部分。因此，在这一环境中企业适合采用带有短期雇佣方式的多元雇佣模式或是短期雇佣模式：企业可以通过短期雇佣的方式来实现知识的外部获取，同时让这些具有新知识的外部员工与企业内部的核心员工互动，通过核心员工的知识学习来实现外部知识向企业内部的转移，并以此来实现知识的整合与进一步的创新。在这一过程中，知识的获取与整合通过多元雇佣模式可以有效地实现，并且对其中核心员工的长期雇佣也是企业维持竞争优势的关键部分，而当企业的重点仅仅在于获取外部的新知识而非整合知识时，更可以采用短期雇佣模式。

（二）核心层Ⅱ：环境的波动性

企业的人力资源柔性可以分为数量柔性与功能柔性两类，

而这两类柔性的产生机理有着很大的区别，前者是通过劳动力市场来短期雇佣员工，通过劳动力数量的变化来应对工作任务的波动；后者是通过企业对员工的长期雇佣与培训，提高员工技能的多样化程度，使其可以具有完成不同任务的能力。同时，这两种柔性还有不同的两个方面。

第一，功能柔性更加需要员工技能的柔性和内部的相互配合，培养起来更加困难，但其也能够完成更加具有变化和复杂性的工作，因此这种 HR 柔性可以视为组织的一种核心能力。而数量柔性是依靠短期雇佣来满足人员的短期需要，方式简单，但也难以为企业带来竞争优势，所以这两种柔性在性质上和对企业的作用上是截然不同的。

第二，培育这两种不同类型的人力资源柔性的雇佣模式存在着很大的不同，虽然同时获得两种柔性是一个诱人的选择，但已有的研究发现，在很多企业中这两种柔性是一种负相关的关系，因为这两种柔性背后的雇佣管理模式存在着内在的冲突。

本书在环境动态性中提到了竞争环境的波动性这一部分，将其视为企业需要通过 HR 柔性适应的具有复杂性的环境变化，并认为竞争环境的波动会提高企业工作任务的复杂性和变化性，而 HR 柔性是对这一情况的有效适应。在雇佣模式选择方面，当企业面临高度的环境波动性时需要通过发展功能柔性来予以适应，而功能柔性一般需要一种长期雇佣模式作为基础，所以企业选择的是强调 HR 柔性的长期雇佣模式；当企业面临低度的环境波动性时也需要选择长期雇佣模式，原因在于：对于核心员工企业应通过长期雇佣来保持竞争优势，而此时的长期雇佣所强调的是在人力资源管理内部的各项职能以及人力资源管理与其他管理职能之间建立匹配（fitness）关系以提高企业的运行效率。

（三）共有部分：环境的短期变化和制度限制

共有部分是指这部分的雇佣动因核心层和边缘层都会有所出现，所以放在一起来进行整体说明。核心层的知识整合雇佣动因和边缘层的降低成本雇佣动因都只会单独地出现在一个人员层面中，而共有部分的 HR 数量柔性和制度规制的雇佣动因则在两个层面中都有可能出现，对企业不是单纯地具有战略或非战略的意义，可以视为具有中性特点的雇佣动因。

共有部分中提到的环境短期变化所指的内容不同于环境波动性中的环境变化带来的工作任务的复杂变化，仅指企业由于环境中的工作任务变化带来的人员数量需要的临时调整。这一环境变化的特点使企业需要依靠短期雇佣的方式来提高 HR 的数量柔性，以应对临时的变化。这种需要更多地出现在边缘层面，因为对企业而言边缘层面的员工一般不具有长期雇佣的价值，通过短期雇佣保持灵活性是更好的选择；在核心层面，由于吸收外部知识的需要，此时企业会形成临时的对特定员工的需求，本质上是一种知识获取的柔性，在形式上表现为 HR 数量柔性的需要，并且也可能出现一些乐于通过短期雇佣来工作的高级知识员工，此时也会形成 HR 的数量柔性的需要。这两部分需要具有共同的形式，但在人员需要的内涵上具有很大的差异。

同时，企业内部或外部的制度限制也是企业形成 HR 数量柔性的一个重要原因，我们可能会观察到这样一种现象：企业会长期地雇佣某个或某些员工，但只与其签订短期的雇佣合同，而且企业存在着不会轻易解雇或替换这些员工的意识。这种情况很可能是由于企业内部或外部存在着的人员使用的制度限制造成的，这种情况虽然不属于人员的短期需求，但本书认为可以将其同样视作对 HR 数量柔性的需要，也同样会使用短期雇佣来予以解决。例如，一些国有企业曾经连续十几年通过雇用临时工的方式雇佣某些人员，由于内部人员编制的限制这些人员不具有转正的机会，但双方都能够意识到这种雇佣关系会长期存在。而在 2008 年之后，为了回避新出台的《劳动合同法》中关于无固定期限合同的要求，这些国有企业将这些员工的临时工身份转换为劳务派遣员工的身份，但实际的工作内容、工作情况和工作待遇等方面基本上没有发生太大的变化。

总之，当企业中环境短期变化较快时，主要会采用短期雇佣和多元雇佣模式，当企业不需要所有的人员都进行临时的变动时，可以选择多元雇佣模式，将 HR 的数量柔性建立在外围人员中；当环境中短期变化较慢时，HR 柔性的需要就会有所降低，此时短期雇佣、多元雇佣和长期雇佣都有可能会出现，这与企业中的薪酬、晋升等其他因素更加相关；当企业面临的是制度限制的时候，其采用的雇佣模式会与环境短期变化快速时相同。

（四）边缘层：环境的成本竞争压力

企业面临的成本竞争压力是影响企业降低成本雇佣动因的重要因素，当企业所处的行业具有明显的价格竞争特征时，企业会具有较高的成本竞争压力。

当企业开始面临降低成本的压力时通常会更多地选择人工

成本较低的雇佣方式来达到降低成本的目的。已有的很多研究都提到，正式员工的人工成本常常要高于非典型员工，所以很多企业都通过大量使用非典型雇佣的方式来降低成本，并且在各种非典型雇佣方式的选择上也会更加倾向于能够实现降低成本目的的方式。所以企业面临的成本竞争压力越高，越倾向于选择能够降低成本的短期雇佣方式，即使企业原来使用的是多元雇佣模式或长期雇佣模式，也会在成本压力的作用下转为短期雇佣体系主导的多元雇佣模式，进而发展为短期雇佣模式；当企业面临的成本竞争的压力较小时，可能选择的是短期雇佣模式或是多元雇佣模式，即使没有环境中的成本竞争压力，企业也可能存在着对利润的追求而不选择缺乏灵活性和成本较高的长期雇佣模式。

对日本的文献研究表明，随着全球化的深入和日本经济的不景气，其企业越来越多地强调降低成本的重要性，开始关注企业经营重组（Re - structuring），即人、物、资金的减量化（王阳，2011）。这正是日本的企业开始广泛使用非典型雇佣方式的重要原因，同时美国的相关研究也认为很多企业进行产业转移和使用非典型雇佣员工的主要目的是降低成本。

三、企业雇佣模式的复合形态

本书根据企业雇佣动因的层次与性质来分别对基于核心层、边缘层和制度层面的雇佣动因的雇佣模式选择进行了分析，不同层面的雇佣动因针对的是不同类型的群体和目标来进行的：核心层主要针对的是企业的核心员工或正式员工；边缘层主要针对从事边缘性工作或临时性的非典型员工；制度性层面的情况一般可以视作企业的一种特殊的人力资源柔性需求来处理。本书对雇佣模式选择的分析参考了早期的多元雇佣模型中的“核心—边缘”模式，通过分类分析的方式分别进行了理论推演。这种推演的可行性和必要性主要在于不同雇佣动因层面的雇佣模式在选择机制上存在着本质的差异，因而需要根据其各自内在运行逻辑来有针对性地谈论，以避免出现理论分析中的混淆。

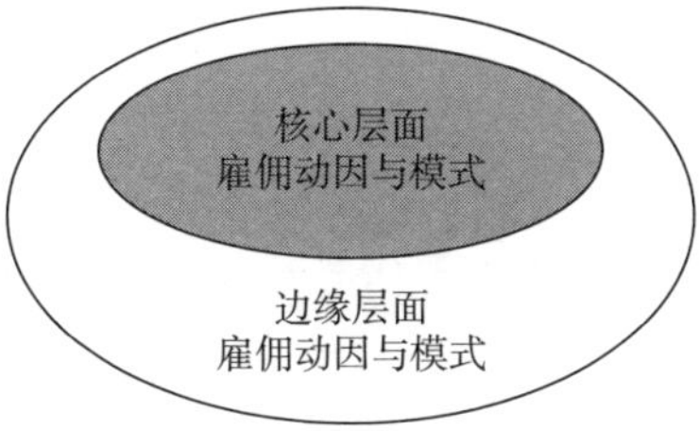

图 6.2　核心层面与边缘层面的雇佣动因与模式整合

在考察整个企业雇佣模式的形态时，需要考虑企业的构成层次：如果企业只存在核心层或边缘层的雇佣动因，可以直接参照前面的雇佣模式选择机制进行分析，但很多企业会同时在两个层面具有雇佣动因。当企业同时具有多个层面的雇佣动因时，企业需要对不同层次的员工采用各自的雇佣模式，但两个层面的雇佣模式在具体结合时会存在着更加复杂的形态。本书将这种情况在图 6.2 中表示出来：当企业同时存在着两个层面的雇佣动因时，其核心层的雇佣动因存在于企业的核心，表明了其雇佣模式和所代表的员工的战略地位，非核心层的雇佣动因和其代表的边缘性或临时性的工作岗位的非典型员工则处于企业的外围，此时企业整体雇佣模式的形态是两个层面的结合，结合后的情况如表 6.4 所示。

表 6.4　多层面（企业整体的）雇佣模式的形态

多层面的企业雇佣模式			可实现的多种雇佣动因
核心层	边缘层	整体的雇佣模式形态	
长期雇佣	长期雇佣	长期雇佣模式	知识积累；HR 功能柔性
	多元雇佣	补充型多元雇佣	知识积累；多重 HR 柔性
	短期雇佣	隔离型多元雇佣	知识积累；多重 HR 柔性和成本
均衡型多元雇佣	长期雇佣	均衡性多元雇佣	知识整合与创新；多重 HR 柔性
	多元雇佣	具有补充型特点的综合型多元雇佣	知识整合与创新；多重 HR 柔性
	短期雇佣	具有隔离特点的综合型多元雇佣	知识整合与创新；多重 HR 柔性；成本
短期雇佣	长期雇佣	不存在	—
	多元雇佣	不存在	—
	短期雇佣	短期雇佣模式	知识获取；HR 数量柔性；成本

（一）核心层为长期雇佣的整体雇佣形态

当核心层采用长期雇佣时，企业的边缘层可能采用的雇佣模式包括长期雇佣、多元雇佣和短期雇佣。

1. 边缘层为长期雇佣模式的雇佣形态

如果边缘层采用的也是长期雇佣模式，那么整体的雇佣模式就是长期的雇佣模式，只是在某些情况之下，核心员工与非核心员工的长期雇佣系统在待遇上和身份上存在着内在的差别，并且有些企业会选择特定的身份转换方式来使部分非核心员工获得更好的发展机会，企业通过这种方式可以起到筛选员工的作用，同时企业可以通过对次级的长期雇佣系统相对较低的投入来降低人员使用成本。

在这种模式中，企业可以通过深化内部劳动力市场来满足员工发展和晋升的要求，并通过长期培养来不断提高员工的技能水平和企业的知识积累。这种企业整体雇佣模式的形态与70年代之前的日本大型企业相似，正式员工在进入企业的初期常常从事较低的工作岗位，在长期的工作过程中得到发展和提升，成为企业的核心员工。

2. 边缘层为多元雇佣模式的雇佣形态

此时企业的整体雇佣形态是第一种类型的变形之一，核心层的员工通过长期雇佣来完成知识的创新与积累，而边缘层除了具有长期雇佣的员工之外，也通过短期雇佣来获得人力资源的数量柔性以应对环境中的短期波动。在这种情况下，边缘层中的正式员工可能从事着与非典型员工类似的工作，但他们却分属于不同的人力资源管理体系。非典型员工只是作为正式员工的补充和保障出现的，企业的整体雇佣形态表现为补充型多元雇佣模式，企业在获得HR数量柔性的同时也可能将部分表现优异的非典型员工转为正式员工。

3. 边缘层为短期雇佣模式的雇佣形态

此时企业的雇佣形态属于隔离型多元雇佣模式，它是为了应对环境中的人力资源数量柔性和成本的要求出现的。在这一形态中正式员工与非典型员工从事着完全不同类型的工作岗位，并在很大程度上隔离于不同人力资源管理体系。一个典型的例子就是日本企业在70年代之后，由于经营成本的压力开始大量地使用非典型雇佣方式，并在不同类型的员工之间存在着明显的雇佣身份差别，同时企业一般不会用非典型员工来替代正式员工以避免对正式员工产生负面影响。

（二）核心层为多元雇佣的整体雇佣形态

当在核心层处于均衡型多元雇佣形态时，企业通过这种方式来吸纳与整合企业外部的知识，以此来促进知识的快速创新，而在边缘层同样可能存在着三种雇佣模式。

1. 边缘层为长期雇佣的雇佣形态

此时企业的雇佣形态依然是均衡型多元雇佣，企业通过建立在长期雇佣基础上的承诺型人力资源管理来深入培养员工的技能，这种方式贯穿了企业的核心层与边缘层；同时企业也在核心层通过非典型方式雇佣一些具有新知识的高水平员工，以此来吸收外部的重要知识，在某些行业中很多高层次的知识员工更倾向于选择非典型雇佣方式。通过这种方式企业将长期培养和吸收外部知识结合在了一起，促进知识的积累和外部知识的学习，但重点还是会集中在知识的内部积累上，外部的核心知识员工仅仅是作为临时补充而出现的。

2. 边缘层为多元雇佣时的雇佣形态

此时企业的雇佣形态表现为综合型多元雇佣。企业不仅会在核心层和边缘层使用长期雇佣模式，也会在两个层面中同时使用非典型雇佣方式：其中核心层的非典型雇佣是为了获得具有丰富知识或是特殊知识的知识型员工来促进知识的吸收；边缘层的非典型雇佣则是为了提高 HR 的数量柔性。同时在边缘层面的长期雇佣员工可以有机会转为核心员工。企业的整体雇佣模式属于综合型多元雇佣模式，但其内部具有补充型的特点，非典型员工属于正式员工的补充。

3. 边缘层为短期雇佣时的雇佣形态

此时企业的整体雇佣形态同样表现为综合型多元雇佣。此时企业属于综合型多元雇佣，并且内部存在着员工的多重隔离，并非正式员工与非典型员工的隔离，而是核心层的正式员工和非典型员工共同工作，并且都与边缘层的非典型员工相隔离。与上一种雇佣形态相比，它会强调在边缘层通过临时雇佣来降低成本，当企业面临着较大的成本压力时，会在边缘层的岗位全部使用非典型员工。这种类型的雇佣与汉迪提出的三叶草组织的雇佣结构非常类似。

（三）核心层为短期雇佣的整体雇佣形态

当企业在核心层使用临时雇佣时，我们认为除了特殊情况外，企业在边缘层能够实施的一般只有短期雇佣模式。这是因为边缘层中存在着长期雇佣的员工一般是企业将其作为潜在的核心员工来进行培养的，并且这些员工是可能转为核心层的员工的。在这种情况下，企业必须在核心层也存在着长期雇佣的形式，否则将难以留住长期培养的进入核心层的员工。所以，在核心层没有长期雇佣的企业是不可能在企业的整体雇佣形态中发展出存在着长期雇佣形式的长期雇佣模式和多元雇佣模式的，企业在这种情况下可能使用的整体雇佣模式应该是在两个层面同时实施的短期雇佣。

以上内容说明了当企业具有多个层面雇佣动因时企业的具体雇佣形态，之前对不同雇佣动因下的企业雇佣模式选择机制的分类阐述可以从理论的视角解释其中存在的相应机理，而对企业同时使用不同层面的雇佣动因时企业雇佣形态的说明则可以更加深入地解释企业实践中存在的复杂情况。

第七章

多元雇佣模式中的员工行为与实施效果

本书在这章主要分析新出现的多元雇佣模式中的员工行为和实施效果，将这两部分共同放入本章的原因在于：多元雇佣模式中员工行为的分化是其中一个重要的和较为直接的效果，并且这一效果也会对后续的组织运行产生潜在的影响，进而影响整体的实施效果。在现有的研究中，对多元雇佣中的员工行为机制的研究较多，但存在研究比较零散的问题，因此本章将对这一部分内容进行梳理和整合；对多元雇佣模式实施在组织层面效果的研究相对较少，我们将对其进行理论上的探讨。

第一节　构建基于雇佣身份的员工行为机制

一、多元雇佣模式中雇佣身份的形成

随着多元雇佣模式的广泛使用，很多研究者发现企业中出现了基于雇佣方式的员工经济与社会身份的分化。在这种分化中，正式员工与非典型员工之间在工作条件和工作待遇上常常存在着明显的差距，这些差别在很大程度上是由于企业对不同类型员工的差别化管理，尤其是对非典型员工的歧视性管理政策造成的。

员工的身份代表了其在企业组织中的经济与社会地位，而员工身份的形成常常与企业的特定管理制度紧密相关。随着新型雇佣模式的大量使用，企业中开始出现了以雇佣方式为主要

标志的员工身份差别，虽然学者们对雇佣身份的关注主要来自员工层面的个体行为机制的变化，但这些变化的形成与表现形式是深深地嵌入在组织情境之中的，员工雇佣身份的形成在很大程度上来自新型的雇佣模式，尤其是其中的差别化待遇的部分。但很多研究将这一内在的关系割裂了：组织行为领域的学者将主要的关注点集中在员工层面，大都忽视了雇佣模式作为企业组织的情境因素在这一过程中的潜在影响；人力资源管理领域学者的研究兴趣主要集中在企业层面的雇佣模式的选择与效果上，忽视了雇佣模式造成的雇佣身份与员工行为的变化。所以，在当前的研究中缺乏将两个层面研究进行有效的整合，难以从整体上构建基于雇佣身份的员工行为机制研究。

二、基于雇佣身份的员工行为机制的构建思路

本书认为，不同雇佣类型的员工之间的身份差异主要来自企业的雇佣模式，所以对雇佣身份的分析需要以雇佣模式的内部结构来作为基础。本书在第五章中已经将雇佣模式进行了分析，并识别了一些内部结构特征，一是不同员工群体之间的雇佣身份差别，这主要来自企业的差别化待遇；二是雇佣身份转换机制，指多元雇佣模式设定的正式员工与非典型员工的转换方式；三是企业为不同雇佣身份员工提供互动的工作整合机制。在这三项特征中，第一项特征中的差别化待遇是雇佣身份产生的基础，转换机制和工作整合机制在此基础上对员工的行为起到调节性作用。

在已有的研究中，学者们常常假定不同的雇佣类型或雇佣身份会导致员工差异化的工作态度与工作行为，即雇佣身份与员工行为的多样化之间存在着密切的联系，之后学者们分别从

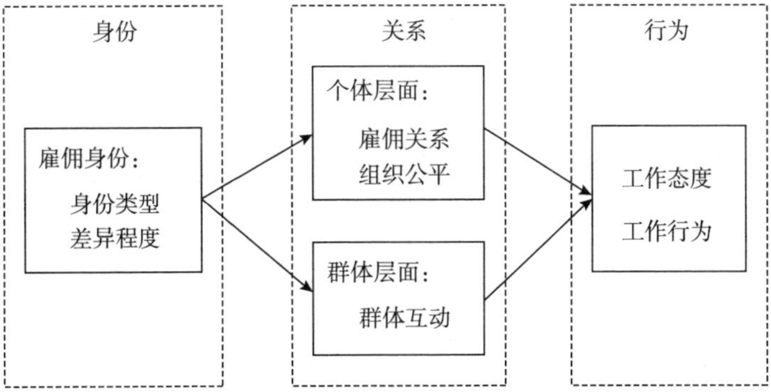

图 7.1　雇佣身份对员工行为的内在影响机制

雇佣关系、组织公平、雇佣安全和群体间的互动等理论视角来寻找导致雇佣身份与员工行为变化之间的内部机制，但从目前的研究情况来看，这一问题并没有得到有效的解决。

本书认为，雇佣身份的分化从多个层面上改变了企业中的内部关系，而这些关系的变化又最终传导到了员工的工作态度与行为之中，即雇佣身份对员工行为的影响是通过改变企业的内部关系来实现的。这些关系包括：第一，改变了员工个体与企业之间的雇佣关系，雇佣身份的分化使企业与员工之间的雇佣关系形态变得更加复杂化和多样化；第二，改变了员工对组织公平的认知，具有不同雇佣身份的员工在相互比较的过程中对组织公平的感知产生了新的差别；第三，员工群体内部形成了具有不同雇佣身份的亚群体，增加了员工内部人力资源多元化的类型与程度，带来了新的互动关系和行为方式。

基于此，本书以“身份—关系—行为”的逻辑来探析雇佣身份与员工行为机制之间的内部关系。如图 7.1 所示，通过分析雇佣身份分化所带来的这三个方面的主要关系变化来研究其对员工行为多样化的影响机制，探讨其对企业运行所产生的潜在影响。

第二节　个体层面：员工行为的差异化

一、基于雇佣身份的员工行为比较

在已有的很多理论中，如内部劳动力市场与劳动力市场的分割理论、人力资本理论都认为非典型雇佣的员工属于边缘化的群体，相比于正式员工，企业对这些员工的投入是较低的，这表现在工资收入、晋升机会和培训机会等很多方面。非正式雇佣常常代表了“坏的工作”（bad jobs）（Kalleberg et al.，2000；McGovern et al.，2004）、低技能职位（Kalleberg et al.，1997）、缺乏工作安全和不确定的工资收入以及获得福利的限制（Harrison，1997；McGovern et al.，2004）。所以已有的研究大都认为，员工的雇佣方式会在较大程度上代表其在企业中的经济与社会的身份，而不同雇佣身份之间的差别则被认为造成基于雇佣身份的员工工作态度与行为分化的主要原因。

基于此，很多研究通过比较非典型员工与正式员工在工作的态度、行为和绩效等方面的差别来研究员工行为差异的机理，通过文献分析来看，已有的研究主要将雇佣关系理论、组织公平理论和工作压力理论作为分析员工行为差异来源的理论基础，以社会比较理论与社会交换理论作为分析的主要视角。

（一）雇佣关系视角的员工行为差异

雇佣关系是员工与组织之间的社会和经济方面的交换关

系，基于这一视角的研究认为不同雇佣身份的差别是导致员工行为分化的主要原因，他们通常使用心理契约这一构念作为分析雇佣关系的主要工具。心理契约最早由 Argiris（1960）提出，主要是用来分析雇佣双方的隐性交换关系，是一种有别于正式合同的隐性、未明确说明的双方协议。很多已有的研究对比了正式雇佣与非正式雇佣的员工在心理契约内容和特征上的差异后发现，企业雇佣员工的方式会影响员工心理契约的内容与特征，这意味着不同的雇佣方式可以体现出员工与企业之间交换关系的差别（Guest et al. 2006；Millward & Brewerton，1999；Mauno，Kinnunen & Ruokolainen，2006）。雇佣方式对心理契约的影响主要表现在以下两个方面：

第一，雇佣的稳定性是决定企业与员工之间心理契约性质的重要因素。正式雇佣与非正式雇佣的一个主要差别在于正式雇佣的持续时间较长，具有较高的雇佣稳定性，大多数的非正式雇佣则恰恰相反。雇佣稳定性是企业与员工之间建立高度信任与相互投入的关系的必要条件，在短期雇佣中，企业与个人出于风险的考虑均不愿向对方作出长期的投入，而这造成了非正式员工与企业之间的雇佣关系基本呈现出短期和有限投入的特征。

Rousseau（1995）根据绩效标准的明确程度（Performance）与雇佣的时间框架（Time frame）两个维度将心理契约分成交易型、变动型、平衡型与关系型。其中关系型的心理契约代表了员工与企业之间高度的和广泛的相互投入，交易型心理契约则意味着双方之间的投入较为有限并具有短期化的特点。Rousseau 认为雇佣方式影响了员工心理契约的性质，随着非典型雇佣方式的大量使用，企业与员工的雇佣关系开始从关系型向交易型转变。而之后的一些实证研究也证明了这一观点，Wade - Benzoni 和 Rousseau（1997）认为以非典型雇佣方式雇佣的员工比以典型雇佣方式雇佣的员工更倾向于交易型心理契约；Mc Lean 等（1998）也认为非典型雇佣方式下员工在心理契约的结构上更符合交易型心理契约的特点。但 Mc Donald 和 Makin（2000）的研究结果显示这两类不同的员工没有表现出心理契约的差别。

第二，当员工的雇佣方式发生变化时也带来了企业与员工之间雇佣关系的再调整。不同的雇佣方式所产生的雇佣身份常常意味着员工在企业中的经济待遇和社会地位，而当雇佣方式发生变化时，这种身份的变化会带来员工对企业雇佣心理契约的调整与重建（Pearce，1998）。在这一过程中，员工心理契约的性质与状态都会因为雇佣方式调整带来的工作安排和人力资源实践的变化而变化（Guest & Conway，2002）。

（二）工作压力视角的员工行为差异

从工作压力理论出发的研究者认为，与正式员工相比，非典型员工在工作中面临着更多的压力源，这些不同来源的复合压力容易导致非典型员工主观幸福感的降低，并带来负面的态度与行为。这些压力主要来自以下几个方面。

首先，与正式员工相比，非典型员工能够在工作中得到的支持相对较少。学者们发现非典型员工所从事的岗位常常具有缺乏控制力、较多的角色压力和有限的组织支持等负面的工作特征（Benach et al.，2002；Hall，2006），在工作过程中难以得到企业给予的与正式员工相等同的组织资源。此外，非典型员工也很少能够在共事的正式员工中得到工作上的支持（Byoung – Hoo & Frenkel，2004）。这些因素增加了非典型员工完成工作的难度，成为他们应对工作时的重要压力来源。

其次，缺乏雇佣的安全感也是非典型员工工作压力的一个主要来源。非典型雇佣方式常常意味着雇佣的短期性和不稳定性，这使非典型员工经常面临着继续寻找工作的压力，并始终缺乏稳定性和安全感。已有的研究认为雇佣的不安全感常常会降低员工的组织承诺（Sverke et al.，2004），导致对企业管理层的不信任（Ashford et al.，1989）、较低的工作绩效（De Witte，2000）、组织公民行为（Bultena，1998），并增加员工的离职倾向（e. g. Davy et al.，1997）。所以工作压力视角的研究认为非典型员工所面临的雇佣不安全感会明显高于正式员工，这是造成其在工作中出现各种负面问题的重要原因。

（三）组织公平视角的员工行为差异

还有很多学者从社会比较理论的视角出发，将公平作为研究员工行为中介机制的主要工具。这些研究认为：员工常常会将自己的投入与产出和其他人进行对比，而在雇佣身份存在明显差别的企业中，非典型员工由于在工作收入、培训与晋升机会和组织支持等很多方面都受到了歧视性的待遇，所以他们更容易产生负面的组织公平感知，进而导致非正式员工消极的工作态度与行为（Feldman & Turnley 2004；Thorsteinson，2003；Kalleberg & Reynolds，2003）。

（四）研究的整合与结论分析

针对企业内部出现的员工群体基于雇佣身份的分化及其带来的员工工作态度和工作行为多样化，已有的研究将雇佣关系理论、组织公平理论和工作压力理论作为导致不同雇佣身份的员工在心理状态、工作态度和工作绩效中存在差异的中介机制，并从不同的视角对导致员工群体中存在的基于雇佣身份的多样化态度与行为的机理予以解释，如图 7. 2 所示。

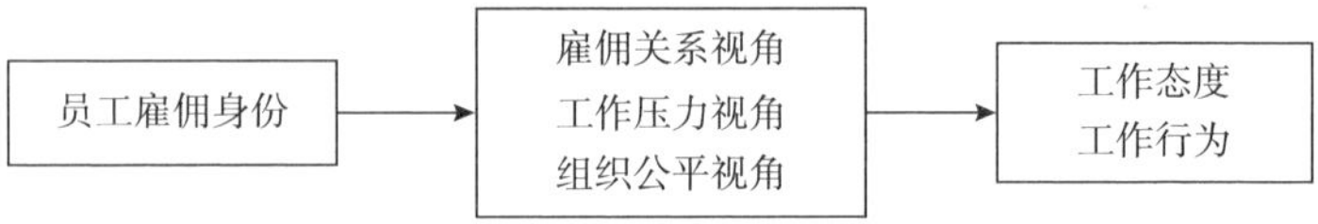

图 7. 2　基于雇佣身份的员工行为的中介机制研究

基于这三种理论的分析，学者们在实证研究中常常假设为正式员工与非正式员工之间会在工作的态度与行为方面存在着明显的差异，但实证的研究结果却常常是不一致的。组织承诺是该领域被研究最多的态度类变量，学者们研究了采取典型雇佣方式和采取非典型雇佣员工在组织承诺上的潜在差别，但这些研究没有得到一致的结果（Pearce，1993；Van Dyne & Ang，1998；Mc Donald & Makin，2000）。这种情况也出现在了其他的研究中，Connelly（2004）与 De Cuyper 等（2008）总结了已有的对正式员工与非正式员工的比较研究，这些研究比较了不同雇佣类型下员工的态度（承诺、工作满意度、心理契约、角色矛盾与角色冲突）、幸福（安全、健康、工作家庭冲突）和行为（知识分享行为、组织公民行为、绩效等）。研究结论相互矛盾的现象成为这一研究领域急需解决的重要问题，这一问题的有效解决不仅涉及对员工行为多样化机制的探讨，也影响了对不同雇佣类型员工整合管理的研究进展。

二、既有员工行为比较研究的缺陷

面对研究结论难以取得一致性的情况，学者们开始反思已有研究中所存在的不足。Connelly（2004）认为之所以出现这种情况的原因在于：学者们对非典型雇佣的界定不统一、员工接受非典型雇佣方式的原因不同和企业中情境因素的差异。De Cuyper 等（2008）认为是理论框架和研究设计两个方面的缺陷造成的，其中研究设计中的缺陷包括：非典型员工群体内部的多样性，使用非典型员工对正式员工的影响和研究设计中对问题的复杂性考虑不足等，其他一些学者也对这一情况提出了自己的观点。

本书在对这些观点进行总结后认为，非典型雇佣方式在使用的过程中存在着较多的复杂性，而对这些复杂情况的认识不足导致了研究中存在的问题，这些情况既来自非典型雇佣方式的多样性与高变化性，也来自非典型员工群体内部的差异性，这种差异性不仅包括知识能力的差异，也包括其对非典型雇佣方式的选择意愿。

（一）非典型雇佣方式的多样性

非典型雇佣形式的多样性也是一个重要因素。非典型雇佣方式指代的是除长期雇佣外的一系列雇佣方式的总称。非典型雇佣方式之间也存在着一些特征上的差别，这些差别虽然没有正式雇佣与非典型雇佣之间的差别明显，但也在一定程度上影响了员工的态度与行为。在对已有研究及其存在问题进行分析之后我们认为：之前的很多研究已经从多个理论视角对导致不同雇佣身份的员工行为差异的机制作出了较为全面的论述，但由于忽视或是低估非典型雇佣中存在的复杂性和不同雇佣类型的员工之间的互动效应的影响，造成了其在研究设计上的缺陷，并使实证研究难以在结论上取得一致性。

（二）非典型员工群体构成的多样性

非典型雇佣的员工本身是一个非常复杂的群体，这种成分上的多元是员工行为多样化的一个基础。Kunda（2002）的研究阐述了在非典型员工群体的研究中存在两种不同的视角：雇佣关系（Employment relations）视角和自由代理（Free agent）视角：前者主要针对的是低技能劳动者，学者认为随着非典型雇佣方式的大量使用，越来越多的劳动者常常不得不面临缺乏工作保障、工资水平较低等不利条件，非典型雇佣方式的广泛使用既降低了员工工作待遇，也减少了员工对企业的忠诚与投入（Osterman，1996；Cappelli，1999；Tsui，1997），这一部分占了非典型员工群体的大多数；后者针对的主要是企业中的知识型或高技能员工，研究发现这些员工会主动选择非典型雇佣方式来寻求更多的收入、自身职业技能的发展和自由的工作环境，对企业而言，他们可以快速地获取外部的人力资本，所以企业也会给予他们较为优渥的待遇，所以这一部分的劳动者对非典型雇佣方式持有乐观的态度（Bridges，1994；Pink，1998；Beck，1992；Caulkin 1997；Darby，1997），这些人的工作态度、行为与绩效也是较为积极的。

非典型员工成分的多样性说明了很多研究的潜在假设的局限性，非典型雇佣的员工并非全部都从事质量较低的工作或一定是处于企业员工中较低层次的群体。这两类差异极大的群体虽然都是非典型雇佣的员工，但在企业中的身份和待遇却截然不同，并且这种不同也表现为他们在工作态度和工作行为上的显著差别。对这一复杂情况的忽视是造成已有研究存在矛盾的重要原因。

（三）员工接受非典型雇佣“意向”的多样性

那么雇佣关系视角下的技能相对较低的非典型员工是否在工作态度与行为上是一致的呢？答案依然是不确定的，这涉及员工接受非典型雇佣方式态度上的多样性。很多研究的潜在假设都认为员工并不愿意接受非典型雇佣方式，后来的研究发现虽然这一态度符合大多数劳动者的情况，但并非绝对。针对这一情况，学者们将“意向”（volition）这一概念引入了研究之中。“意向”从心理学上表示为个体对控制与选择的感知，并由此产生出证明的态度和建设性的行为（Beard & Edwards，1995；Krausz，2000）。在这一领域中，“意向”表示员工接受特定的雇佣方式是出于自身意愿还是其他原因，或是符合自身意愿的程度。

表7.1　员工接受非典型方式的原因分类

意向（volition）类别	具体原因
工具性选择 instrumental motive	家庭责任
	获得额外的经济收入
	自我提升，获得培训与经验的机会
踏脚石 stepping - stone motive	先通过非典型雇佣方式获得工作机会，而后以此为跳板来成为正式员工
自愿选择 voluntary motive	出于个人偏好，喜欢受控制程度较低，工作的时间、地点或方式较为灵活的岗位
非自愿选择 Involuntary motive	无法找到相对满意的正式工作
	不具备正式工作所要求的资格和技能

对非正式员工意向的研究表明，他们接受非典型雇佣方式的原因十分复杂。一些学者对个体选择临时工作的原因进

行了调查，发现个体主动选择临时工作的动因包括发展技能、额外收入、希望能变成正式员工等方面（Feldman et al.，1995；Marler，Barringer & Milkovich，2002）。Tan（2002）总结了已有研究中员工接受非典型雇佣方式的原因，将其分为自愿与非自愿两类；（De Cuyper & De Witte，2008）根据自我决定理论将这些原因划分为自愿选择、被迫选择、工具性选择三类。本书对这些因素进行了分类整合，如表 7.1 所示。

意向不同的非典型员工会在工作态度上存在着显著差异，当员工对其雇佣方式持正面的态度时可以引发其积极的工作态度与行为，所以非典型雇佣员工意向上的多样性意味着非典型员工群体中会存在明显的工作态度与工作行为的差异（Connelly & Gallagher，2004；De Cuyper et al.，2005；Guest，2004），这可以在一定程度上解释说明为什么很多正式员工与非正式员工比较研究的结果会出现自相矛盾的情况。因而一些学者认为，意向比雇佣方式能更有效地预测员工的态度与行为（Bernhard – Oettel，Isaksson & Bellaagh，2002），之前一些研究的问题很可能在于忽视了意向对非典型员工的工作态度与行为产生的差异性影响。

总之，在对已有研究及其存在问题进行分析之后我们认为：之前的很多研究已经从多个理论视角对导致不同雇佣身份的员工行为差异的机制作出了较为全面的论述，但由于忽视或低估非典型雇佣中存在的复杂性和不同雇佣类型的员工之间的互动效应的影响，造成了其在研究设计上的缺陷，并使实证研究难以在结论上取得一致性。

三、基于雇佣身份的员工行为机制构建

在组织行为领域，很多学者很早就已经关注到了不同雇佣类型的员工在行为方式中的差异，Feldman（1990）总结了既有研究的特点，认为早期的研究基本遵循着以下的思路：不同类型的非典型员工会表现出差异性的工作态度与工作行为，而工作情境因素和人口统计学特征则分别会从企业的角度和员工的特征角度对这一行为机制起到调节作用，如图 7.3 所示。

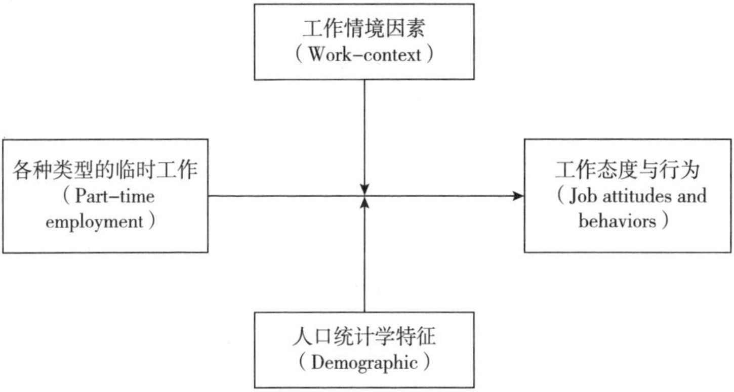

图 7.3　Feldman 总结的早期研究的分析思路

本书将借鉴这一模式和既有的研究来构建员工的行为机制模型。Feldman 在对既有研究的模式进行总结之后提出了新的思路，认为构建临时员工的行为机制模型需要考察图中各个部分更加深入的相互影响关系，而本书认为构建这一机制更加需要的是对机制的内核和相关的调节因素进行更加细致的梳理，进而得出有效的结论，虽然图 7.3 的思路的方向是正确的，但在核心问题和影响因素的构建上是非常不完善的。

首先，在核心机制中，需要探讨的是具有不同雇佣方式或

雇佣身份的员工为什么会表现出差异性的工作态度与行为，其内在的机理是什么，而这正是本节第一部分探讨的多元雇佣模式中员工行为比较研究的内容，既有的研究主要从工作压力、组织公平和雇佣关系三个方面来予以解释，而我们将对其进行后续的分析。

其次，在相关的影响因素中，Feldman 总结的模型中的调节因素虽然包含了组织和个人两个方面，但在内容上太过笼统，难以做出有效的分析，我们认为这两个部分的调节机制应该分别结合企业的雇佣动因和员工选择雇佣方式的意向，以此来明晰选择趋向对于员工行为机制的影响，而其他的因素要么难以有效地代表企业与个体的行为意图，如个体的外在特征；要么是作为外在的限制条件而出现的，如个体的能力等。

在对既有的研究结论和研究理论模式进行梳理和剖析之后，本书将通过建全原有的中介机制和增加相关的调节因素来建立对这一行为机制的分析，并以此来构建基于雇佣身份的员工行为机制的整体框架，如图 7.4 所示。

（一）中介机制的整合与构建

本书在对雇佣关系理论、组织公平理论和工作压力理论进行整合的基础上，将员工雇佣身份与行为之间的中介机制分为雇佣关系和工作情境两类，其中雇佣关系机制代表了不同雇佣身份的员工与企业的交换关系，工作情境机制代表了不同雇佣身份的员工对工作环境中氛围的感知，这两项机制会共同作用于员工的工作态度与行为。

1. 雇佣关系的中介机制

本书认为对雇佣关系机制的分析应加入组织认同作为与心

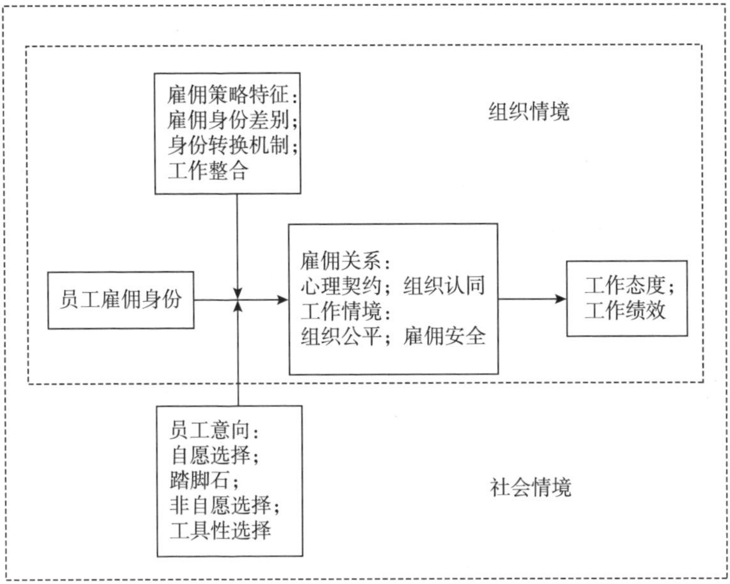

图 7.4　基于雇佣身份的员工行为机制的整体框架

理契约并重的分析工具。心理契约是目前研究雇佣关系的主要分析工具，通过这一构念可以分析出员工个体与企业之间的社会交换关系。一些学者提出心理契约主要是研究个体与组织之间直接的、人际性的交换模式（Sluss，Klimchak & Holmes，2008），但个体与组织之间还存在着间接的、非人际的交换模式，这种交换模式从另一个角度对雇佣关系产生影响，而组织认同则是分析该种关系的主要工具。Homans（1961）指出要完整地理解双方交换关系的实质，研究者必须要考虑到间接的、非人际的交换模式。所以本书认为，通过心理契约和组织认同来共同分析企业与员工之间的雇佣关系能够更全面地解释不同雇佣身份的员工在行为上所产生的差异。

2. 工作情境的中介机制

本书将组织公平理论和工作压力理论的成果整合为工作情境这一中介机制。雇佣关系的中介机制代表了员工个体与组织之间的交换关系对员工态度和行为的影响，而工作情境的中介机制表示了员工对组织公平、组织支持、雇佣安全这三个方面的感知对其工作态度和行为产生的影响。

由于正式员工与非典型员工之间存在着制度性的不公平，因而可能导致两类员工对组织公平感知的差异，即非典型员工会感知到更多的制度性不公平。但这里面也存在着需要细致考察的部分：一是非典型员工是否在工作能力等方面与正式员工存在着明显的差距，其岗位待遇的差别反映的可能是能力上的差别；二是当非典型员工具有更高的知识水平时，会不会存在着逆向组织公平的问题。工作压力视角下的研究认为工作压力导致员工缺乏幸福感和消极的工作态度与行为，而非典型员工的工作压力主要来自缺乏组织支持和雇佣安全。基于此，我们认为直接通过雇佣安全来分析其对员工行为的影响可以取得更好的效果，因为这样可以排除掉一些企业外工作的压力源的影响，使研究更为准确。

（二）调节机制的整合与构建

本书认为针对非典型雇佣中存在的多样性问题，应该在研究模型中加入相应的调节机制来予以完善，这正是以往研究中关注不足的部分。Feldman（1990）认为在考察不同雇佣类型员工的工作态度与行为时，应该考虑到个体的人口学变量和企业中工作情境所起到的调节作用，这一结论对后来的研究是很有启发的。由于 Feldman 的研究模型缺乏对员工行为的中介机制的思考，并且对起调节作用的个体与企业因素的考察局限于表层，因此难以对之后的研究产生更多的指导作用。后来 De Cuyper 等（2008）在对已有研究的整理与反思中认为未来的研究设计应该注意引入有意义的调节因素，以避免研究中因研究设计难以应对非典型雇佣中存在的多样性问题。本书对已有研究进行梳理后，认为需要加入员工意向和企业的雇佣管理策略两个方面的调节因素。

1. 员工意向的调节机制

根据前文对非典型员工意向的多样性论述可以发现，接受非典型雇佣员工意向的差异甚至要大于正式员工与非典型雇佣员工之间的差异，并且相对于雇佣身份，员工的意向有时对员工态度和行为具有更为明显的影响，如 Jong 和 Schalk（2010）的研究发现，非典型员工的意向对其公平感和工作绩效具有调节作用，所以本书将意向作为调节员工行为机制的个体性调节因素。一些已有的研究已经开始关注意向在非典型员工中的作用，但这些研究在意向的界定与测量上存在着一些问题：意向被描述成单维度的概念，但实际上员工的选择意向会受到很多不同因素的影响，所以将意向作为多类因素更加符合员工的实际情况（De Cuyper & De Witte，2008）。本书根据已有研究的整理将意向重新划分为自愿选择、踏脚石、非自愿选择、工具性选择四类，以此来分析具有不同意向的员工在行为上的差异。

此外，一些学者也在探讨是否应该关注正式员工的意向问题，并认为这是很多既有研究中受到忽视的问题。本书认为这主要取决于正式员工中是否也存在着明显的意向差异，但从已有的情况来看，正式员工内部的意向差别并不像非典型员工那样具有明显的区别，正式员工拥有更加自主的选择权，所以意向的调节作用还是应放在非典型员工内部中进行考察。

2. 企业雇佣模式的调节机制分析

本书将在这里加入雇佣动因和雇佣模式作为影响员工行为的调节机制。在已有的员工行为机制的研究中，学者们基本上都是通过雇佣方式和员工的意向类型等具有个体特征因素来进行研究的，但这造成了对员工行为机制研究中雇佣管理因素影响的关注不足。大多数的行为研究都假定不同雇佣类型的员工之间具有明显身份差别，即企业会对非典型员工采取低于正式员工待遇的歧视性管理政策。本书认为，雇佣模式主要具有两个部分的特征：第一部分主要体现在其雇佣方式的选择上，也就是雇佣安排的特征；第二部分是在相同的雇佣安排下企业的雇佣管理特征，即雇佣方式的差别虽然可以代表不同雇佣类型的员工之间在雇佣身份上的区别，但它只是雇佣模式中的部分内容，难以完全表明企业雇佣管理工作的全部内容，且其代表的雇佣身份差别也与企业的雇佣动因有着明显的关系。所以，本书在这里加入了雇佣模式作为员工行为的机制，在此基础之上将企业的雇佣管理因素和员工的个体行为结合起来，构建整体性的分析框架。

在雇佣模式对员工的具体影响中，雇佣安排的特征表现为员工所属的雇佣类型，表示为其被雇佣的方式，根据前面的研究可知雇佣方式的不同会在一定程度上影响员工与企业之间雇佣关系的性质，并且雇佣方式的差别可以代表雇佣身份的差别，它意味着企业中存在的正式员工与非典型员工之间的经济与社会地位的分化，而这也带来了他们对组织公平的感知差异。

雇佣模式中的雇佣管理特征在这里作为调节机制出现，

它既会影响其与员工雇佣关系的性质，也会调节不同雇佣身份的员工对雇佣安全和组织公平的感知，进而影响员工的工作态度与工作行为。所以本书将其作为调节员工雇佣身份与员工行为的中介机制之间的调节因素来完善对员工行为机制的分析。

第三节　群体层面：员工群体间互动的影响

上一节主要是从个体层面来探讨使用多元雇佣模式的企业中出现的基于雇佣身份的员工个体行为差异化机制，但多元雇佣的组织情境对员工行为的影响并不止于此，其在员工群体层面也有着明显的影响，这主要表现在具有不同雇佣身份的员工亚群体互动上。

一、HR 多元化与多元雇佣

（一）HR 多元化的理论内涵

HR 多元化重点探讨员工之间的差别所能够产生的影响。员工之间的差别可以来自很多方面，包括个体的种族、文化、性别、年龄、职业职能背景、教育水平、政党等人口特征，其他社会经济的和心理的特征都有可能成为多元化的来源（Cox，1995）。

学者们根据 HR 多元化进行了分类：其中最简单的分类方式是分为浅层多元化（surface - level diversity）和深层多元化（deep - level diversity），前者包括年龄、性别、种族或民族等传统的人口学特征，后者包括个体的态度、信念、价值观等特征（Harrison et al.，1998）。浅层多元化所关注的是容易被测量到的外在特征差异，但这些表层的多元化无法有效地体现出深层的多元化特征，其带来的影响常常是不明确的。因而，对HR多元化的准确分析需要更多地依靠深层次的多元化特征及其影响机制。

本书在这里主要介绍Harrison和Klein（2007）在总结既有研究基础上进行的深层次HR多元化分类，如表7.2所示：第一，差距（S）型多元化，主要基于社会认同理论和相似吸引理论，该类多元化是指观点、价值观等可以连续分布的特征，这一层面的多元化来自个体自身的价值观念；第二，类别（V）型多元化，主要是以信息过程和认知进化模型等理论作为理论基础，表示认知资源上的差别，主要包括知识、技能、职能背景、经验差异等呈类别性分布的特征上的多元化；第三，资源分布（D）型多元化，主要是指权力、地位等具有社会性价值的资产或资源在不同个体分布上的多元化，这一层面多元化的特殊性在于其并不一定来自个体，也有可能来自其他的制度性因素的影响，如户籍身份的差别。

表7.2　深层多元化分类

类型	涵义	因素举例	结果	理论基础
Separation（差距）	反映意见和立场的差异	价值观、信念、态度等	造成了个体间的冲突、不信任，降低了凝聚力和绩效	社会认同理论；相似吸引理论；自我归类理论
Variety（类别）	反映不同类型的信息与认知资源	不同学科的知识与经验、特殊的信息来源、外部社会关系等	提升创造性、创新性、团体冲突和团体的柔性	信息进程；必要的多样性；认知进化模型

续表

类型	涵义	因素举例	结果	理论基础
Disparity（资源分布）	反映有社会价值的资源在群体内的分布	收入、地位、社会权力	提高了团体内部的竞争程度，降低员工投入、退出行为	公平理论；正义；分层理论；锦标赛理论；等

作者整理自 Harrison D A. Klein K J. What’s the Difference? Diversity Constructs as Separation, Variety, or Disparity in Organizations. *Academy of Management Review*, 2007, 32（4）：1199－1228.

（二）多元雇佣模式中的 HR 多元化

多元雇佣模式所产生的 HR 多元化是多方面的。

第一，多元雇佣模式会增加涉及价值理念的 S 型多元化。在正式员工的群体中，由于长时间的企业内部互动，群体内部的价值观和工作理念会逐渐地被组织同化，并且正式员工会经历更加严格的挑选，所以其在价值理念上会具有较高的相似性。多元雇佣中非典型员工群体的引入则会在企业中带来更多具有不同价值理念的个体，因而不仅是非典型雇佣的员工群体内部存在着较为多元的价值理念，正式员工群体与非典型员工群体也会存在着较为明显的价值理念差别。

第二，是否会增加反映知识类型的 V 型多元化，需要根据多元雇佣模式的使用动因来判断。在强调知识分享与创新的多元雇佣模式中，企业会为了快速获取新知识而短期雇佣外部的知识员工，这会增加企业内部的知识丰富性，如果企业是出于 HR 柔性和降低成本的目的，其所引入的非典型员工在知识技能的类型与水平方面不一定会有所提高。因此，这种 HR 多元化是否增加需要以企业使用多元雇佣模式的动因来予以判断。

第三，多元雇佣模式是否会增加D型多元化需要根据正式员工与非典型员工之间是否存在以及存在着何种程度的身份差别来判断。D型多元化常常涉及资源分配的公平性，这实际上带来了更大的复杂性，在单纯的短期雇佣和长期雇佣中，企业的人力资源管理体系是比较单一的，所以资源分配的不公平仅仅是系统内的不公平，而在多元雇佣模式中，多种雇佣方式在企业内的混合使用会在企业内部造成员工的身份分化。

基于雇佣方式而产生的身份（status）主要来自两个方面：第一，这种身份和待遇上的差别来自企业的管理政策，企业根据员工的情况实行差别管理和待遇，如企业常常雇佣低层次的短期员工从事一些其他员工不愿意接受的工作，或是从事相同工作但对非典型员工支付较低的薪酬，在大多数的多元雇佣中，不同雇佣类型的员工的回报和获得的企业资源是存在着明显差距的；第二，这种差异来自员工自身具有的社会资源，正式员工在用人企业中工作时间更长，比非典型员工拥有较高的资历和较多的个人社会资本，这意味着两类员工在企业中能够得到的同事或上级的支持也是存在着差异的。所以，在多元雇佣模式中D型的多元化的影响水平是被提高的，其具体提高的程度需要根据雇佣身份的差别来进行判断。如果这种身份的差别过大，会为企业中的员工带来负面的行为和态度，进而影响企业中员工群体之间的关系。

二、多元雇佣模式中的群体间互动行为

在多元雇佣模式中，员工被制度化地分成了不同的群体，群体之间是否存在着地位差别以及不同地位的员工群体会表现

出什么样的行为特点实际上是由一些群体间的特征所决定的。根据本书对既有研究的总结，已经识别的影响群体间行为的因素主要包括群体间的地位差别、身份的转换和地位的稳固性三项。如图 7.5 所示。

从第五章的多元雇佣模式的特征分析中可知，多元雇佣模式中的正式员工与非典型员工两类群体并不是必然地存在着地位的差别，并且群体间互动中的行为差异可以来自多个方面，如上一部分中 HR 多元化分析的 S 型多元化，而这一部分专门针对在存在地位差异的情况下对群体间的行为机制进行分析，即 D 型多元化的情况。同时，在图 7.5 中，本书认为造成群体间地位差别的原因有很多，这里是以多元雇佣模式这一企业情境引起的地位差别进行分析的。

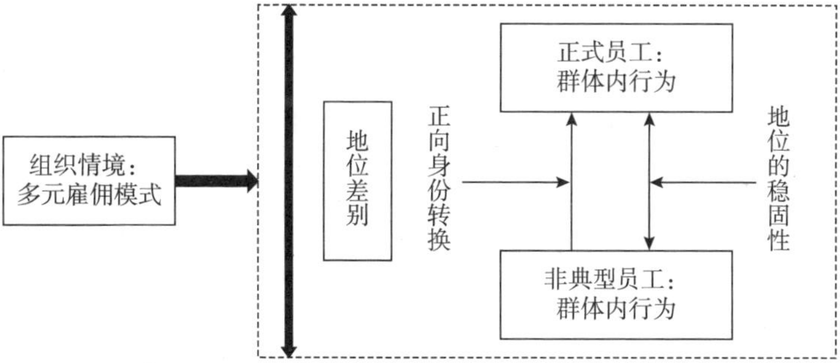

图 7.5　多元雇佣模式中的群体互动机制

当群体间存在着地位差别时，不同群体中成员的行为方式也会有所不同。以知识分享为例，一些学者认为，地位不同的员工在合作与知识分享的行为表现上存在着差别，但在行为机制上存在着争论：Bunderson 和 Reagans（2011）认为，地位高的员工更愿意进行知识分享，原因在于地位低的员工知识量相对较少，更有可能将一些独特的知识进行保留，避免进行知识分享；而 Leeuwen 和 Tauber（2011）认为地位较低的员工更愿意进行知识分享，这是因为通过知识分享可以获得企业与其他员工的认可，避免在企业中被边缘化（Marr & Thau，2014），提高自身在企业中的地位（Scheepers & Ellemers，2005），地位高的员工没有这种顾虑，他们会因为担心知识流失而回避知识分享。

这种矛盾性的观点可以通过加入地位的稳定性和身份的转换来予以解释：在地位稳定性方面，对处于高地位的群体而言，类似于群体间知识分享这类有利于其他群体的互动行为的出现受到一个因素的影响，即这种行为是否会损害其现有的地位，或是有利于提升现有的地位。Scheepers（2009）发现地位差异对高地位员工群体和低地位员工群体的影响取决于群体间地位的稳定性，地位稳定性的差异会逆转地位差异对员工的心理状态和行为动机的影响，进而影响其知识分享行为（Sligte等，2011）。在地位差异相对稳定的群体中，地位高的员工群体的知识分享受到了保护，在分享过程中有着更高的心理安全（Nembhard & Edmondson，2006），所以表现出了积极的知识分享行为，而地位低的员工群体的知识分享行为难以改变其现状，所以知识分享行为相对较少；在地位差异缺乏稳定性的情况下，地位高的知识员工会倾向于知识隐藏以维护现有优势，地位低的员工会倾向于进行积极的知识分享以改善自身地位（胡琼晶、谢小云，2015）。

在身份的转换方面，地位较低的群体成员在有机会成为高地位群体成员的情况下会做出有利于高地位群体的行为，并且群体成员还可能会在进行身份转换时诋毁现在所处的群体（Tajfel，1978），即更多地表现出有利于群体间的行为而非群体内的行为，以此来获得身份的改变；地位较高的群体成员则基本只表现出了有利于群体内部的行为，这说明当多元雇佣中存在正向的身份转换机制时，地位较低的非典型员工群体会更加认同地位较高的群体而非自身所属的群体（De Cuyper，2011）。

我们将这些特点绘入了图 7.5，在多元雇佣的组织情境中，地位的稳定性会同时影响地位较高的正式员工群体与地位较低的非典型员工群体对另一方群体表现出的行为；身份的转换机制不仅能改变群体间的互动行为，也能改变群体内部的互动行为。需要说明的是，身份的转换一般是指作为个体的身份转换，而雇佣的稳定性既有可能是指整个群体的地位变化，也可能指对个体的影响，二者在有些内容上虽然有所重合，但所指向的涵义存在着较大的区别，事实上既有的研究也没有进行较多的区分。此外，需要考虑到的是地位的稳固性，如图中所示，它可能对有地位差别的两类群体是同等影响，但也存在着地位稳固性存在差异的可能，如正式员工的地位稳固性很强而非典型员工的地位却不同，同时逆向的身份转换机制可能存在的潜在影响等内容都是可以进行更加细致的探讨和后续研究的，并且本书认为雇佣的稳定性和身份的转换都是可以变换为多元雇佣的内在特征来继续进行研究的。

三、非典型员工对正式员工的负面影响效应

之前的研究主要认为由于制度性的不公平和雇佣的身份或地位的存在，正式员工与非典型员工共同工作时会对非典型员工造成负面的互动效果，但实际上这只是问题的一个方面，当正式员工与非典型员工共同工作时，非典型员工也对正式员工产生了多方面的负面影响。

第一，非典型员工的使用会降低正式员工的雇佣安全感，使其企业地位受到威胁，进而产生负面的工作态度与行为。这一情况主要发生在企业为了降低成本而使用非典型员工的时候，当企业大量使用非典型雇佣员工时常常会使正式员工感到雇佣的不安全感，担心企业会对正式员工的工作保障和收入造成损害，从而使其感到心理契约的违背，并弱化了其与企业的情感依附和对组织的信任（Broschak & Davis - Blake，2006），提高了正式员工的离职和缺勤等负面行为（Way et al.，2010）。

正式员工产生这种忧虑源于担心企业使用非典型员工来替代正式员工，而从多元雇佣模式的使用情况来看，如果企业使用非典型雇佣是为了替代正式员工以降低成本时会明显具有这种特征，当企业是为了保护正式员工而使用非典型员工，即使其占据了较大的比例也不会对正式员工产生负面影响，这在美、日两国企业对多元雇佣模式的运用中得到了体现。同时George（2003）的研究表明企业雇佣外部化的程度与范围对企业正式员工所产生的负面影响，而雇佣安全感可以调节这一关系，即企业可以通过增加正式员工的雇佣安全感来减少这些负面的影响。正式员工与非典型员工之间是否存在着替代关系是多元雇佣模式的特征之一，即身份转换机制，当存在着非典型员工转换为正式员工的机制时，主要影响非典型员工；而当这种机制逆向转换时，则会影响正式员工。

第二，使用非典型雇佣员工对正式员工的工作负荷和职责结构产生了负面影响（Pearce，1993；Geary，1992）。非典型员工与正式员工由于雇佣关系的差别，对企业的投入也会有所不同，而当使用多元雇佣模式的企业让这两类员工共同工作时，企业会倾向于将重要的、职责更高的工作分配给正式员工

(Geary, 1992; Smith, 1994)，这增加了正式员工的职责与工作负荷，但其回报却没有相应的增加，并且常常要为临时工或合同工所犯的错误负责（Pearce, 1993），这种无偿的工作负荷与工作责任的增加会提高正式员工对共事的非典型员工和组织管理者的负面情绪。早在20世纪70年代布若威在对工厂体制进行的民族志研究中就写道："岗位之间的流动性越大，发展可以抵消工人之间紧张与竞争关系的必要信任关系的可能性就小"（布若威，1979），所以非典型雇佣员工的使用强化了其与正式员工群体之间的矛盾与负面影响。

第三，雇佣身份差别的存在不仅恶化不同雇佣类型的员工之间的合作与信任关系，也对正式员工和管理者之间的关系造成了负面的影响（Broschak & Davis - Blake, 2006）。正式员工与非典型员工因为工作观念和企业中雇佣身份的差别而产生矛盾与冲突，当这些冲突没有得到及时有效的解决时，员工会将这些不满延伸到对管理者的态度上。一些研究已经发现正式员工与非典型员工共同工作不仅会带来正式员工态度和行为的负面影响（David, 2005; Davis - Blake, Broschak & George, 2003; Pearce, 1993），也会影响正式员工与管理者之间的关系（Davis - Blake et al., 2003）；企业的多元雇佣模式常常会使团队成员对他们的同事、管理者和工作团队产生负面的社会与心理反应（Blalock, 1967; Hoffman, 1985）。

从以上的研究情况来看，正式员工与非典型员工之间的互动常常具有负面的影响，不仅如之前研究者所认为的非典型员工由于制度化的不公平而产生负面的效应，非典型员工的使用对于正式员工以及管理者也具有负面的效应，两类员工群体之间的互动均为对方造成了负面的影响。

可以发现，正式员工与非典型员工这两类员工群体间的矛盾不仅仅由于个体上的差别，更多的是由于组织雇佣模式所产生的制度性差别。造成这种情况的主要原因来自多元雇佣模式的结构，其中第一点与第三点代表了多元雇佣中的雇佣身份差别和逆向身份转换机制两个方面，第二点是多元雇佣中工作整合机制中产生的负面影响。因此，无论是个体的行为还是群体间的互动效应，多元雇佣模式都产生了很多潜在的负面效应，并且这些负面效应是与多元雇佣模式的雇佣动因和雇佣管理特征直接联系在一起的。

第四节　企业雇佣模式实施效果的思考

一、企业雇佣模式的实施过程

（一）雇佣模式实施过程中的多重效应

组织会出于自身的目标而选用相应的雇佣模式来提高企业的运行效率，即组织的有效性。本书认为衡量企业雇佣模式的实施效果主要可以从两个方面进行分析：第一个方面是雇佣模式在多大程度上具备了实现雇佣动因所需要的功能，这是很多雇佣模式相关研究中主要关注的问题；第二个方面则涉及企业的雇佣模式为企业带来的潜在变化，最明显的就是企业雇佣模式的调整对员工与企业的雇佣关系和员工之间的互动的潜在影响，这些方面是组织行为领域的学者主要研究的内容，这些影响虽然产生于个体层面，但会在很多方面影响企业运行的方式和功效。

应该说，当前的研究对这两个方面的关注是分裂的：人力

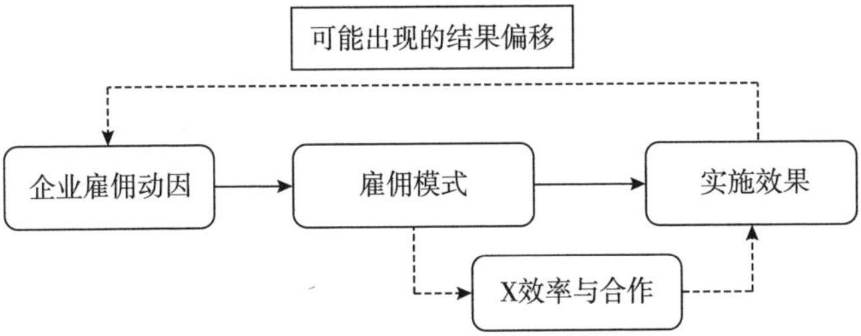

图 7.6　企业雇佣模式调整的多重影响

资源管理的研究者主要关注第一方面的企业运行结果，但这造成的结果是忽视了企业中雇佣关系和员工行为机制变化对企业运行所造成的潜在影响，这种影响常常会干扰企业雇佣动因的实现；组织行为与劳动关系领域的研究者主要关注第二方面的结果，他们的研究常常关注在雇佣模式的影响下员工工作的态度与行为，这些研究很早就发现了企业雇佣模式变化之后所带来的雇佣关系和员工行为的深刻变化，但他们的大多数研究都仅局限于探讨在特定的雇佣模式下员工的态度和行为变化，没有和企业的雇佣模式的相关内容有效地结合起来，难以有效的给出适当的管理建议。已有的这些研究主要集中在雇佣关系或管理策略中的一个方面，将二者结合起来分析雇佣模式对企业的综合影响的研究还很少，这实际上忽视了雇佣模式调整为企业带来的多重影响，妨碍了该领域研究的进一步发展。

（二）既有研究中的实施效果偏离

这里所提到的不一致情况是指在企业的实践中表现为企业在制定与实施这些雇佣模式时常常忽略了其对雇佣关系员工互动关系的潜在影响，而这些影响的负面效应实际上已经妨碍了企业原有雇佣动因的实施效果，从而出现了“企业雇佣动因

—雇佣模式—实施效果与目标偏离”的情况，如图 7.6 所示。一些研究已经注意到了这种问题。

在降低成本的雇佣动因方面，Tsui（1997）和 Allan（2000）研究发现很多企业通过非典型雇佣方式来实现降低直接人工成本的目的，但是他们忽视了使用非典型雇佣方式所带来的隐性成本及其对工作关系所产生的负面影响。

在提高人力资源柔性的雇佣动因方面，很多学者建议可以同时发展两种柔性，但同时实现两种柔性的人力资源管理战略并不成功（Quinn，1992；Matusik & Hill，1998），在已有的实证研究中，仅有很少的一部分能够证明企业可以同时获得两种柔性（Kalleberg，2000），除了一些日本企业之外，大多数研究中这两种柔性之间存在着明显的冲突，这是因为管理者对非典型员工的使用加大了正式员工与非典型员工之间的紧张与冲突（Geary，1992）。

在知识整合的雇佣动因方面，Connelly 和 Kelloway（2003）的研究认为公司采取整合战略的目的是促进知识的分享，但企业中存在的敌对氛围降低了知识分享的可能性。由于降低了知识的分享与学习的可能性，典型雇佣的员工不愿意与非典型雇佣员工分享知识（Connelly，2000），而非雇佣的员工因为缺乏心理安全感也不愿意进行知识分享（Sias，Kramer & Jenkins，1997）。这是多元雇佣中知识分享的内在悖论：增加了员工间知识分享的机会，却降低了分享的意愿。

总之，本书认为，雇佣模式运行的直接影响和对员工群体的间接影响都是决定企业运行效度的关键性因素，并且后者常常会潜移默化地对前者产生影响，最终造成雇佣模式实际运行效果与初始目标的偏离。企业选择了某种雇佣模式不仅意味着选择了某种人力资源管理的模式，更代表着选择了企业与员工之间和不同类型的员工之间的互动关系，所以分析企业雇佣模式的选择与实施就必然需要对这些方面的因素进行整体性的分析与思考，这样才能够了解企业雇佣模式选择的真实效果和选择的有效性，了解雇佣模式对企业运行的影响机理。同时，上面提到的“实施效果与目标偏离”是当前依然需要进行研究的内容，本书将通过分析多元雇佣模式中的员工行为机制从个体和群体层面对这一问题进行探析。

二、实现雇佣动因的关键员工行为

已有的研究从很多方面分析了由雇佣方式差异所导致的正式员工与非正式员工的差别，包括员工的态度（承诺、工作满意度、心理契约、角色矛盾与角色冲突）、幸福（安全、健康、工作家庭冲突）和行为（知识分享行为、组织公民行为、绩效等）三类内容。面对这些研究中比较的结果，本书需要思考的是如何在其中选择对企业运行和实现雇佣动因具有重要影响的关键性行为。这既是为了探讨雇佣模式的间接影响所引发的员工行为变化，更是在于探讨其中的关键性行为对雇佣模式实施效果的影响。所以，选择员工关键性行为的标准应该与员工的工作和企业的雇佣动因都有着一定的联系。

在知识整合的动因中，企业需要通过短期雇佣的方式来促进企业内部的知识流动和知识创新，这在员工的个体行为上就涉及知识分享的意愿和知识分享的行为，所以在这一动因下企业需要通过员工的知识分享这一关键行为来促进知识整合动因的实现。但是员工之间知识分享的意愿与分享的深度是存在着差异的，非典型员工与企业之间淡薄的关系影响了其知识分享行为，出于维护自身知识优势的需要，这类员工会更多地出现知识隐藏的行为。

在降低人工成本的动因中，虽然这是很多企业在雇佣模式中加入非典型雇佣方式的重要原因，但需要注意的是，很多人力资源管理体系是建立在企业对人力资源的投入和员工的产出这一平衡关系上的。所以，这些企业在使用非典型雇佣方式时必须考虑到员工工作产出的降低，这种降低不但可能出现在员工的直接工作水平上，更有可能体现在那些与岗位任务和工作回报缺乏直接联系的部分，即组织公民行为或周边绩效，同时引入非典型员工对员工心理氛围的破坏也是其可能出现的负面影响。使用非典型雇佣方式来降低成本在当前已经成为一种大的趋势，企业需要考虑哪些方面的负面影响会导致企业内部运行成本上升，在之后制定雇佣模式时才能够有所权衡，从而更加有效地完善其雇佣管理工作。

这些情况很可能也会出现在以 HR 柔性和制度规制为雇佣动因的企业中，并且很多企业实际上处于多种雇佣动因并存的状态，所以它们也会面临着更加复杂的情况。雇佣模式实施的真实效果需要包含直接的运行效果和潜在的影响机制两个部分，对于后者当前还没有得出有效的结论，本书在这里可以结合雇佣动因与员工行为之间的关系，从员工的个体和群体层面来进行分析，对这些潜在的负向效应进行探究。

三、影响雇佣模式实施效果的潜在机制

在对雇佣模式实施之后所产生的潜在效果进行分析之后，我们需要进一步探讨这些潜在效果带来的影响以及其如何影响雇佣模式的实施效果，导致了雇佣模式效果对动因的偏移。

（一）个体层面：员工行为与组织的 X 效率

对于员工个体层面发生的行为变化，本书借鉴 X 效率理论来进行说明。X 效率是由哈维·莱宾斯坦于 1966 年最早提出的，它强调人在生产过程中的作用。莱宾斯坦认为个人这种行为与企业目标的不协调造成了 X 低效率，企业与个人签订的雇佣合同只能规定工作的时间，不能规定努力的大小，但个人对努力程度是可以自行抉择的。X 效率的关键在于这种努力程度的大小，而这种努力程度又取决于企业内部的管理与协调性。

与莱宾斯坦的 X 效率理论相似，在当今雇佣方式多元化的环境中，企业开始更多地使用非典型雇佣方式，这种内部雇佣模式的变化引起了员工行为的多样化与差异化，其中很多短期雇佣的员工降低了自己对企业的投入程度，这是短期雇佣难以避免的问题，所以在这种情况下出现 X 低效率是非常正常的情况。

回顾企业采用非典型雇佣方式的降低成本的动因，很多人力资源管理的学者过于关注其中降低直接成本的作用，忽视了存在的 X 效率降低的问题，而这一点被很多的组织行为领域的学者关注到了。但这两部分在相互抵消之后的利弊关系还是不明确的，一方面是由于 X 效率难以准确地衡量为数字，另一方面也是由于在不同类型的行业或工作岗位上二者的对比关系是不一致的。在一些要求高工作质量、需要高度投入、工作复杂程度较高的工作岗位上，这种置换是不合适的，而在一些边缘的、绩效考核明确的、简单性的工作岗位上，问题相对会小一些。总体而言，仅仅考虑直接成本而不思考雇佣模式带来的潜在影响是存在着缺陷的。这仅仅是从个体层面进行的分析，实际上雇佣模式带来的变化是多层面的，所以企业是否需要通过非典型雇佣来降低成本是一个需要仔细考虑的问题，尤其是在企业的关键性工作岗位上。

（二）群体层面：群体内的冲突与合作效率

莱宾斯坦的 X 效率主要是从经济学的角度来分析个体的努力程度的影响，而实际在企业的运行中，员工不仅以个体的方式进行活动，还以群体的方式进行活动。

根据前文的分析可以发现，具有内部一致性的长期雇佣制度不仅可以培养员工的忠诚度，而且可以提高员工的一致性，现有的人力资源管理理论的很多内容也都是建立在这一基础之上的。这种一致性包括价值观念的一致性，可以提高员工与组织的整体契合程度，并且长期的互动也提高了员工群体内部的信任程度和合作水平，也包括群体知识的一致性，可以使员工之间进行深度的知识分享，有利于进行深度创新。

在当前的形势之中，长期雇佣模式的适用性在降低，很多企业开始更多地使用短期雇佣模式和多元雇佣模式。这两种策略在不同的方面增加了员工群体内部的多元化水平，在价值观念和组织认同方面，正式员工具有很高的一致性，非典型员工常常与他们存在较大的区别，并且非典型员工内部也可能存在着较多的差异，这种差异化是导致群体冲突的一种来源；同时多元雇佣带来了员工之间的雇佣身份差别，这种地位差别会产生组织公平的问题，因为多元雇佣模式代表着企业内部存在着多种人力资源管理系统，所以这种公平不仅仅包括 HRM 系统内的公平问题，也包括了 HRM 系统之间的公平问题。此外，正式员工与非典型员工之间还存在着工作负荷与雇佣安全等方面的矛盾。这些方面加大了企业内部员工群体之间的冲突，而且这些冲突基本上并不属于有益冲突的范畴，如果不能妥善地处理，将会给企业带来负面的影响。

在知识的获取与整合方面，一些知识快速更新的行业需要企业具备快速创新的能力，处于这一环境的企业需要通过短期雇佣的方式来获取外部的知识，这种短期雇佣获得的数量柔性可以成为知识获取的柔性。但快速创新能力需要企业在获取这些员工之后能够通过知识分享的方式来整合这些知识，使其成为企业知识的一部分，并促进企业的创新，这就需要这些不同雇佣类型的员工能够积极有效地进行知识分享。从现有的情况来看，这一点恰恰存在着隔阂，非典型雇佣的知识员工出于保护自身知识的考虑而缺乏分享的意愿，组织中的正式员工也由于担心知识的泄露而回避分享，这就是雇佣模式难以实现雇佣动因的根源。

四、总结

本书将图 7.6 中的企业雇佣“企业雇佣动因—雇佣模式—实施效果”的逻辑思考结构结合多元雇佣模式中的员工行为机制，形成了图 7.7，以此来说明雇佣模式实施的潜在的影响机理。

如图 7.7 所示。一方面，雇佣模式改变了企业内部的运行方式，这是企业层面的直接效果；另一方面，雇佣模式的出现使员工群体内部出现了身份的分化，改变了个体与企业的关系，也改变了员工内部的关系，使员工中出现了基于雇佣身份的行为变化，这些行为在个体层面影响了员工的工作投入水平，出现了 X 效率的下降；在群体层面主要导致了群体间合作效率的下降，这是雇佣模式实施的间接效果。这两种效率的下降影响了雇佣模式的实际实施效果。

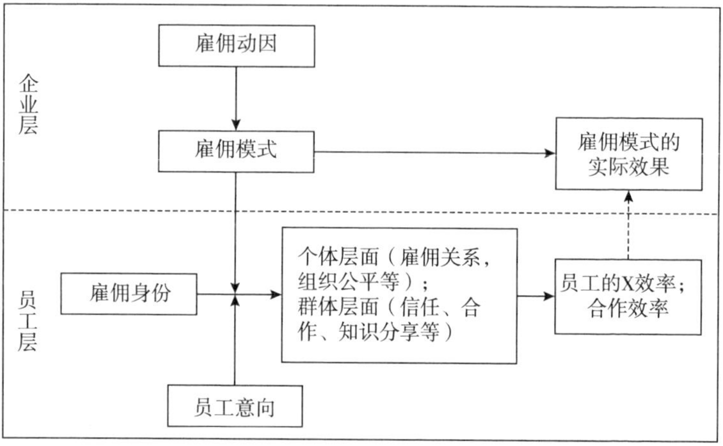

图 7.7　多元雇佣模式的运行效果模型

通过进一步的分析我们发现，多元雇佣模式中直接效果与间接效果相互影响所产生的困境：在成本节约的动因上面临着员工投入与效率降低和其他的潜在成本提高的困境；在知识整合的动因上面临着员工缺乏知识分享动力的困境；在 HR 柔性的动因上面临着数量柔性与功能柔性相互干扰的潜在困境。这些困境都是多元雇佣模式实施中的间接效应对直接效应的干扰，并最终造成了多元雇佣模式实施结果的偏差。雇佣模式的正向的直接效应和潜在的负面效应是难以割裂的，所以在进行雇佣模式选择时就应对这些效应及其互动的结果予以考虑，本书在这里主要针对新出现的、也是更加复杂的多元雇佣模式进行了复合效应的解析，以此来阐明雇佣模式的实际实施效果。本书认为，通过这些分析，可以帮助企业更加有效地进行雇佣模式的选择与管理，提高其运行效率，虽然这些负面的效应难以有效的清除，但对它们的准确认识也是管理实践上的进步。

第八章

多元雇佣模式中员工行为机制的实证研究

第一节　研究设计

一、实证研究框架的构建

在之前的章节中，本书主要分析了雇佣模式，尤其是多元雇佣模式的结构特征，企业选择多元雇佣模式的内部动因以及在多元雇佣模式中员工的行为机制。在这一章节，本书将对这些研究进行整合，以此来构建跨层的研究模型，并通过问卷调查和多元统计分析的方式来予以验证。

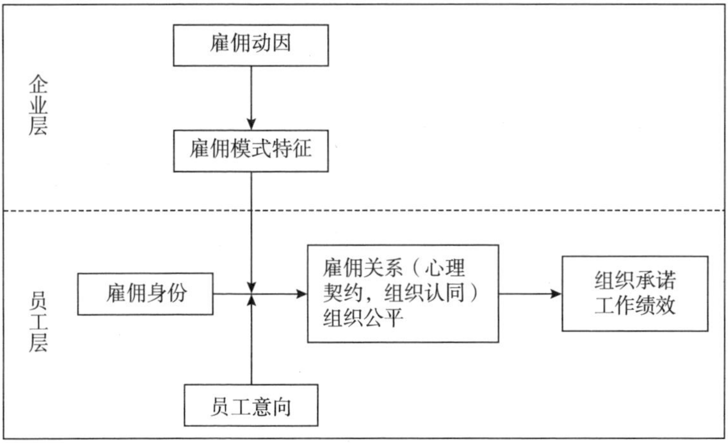

图 8.1　实证研究模型

本章中的实证研究模型是根据上一章的理论研究模型进行调整获得的。调整的原因在于，多元雇佣模式会涉及多种雇佣动因，并且不同雇佣动因中的影响机制也存在着差别，在一项实证研究中难以全部体现，更加合理的方式是细化成多个研究问题，并且理论模型中多元雇佣模式的影响机制在实证研究中也存在着调查上的困难，因此这一部分将针对多元雇佣模式中已经进行了较为充分分析的内容开展实证研究。

具体的研究层次如图 8.1 所示，在该框架中主要分为企业和员工两个层面，所以研究可以分成三个部分：第一，企业层面的思路，企业会根据其雇佣动因来选择适合的雇佣模式；第二，员工层面的思路，员工的雇佣身份会通过员工的雇佣关系和感知到的工作情境中的组织公平来影响其工作态度和工作绩效，即不同雇佣身份的员工会因雇佣关系和组织公平感知的差异而在工作态度和工作绩效上有不同的表现，同时个体的意向会调节员工感知到的雇佣关系和组织公平，并且这种影响最终会传递到代表员工忠诚的组织承诺和工作绩效中；第三，跨层的影响思路，企业层面的雇佣动因与雇佣模式特征会跨层调节员工的态度与行为。

同时，在提出与中国企业雇佣模式有关的研究时，本书对上一章的理论框架进行了几点修正来使其更加适合当前的研究情境：

1. **中介机制的调整**

在中介机制的作用中放弃了理论模型中的雇佣安全感。雇佣安全感确实是理论模型中的重要部分，也有很多非典型员工相对于正式员工存在着较低的雇佣安全感。但本书认为多元雇佣模式中的雇佣安全感是非常复杂的，难以一概而论。首先，有部分非典型员工知识水平较高，虽然存在着雇佣的不稳定，但并不会影响其雇佣安全感；此外中国情境中的一些非典型员工包含农民工的社会身份，雇佣的不稳定也未必使其产生雇佣不安全感。

2. 关于员工层的结果变量

本书认为雇佣模式的变化最终会影响员工的工作态度与工作绩效，并且也会对员工之间的互动关系产生影响，而这种互动关系常常意味着企业内社会资本的质量。所以本书选择了组织承诺、任务绩效和周边绩效作为结果变量来衡量雇佣模式调整，使员工对企业的忠诚度和依附性、员工对本职工作和工作外的一些积极行为产生了变化。其中周边绩效中的人际促进部分可以视为员工间互动的情况。

3. 实证研究中不对雇佣模式的直接效果进行量化分析

这主要是因为：第一，关于这方面的研究目前已经有了较多的理论和实证研究，且这部分并不是本书研究的主要部分，所以本书将重点集中在了过去研究中所忽视的雇佣模式选择机制及其对员工行为的影响分析上，对于这部分通过之前对已有研究的梳理和分析来进行说明；第二，雇佣模式直接效果的定量研究在方法上存在着一定的难度，企业雇佣模式的实施到其直接效果的出现中间存在着一定的时差，同时员工态度与行为的变化对雇佣模式整体实施效果的影响机制研究涉及从个体层面向组织层面进行聚合的技术问题，本书难以在此次研究中解决全部问题，所以将对这个问题的深入研究留待以后进行。

二、雇佣动因对雇佣模式影响的假设

企业会根据环境的影响而产生不同类型的雇佣动因，并根据雇佣动因的特点来选择适配的雇佣模式。本书在第五章的研究中将企业的多元雇佣模式分成了雇佣身份差别、身份转换机制（正向和逆向）和共同工作机制三项特征，在第六章的研究中将企业的雇佣动因分为战略层面、战术层面和制度合法性三个不同的层面，并在之后的章节中探讨了企业在不同动因下的雇佣模式选择机制。所以这一章节主要是根据不同的雇佣动因与相应的雇佣特征之间的内在联系来建立相关的研究假设。

当前，企业使用非典型雇佣动因主要包括降低人工成本、知识整合、制度规制和提高人力资源柔性这四个方面。其中降低人工成本属于战术层面的动因，处于这一雇佣动因下的企业通常会选择非典型雇佣方式，尤其是人工成本较低的非典型雇佣方式。并且企业常常会通过非典型员工替代正式员工进一步节约用工成本。此时企业一般会选择替代型或是均衡型这两种由短期雇佣体系主导的多元雇佣模式。所以我们可以认为在这一动因下，企业中的正式员工与非典型员工之间的薪酬待遇和福利等方面会有着明显的差别，即雇佣身份的差别，同时企业减少非典型员工转为正式员工的机会，并通过相应的政策将正式员工转为非典型员工（如改签合同或是过去的逆向派遣）。

假设 1：降低成本的雇佣动因会影响企业的雇佣模式特征

（1）降低成本的雇佣动因会增加企业中的雇佣身份差别。

（2）降低成本的雇佣动因会减少企业中的雇佣身份正向转换机制。

（3）降低成本的雇佣动因会增加企业中的雇佣身份逆向转换机制。

当企业的雇佣动因处于战略层面的知识整合时，企业选择雇佣方式的主要目的在于通过非典型的雇佣方式来快速吸收外部的新知识，并通过企业内的知识整合来提高企业的创新速度。在这一雇佣动因下，企业一般倾向于选择均衡型的多元雇佣模式或是对知识员工的短期雇佣模式，企业选择的非典型员工一般都具有较高的知识技能水平，这在一定程度上决定了其在企业中会具有较高的经济收入和社会地位，即雇佣身份；同时，企业会鼓励其与企业正式员工之间进行交流与合作，即共同工作，以此来促进企业内的知识共享，并且给予优秀的非典型知识员工更多的机会来成为企业的核心人才，即正向转换机制。

假设 2：知识整合的雇佣动因会影响企业的雇佣模式特征

（1）知识整合的雇佣动因会减少企业中的雇佣身份差别。

（2）知识整合的雇佣动因会促进企业中雇佣身份的正向转换机制。

（3）知识整合的雇佣动因会促进员工之间的共同工作机制。

制度规制属于企业追求社会合法性时出现的雇佣动因，这些企业由于各种内外部制度的刚性雇佣限制而选择非典型雇佣方式，此时企业倾向于选择长期雇佣体系主导的多元雇佣模式。在这一雇佣动因下，企业并不一定会去选择人工成本最低的非典型雇佣方式，但正式员工与非典型员工之间的内外部劳动力市场的薪酬决定机制的差别导致了二者之间在企业中雇佣身份的区别，这一点在国内的很多国有企业中，尤其是垄断性国有企业中十分明显。此外，制度规制对于企业的雇佣身份转换机制也存在着影响，制度对雇佣的刚性限制会使企业只能提供有限的正式员工身份，所以这些企业会减少非典型员工转为正式员工的机会，而一些企业长期使用的员工只能以非典型员工的身份出现在企业之中，所以这类企业很可能会具有比较特殊的逆向雇佣身份转换机制。

假设3：制度规制的雇佣动因会影响企业雇佣模式的特征

（1）制度规制的雇佣动因会增加企业中的雇佣身份差别。

（2）制度规制的雇佣动因会减少企业中雇佣身份的正向转换机制。

（3）制度规制的雇佣动因会促进企业中雇佣身份的逆向转换机制。

HR柔性这一雇佣动因对企业的雇佣模式特征所产生的影响是不确定的，因为这一雇佣动因既可以存在于战略层面，也可以存在于战术层面，并且制度规制实际上也可以视作一种特殊的HR柔性动因。所以与其他动因相比，HR柔性是一个更加具有中性特点的雇佣动因，其具有的影响需要根据其所处的动因层面来确定。基于以上的这些分析，本书提出关于雇佣动因和多元雇佣模式特征关系的相关假设。

三、不同雇佣身份员工的行为假设

在很多企业中，由于多元雇佣模式产生了员工行为的多样化与复杂化，这是近些年来人力资源管理和组织行为领域面临的重要管理问题，所以需要分析不同类型的员工在行为机制上存在的差异。本书认为导致员工行为多样化的关键在于雇佣身份与员工意向的多样化。

第一，员工雇佣身份的多样化，当前的很多企业同时使用多种雇佣方式，并且不同的雇佣方式常常意味着其与企业的雇佣关系和雇佣身份的差别，大部分的研究将雇佣方式作为划分员工的标准，主要是将员工分为正式雇佣和非典型雇佣两类（个别研究将劳务派遣作为有别于这两类的雇佣方式），并认为不同类型的雇佣方式体现了员工与其之间契约关系的时限和互动与合作的程度的差别，是影响员工雇佣关系、工作态度和工作行为的重要原因。本书在这里用雇佣身份来指代不同的雇佣类型，主要从对雇佣关系的影响角度进行分类。

第二，非典型员工选择和接受雇佣方式的原因，即意向的多样化也增加了员工群体中的行为复杂性。研究认为，雇佣关系是组织与员工之间的双向关系，并且这种关系并不总是平衡的，非典型雇佣的员工会由于意向的差别而存在雇佣关系上的差别，这种差别会进一步影响到员工的工作态度与行为，所以很多学者认为员工的意向比雇佣方式更加能够体现员工行为的差异。

（一）不同雇佣身份员工的比较研究

很多国外的研究认为，不同雇佣身份的员工在雇佣关系、工作态度和工作行为等很多方面都存在着显著的差异。不同的雇佣方式常常意味着企业与员工之间的契约关系的时限和互动关系的频繁程度，所以以长期雇佣为特征的正式员工会与企业有着更多的合作时间和互动机会，这是企业与员工之间能够形成长期的良性雇佣关系的基础，这也正是以短期雇佣为特征的非典型员工所不具备的条件，所以已有的研究大都认为这两类员工的雇佣关系会在性质上存在明显的区别，并且这种区别也会体现在员工的工作态度和工作行为之中。

1. 雇佣关系的比较：心理契约与组织认同

心理契约来自社会交换理论，代表了员工与组织之间的交换关系，是研究雇佣关系的重要构念。在 Rousseau（1995）对心理契约的研究中，认为非典型雇佣的大量使用改变了企业与员工之间的雇佣关系，长期雇佣的正式员工属于关系型心理契约，而非典型雇佣的员工则属于更为短期和利益化的交易型交换关系。Rousseau 提出的衡量心理契约性质的方式主要是通过心理契约的内容来分析组织与员工双方的责任与权利，但由此产生的问题在于对于不同性质的心理契约所包含的内容缺乏统一的结论。Shore 等（2006）在之前研究的基础上按照雇佣关系的性质来定义心理契约，设立了社会性交换关系和经济性交换关系的二维心理契约构念，前者类似于交易型的心理契约，表现了员工与组织之间的短期与利益性的交换关系，后者更多地具有关系型心理契约的特点，强调了员工与企业之间长期的合作型的交换关系。这种划分方式能够更好地从性质上阐明不同雇佣身份的员工在心理契约上的区分。所以可以认为正式员工的心理契约性质更加偏向于社会性交换，非典型员工更加偏向于经济性交换。

此外，组织认同也是衡量雇佣关系的一个重要构念，与心理契约不同，它主要从非对称交换关系的视角来考察雇佣关系，可以视作心理契约的重要补充。正式员工与组织有着更多的磨合与互动，可以与组织的价值理念更好地内化与契合，所以会表现出更高的组织认同。

假设 4：不同雇佣身份的员工在心理契约方面存在着显著的差别

（1）正式员工的经济性交换低于非典型员工。

（2）正式员工的社会性交换高于非典型员工。

2. 组织公平的比较

当企业开始大量地使用非典型雇佣方式时，就改变了企业与员工的雇佣关系，由于不同雇佣身份的员工在经济和社会地位的差异也产生了组织中的公平问题。一般而言，正式员工能够得到的工作回报和工作支持都会高于非典型员工，这常常会导致两类员工对组织公平的感知差异。

假设5：不同雇佣身份的员工的组织公平存在着显著的差别

（1）正式员工感知到的分配公平高于非典型员工。

（2）正式员工感知到的程序公平高于非典型员工。

3. 工作绩效的比较

已有的研究大都认为，正式员工的工作绩效要高于非典型员工，这是由多个方面的原因造成的。本书认为正式员工的工作技能和在企业的社会关系都要优于非典型员工，并且能够获得更多的组织支持，这些都是导致绩效差异的来源。此外，两类员工由于和企业雇佣关系的差别，也会导致其在工作中投入程度的差异。这里主要比较三个方面的绩效：任务绩效代表了与工作有直接关系的绩效；周边绩效中的人际促进代表了员工对同事的互助，对企业内部形成良好的协作关系有重要作用；周边绩效中的工作奉献代表了员工对本职工作和相关其他方面工作的高水平追求。这里假设正式员工在这三个方面都会好于非典型员工。

假设6：不同雇佣身份员工的绩效水平存在显著的差异

（1）正式员工表现出任务绩效水平高于非典型员工。

（2）正式员工表现出人际促进水平高于非典型员工。

（3）正式员工表现出工作奉献水平高于非典型员工。

4. 组织承诺的比较

组织承诺代表了员工对组织的忠诚度。和非典型员工相比，正式员工有着更长的工作时间，也有着更多的发展机会和回报。所以我们认为正式员工对组织更加忠诚，这既是因为其在企业中长期工作所产生的依恋情感，也是由于其在企业中已经获得的利益。这里选择的组织承诺主要是持续承诺与情感承诺两个维度。

假设7：不同雇佣身份的员工的组织承诺存在显著的差异

（1）正式员工表现出的持续承诺水平高于非典型员工。

（2）正式员工表现出的情感承诺水平高于非典型员工。

（二）不同意向类型的员工的比较研究

本书在这一部分将更换自变量来分析员工的行为机制，将原来的雇佣身份更换为意向类型。本书主要是分析不同类型的员工之间行为差异化的机制，选择不同的自变量意味着不同的解释机制：雇佣身份主要体现了正式员工与非典型员工之间行为机制的差别，并且这种差别主要受企业的雇佣模式的影响；意向类型意味着自变量体现了员工个体的心理因素的影响，增加了对非典型员工内部行为差异的比较分析，能够更好地分析出具有不同意向的非典型员工在行为机制上的差别。由于这两个自变量在解释重心上的区别，研究将分别对两个自变量的影响机制进行探讨，从而能够更加全面地理解不同类型的员工在行为机制上的区别。在图8.1中，意向是作为调节变量针对非典型员工设置的，其与雇佣身份结合之后，实际上是将员工类型进行了更加细致的分类，本书将在后面对两种自变量进行比较分析。

“意向”从心理学上表示为个体对控制与选择的感知，组织行为学在员工的比较研究中关注的是非典型员工选择和接受这一雇佣方式的原因，我们将这些原因进行了细致的划分，主要包括自愿选择意向、踏脚石意向、工具性选择意向和非自愿选择意向。这四种类型中的前三种属于积极或是中性的意愿，最后一种属于消极的意愿。同时，相对于非典型员工，正式员工在雇佣方式上有着更多的选择权，所以我们可以将其界定为积极性的意向，并且由于其在企业组织中的雇佣身份要高于其他非典型员工，所以我们提出具有积极性意向的正式员工在雇佣关系和组织公平的感知上要高于各种类型的非典型员工，也具有更好的工作态度与工作行为，而意向消极的非自愿选择的员工完全相反，其他类型的员工则处于二者之间。

1. 雇佣关系的比较

雇佣关系的形成是企业组织与员工之间的互动过程，在这一过程中双方各自的态度十分重要，企业的雇佣动因和员工的意向代表了双方态度。本书认为将员工的多种意向作为解释变量可以更好地解释员工内部行为的差异性。在心理契约中，具有积极倾向意向的员工与企业之间的社会性交换会更加明显，而意向较为消极的员工则会表现出更强的经济性交换。在组织认同上，具有积极意向的员工更有可能表现出相对较高的组织认同。根据这些分析，我们提出以下假设：

假设8：不同意向类型的员工的心理契约存在着明显的差别

（1）具有积极性意向的正式员工的经济性交换低于其他类型的员工。

（2）具有非自愿意向的员工的经济性交换高于其他类型的员工。

（3）具有积极性意向的正式员工的社会性交换高于其他类型的员工。

（4）具有非自愿意向的员工的社会性交换低于其他类型的员工。

假设9：不同意愿类型的员工的组织认同存在着显著的区别

（1）具有积极意向的正式员工的组织认同高于其他类型员工。

（2）非自愿意向的员工组织认同低于其他类型的员工。

2. 组织公平的比较

当企业中存在着基于雇佣方式的身份差距时，具有积极意向的正式员工会表现出更多的组织公平感，而其他意向类型的员工则会有着相对较低的公平感，非自愿意向的员工会对不公平的感知更为敏感。

假设10：不同意向类型的员工感知到的组织公平感存在差异

（1）具有积极性意向的正式员工感知到的分配公平高于其他类型的员工。

（2）具有非自愿意向的员工感知到的分配公平低于其他类型的员工。

（3）具有积极性意向的正式员工感知到的程序公平高于其他类型的员工。

（4）具有非自愿意向的员工感知到的程序公平低于其他类型的员工。

3. 工作绩效的比较

之前的分析认为，具有积极意向的员工会表现出更高的工作水平和更好的工作态度，反之则相对较低。所以我们认为积极意向最高的正式员工会有高于其他意向类型员工的绩效表现，这些绩效既包括与岗位工作直接相关的任务绩效，也包括人际促进和工作奉献的周边绩效；而具有消极的非自愿意向的非典型员工在这三个方面都会低于其他类型的员工。

假设 11：不同意愿类型员工的绩效水平存在明显的差异

（1）具有积极性意向的正式员工的任务绩效水平高于其他类型的员工。

（2）具有非自愿意向的员工的任务绩效水平低于其他类型的员工。

（3）具有积极性意向的正式员工的人际促进水平高于其他类型的员工。

（4）具有非自愿意向的员工的人际促进水平低于其他类型的员工。

（5）具有积极性意向的正式员工的工作奉献水平高于其他类型的员工。

（6）具有非自愿意向的员工的工作奉献水平低于其他类型的员工。

4. 组织承诺的比较

意向的积极程度会影响员工对组织的忠诚度，所以具有积极意向的正式员工会表现出高于其他意向类型员工的组织承诺，而具有消极意向的非典型员工的组织承诺水平最低。

假设 12：不同意愿类型的员工的组织承诺存在着明显的差异

（1）具有积极性意向的正式员工的情感承诺水平高于其他类型的员工。

（2）具有非自愿意向的员工的情感承诺水平低于其他类型的员工。

（3）具有积极性意向的正式员工的持续承诺水平高于其他类型的员工。

（4）具有非自愿意向的员工的持续承诺水平低于其他类型的员工。

（三）员工行为中介机制的假设

本书认为当企业开始大量地使用非典型雇佣方式之后，在企业中主要产生了两个方面的变化：一是改变了员工与企业之间的雇佣关系，随着雇佣方式的短期化与多样化，不同类型的员工与企业之间的关系也呈现出了差异化；二是由于企业对于不同雇佣身份员工实施差异化的雇佣管理方式，造成企业中出现了明显的基于雇佣方式的身份差别，加剧了企业内部的不公平。可见，企业中雇佣身份及其产生的行为差别的根源来自多元雇佣模式的雇佣安排与雇佣管理政策这两个基本特征。

所以，本书认为不同雇佣身份员工之间的工作态度与行为的差异正是通过这两个机制传导的。这一部分提出关于这两项中介机制的假设，探讨不同雇佣身份的员工与不同意向类型的员工各自的行为机制，并将二者作出比较研究。

1. 员工类型与任务绩效中介机制的研究假设

任务绩效代表着与工作直接相关的绩效部分，经济性交换代表着心理契约中直接性的雇佣关系，所以我们认为经济性交换的变化会引起任务绩效的变化，并且员工对公平的感知也会影响其任务绩效。

假设13：分配公平在员工类型和任务绩效之间起中介作用

（1）分配公平在员工雇佣身份和任务绩效之间起中介作用。

（2）分配公平在员工意向类型和任务绩效之间起中介作用。

假设 14：程序公平在员工类型和任务绩效之间起中介作用

（1）程序公平在员工雇佣身份和任务绩效之间起中介作用。

（2）程序公平在员工意向类型和任务绩效之间起中介作用。

假设 15：经济性交换在员工类型和任务绩效之间起中介作用

（1）经济性交换在员工雇佣身份和任务绩效之间起中介作用。

（2）经济性交换在员工意向类型和任务绩效之间起中介作用。

2. 员工类型与周边绩效中介机制的研究假设

周边绩效包括人际促进和工作奉献两个方面，这两个方面代表了对企业与他人有益，但与工作不存在直接关系的绩效部分。所以，强调与企业组织长期深入合作的社会性交换是引导员工产生周边绩效的基础。同时，组织认同属于非对称性交换，组织认同较高的成员既会对企业有着理性的责任感，也会有非理性的依赖感，这导致了员工对各个方面表现出积极的态度与行为，这种积极的态度与行为不仅会表现在直接的任务绩效上，也会表现在人际促进和工作奉献这些周边绩效之中。

假设 16：社会性交换在员工类型和人际促进中起中介作用

（1）社会性交换在员工雇佣身份和人际促进之间起中介作用。

（2）社会性交换在员工意向类型和人际促进之间起中介

作用。

假设 17：组织认同在员工类型与人际促进之间起中介作用

（1）组织认同在员工雇佣身份和人际促进之间起中介作用。

（2）组织认同在员工意向类型和人际促进之间起中介作用。

假设 18：社会性交换在员工类型与工作奉献之间起中介作用

（1）社会性交换在员工雇佣身份和工作奉献之间起中介作用。

（2）社会性交换在员工意向类型和工作奉献之间起中介作用。

假设 19：组织认同在员工类型与工作奉献之间起中介作用

（1）组织认同在员工雇佣身份和工作奉献之间起中介作用。

（2）组织认同在员工意向类型和工作奉献之间起中介作用。

3. 员工类型与持续承诺中介机制的研究假设

员工的持续承诺与其在组织中的累积的收益有关，当员工离开组织所遭受的损失越大，其所具有持续承诺也会越高。经济性交换代表了组织员工之间的以利益为主的交换关系，所以可以认为这种持续承诺由经济性交换来做中介；组织公平可以在很大程度上表明个体在组织中获得收益的适当程度，它既会影响个体对组织的信任与情感，也会影响员工对个体所获得的利益感知，所以可以认为正式员工与非典型员工之间在持续承诺上的差别可以由程序公平和分配公平来做中介；组织认同属于雇佣关系中比较特殊的一部分，即非对称交换的部分，这意味着对组织的无回报的忠诚和付出，所以对于具有较高组织认同的人而言，在组织中的工作也是其所固有的一部分收益，所以组织认同能够在员工类型与持续承诺之间起中介作用。

假设 20：经济性交换在员工类型与持续承诺之间起中介作用

（1）经济性交换在员工雇佣身份和持续承诺之间起中介作用。

（2）经济性交换在员工意向类型和持续承诺之间起中介作用。

假设 21：组织认同在员工类型与持续承诺之间起中介作用

（1）组织认同在员工雇佣身份和持续承诺之间起中介作用。

（2）组织认同在员工意向类型和持续承诺之间起中介作用。

假设 22：分配公平在员工类型与持续承诺之间起中介作用

（1）分配公平在员工雇佣身份和持续承诺之间起中介作用。

（2）分配公平在员工意向类型和持续承诺之间起中介作用。

假设 23：程序公平在员工类型与持续承诺之间起中介作用

（1）程序公平在员工雇佣身份和持续承诺之间起中介作用。

（2）程序公平在员工意向类型和持续承诺之间起中介作用。

4. 员工类型与情感承诺中介机制的研究假设

情感承诺表示员工在情感方面对组织的依赖与忠诚。在中介机制方面，员工对组织的认同有助于提高其情感承诺；强调长期合作的社会性交换注重发展与组织之间的相互信任与依赖，有助于提高员工的情感承诺；员工对组织公平的负面感知则会破坏企业在员工中的形象，从而降低其对企业的情感承诺。

假设24：社会性交换在员工类型和情感承诺之间起中介作用

（1）社会性交换在员工雇佣身份和情感承诺之间起中介作用。

（2）社会性交换在员工意向类型和情感承诺之间起中介作用。

假设25：组织认同在员工类型与情感承诺之间起中介作用

（1）组织认同在员工雇佣身份和情感承诺之间起中介作用。

（2）组织认同在员工意向类型和情感承诺之间起中介作用。

假设26：分配公平在员工类型与情感承诺之间起中介作用

（1）分配公平在员工雇佣身份和情感承诺之间起中介作用。

（2）分配公平在员工意向类型和情感承诺之间起中介作用。

假设27：程序公平在员工类型与情感承诺之间起中介作用

（1）程序公平在员工雇佣身份和情感承诺之间起中介作用。

（2）程序公平在员工意向类型和情感承诺之间起中介作用。

四、雇佣动因与雇佣模式调节机制的研究假设

本书认为，虽然已有的研究已经关注到了员工意向对其行为机制的影响，但对企业意向的探讨还有所不足。企业的意向即企业制定雇佣模式的动因，会影响企业管理正式员工与非典型员工的倾向，这种倾向会调节企业与员工之间的心理契约，也会调节组织中由雇佣身份差距所带来的组织公平问题。本书在探讨雇佣动因与雇佣模式对员工行为的影响时使用雇佣身份作为自变量，原因在于雇佣动因与雇佣模式的影响主要是通过雇佣方式的类型而非意向的类型来实现的。

（一）雇佣动因调节机制的假设

1. 雇佣动因在雇佣身份与心理契约中的调节作用

具有降低成本雇佣动因的企业一般会在劳动力市场中寻找人工成本较低的非典型雇佣方式，并且有时企业有着通过逆向的身份转换机制将正式员工替换为非典型员工的意图。对于前一种情况，可以认为非典型员工会因此而更加将心理契约调整向经济性交换，而对于后者并不确定，这主要与组织中是否存在着逆向转换机制有关。

假设 28：降低成本的雇佣动因在雇佣身份与员工的心理契约之间起调节作用

（1）降低成本的雇佣动因在雇佣身份与员工的经济性交换之间起调节作用，降低成本的动因会提高两类员工之间的经济性交换差距，非典型员工会比正式员工表现出更高水平的经

济性交换。

（2）降低成本的雇佣动因在雇佣身份与员工的社会性交换之间起调节作用。降低成本的动因的提高会增加两类员工之间的社会性交换差距，非典型员工会比正式员工表现出更低水平的社会性交换。

2. 雇佣动因在雇佣身份与组织公平中的调节作用

不同类型的雇佣动因对组织中存在的基于雇佣身份的组织公平有着差别化的调节机制：降低成本的雇佣动因在选择雇佣模式时一般会选择人工成本更低的非典型雇佣方式，如劳务派遣，这种情况会进一步加大非典型员工与正式员工的雇佣身份差别，提高两类员工对组织公平的感知差距；知识整合的雇佣动因所选择的大都是知识技能较高的员工，这些员工的雇佣身份会高于知识技能水平较低的其他非典型员工，他们与正式员工之间的差距也会相对较小。在存在着制度规制的企业中，会固化和加强员工之间雇佣身份的差距，使正式员工与非典型员工之间存在的雇佣身份差别更加明显地表现出来。

假设 29：降低成本的雇佣动因在雇佣身份与员工组织公平感之间起调节作用

（1）降低成本的雇佣动因在雇佣身份与员工的分配公平之间起调节作用，降低成本的动因的提高会增加两类员工在分配公平感上的差距，非典型员工与正式员工相比感知到更低的分配公平。

（2）降低成本的雇佣动因在雇佣身份与员工的程序公平之间起调节作用，降低成本的动因的提高会增加两类员工在程序公平感上的差距，非典型员工与正式员工相比感知到更低的程序公平。

假设30：知识整合的雇佣动因在雇佣身份与员工组织公平感之间起调节作用

（1）知识整合的雇佣动因在雇佣身份与员工的分配公平之间起调节作用，知识整合动因的提高会降低两类员工在分配公平感上的差距。

（2）知识整合的雇佣动因在雇佣身份与员工的程序公平之间起调节作用，知识整合动因的提高会降低两类员工在程序公平感上的差距。

假设31：制度规制的雇佣动因在雇佣身份与员工组织公平感之间起调节作用

（1）制度规制的雇佣动因在雇佣身份与员工的分配公平感之间起调节作用，制度规制的动因的提高会增加两类员工在分配公平感上的差距，使非典型员工相对于正式员工感知到更低的分配公平。

（2）制度规制的雇佣动因在雇佣身份与员工的程序公平感之间起调节作用，制度规制的动因的提高会增加两类员工在程序公平感上的差距，使非典型员工相对于正式员工感知到更低的程序公平。

（二）雇佣模式调节机制的假设

本书设定了多元雇佣模式的三个主要特征，即雇佣身份差别机制、身份的转换机制（正向和逆向）和工作整合机制：其中雇佣身份差别机制的影响指向性较强，主要体现在组织公平上，雇佣身份的转换机制影响的范围相对更大一些，而工作整合机制的影响则需要根据具体的情境来判断。

1. 雇佣身份差别机制与组织公平

组织中基于雇佣方式的员工身份意味着员工之间的工作条

件和工作回报等方面的差距，在很大程度上是由于雇佣方式的不同所造成的，这就会使雇佣身份较低的非典型员工产生更多的组织不公平感，从而加大了正式员工与非典型员工之间对组织公平感知的差距。

假设32：雇佣身份差别机制在雇佣身份与组织公平感之间起调节作用

（1）雇佣身份差别机制在雇佣身份与员工的分配公平感之间起调节作用，雇佣身份差别的提高会增加两种类型员工在分配公平感上的差距，非典型员工相对于正式员工感知到更低的分配公平。

（2）雇佣身份差别机制在雇佣身份与员工的程序公平感之间起调节作用，雇佣身份差别的提高会增加两种类型员工在程序公平感上的差距，非典型员工相对于正式员工感知到更低的程序公平。

2. **身份转换机制与心理契约**

本书之前的理论分析认为，当员工存在着雇佣身份的转换机制时，会对员工的雇佣关系产生影响。在正向的转换机制中，非典型员工由于存在着转正的机会，会表现出更好的工作态度与行为，从而缩小与正式员工的差距；负向转换机制使正式员工感到了企业对心理契约的破坏感，所以会降低其对企业的社会性交换，提高其对企业的经济性交换，在心理契约上更加接近非典型员工。

假设33：身份转换机制在雇佣身份与经济性交换之间起调节作用

（1）正向身份转换机制在雇佣身份与经济性交换之间起调节作用，正向的身份转换机制的提高会降低两种类型员工在经济性交换上的差距。

（2）逆向身份转换机制在雇佣身份与经济性交换之间起调节作用，逆向的身份转换机制的提高会降低两种类型员工在经济性交换上的差距。

假设 34：身份转换机制在雇佣身份与社会性交换之间起调节作用

（1）正向身份转换机制在雇佣身份与社会性交换之间起调节作用，正向的身份转换机制的提高会降低两种类型员工在社会性交换上的差距。

（2）逆向身份转换机制在雇佣身份与社会性交换之间起调节作用，逆向的身份转换机制的提高会降低两种类型员工在社会性交换上的差距。

3. 身份转换机制与组织公平

当组织中存在着雇佣身份的转换机制时，会给非典型员工成为正式员工的机会，使希望成为正式员工的非典型员工表现更为积极，对由于雇佣身份差别机制所造成的组织不公平问题也具有更高的容忍度，所以正向的转换机制可以降低在雇佣身份与组织公平中起到抑制性调节的作用，降低正式员工与非典型员工之间的对组织公平感知的差距；逆向转换机制的作用主要是针对正式员工，正式员工面临着雇佣的不稳定性和安全感的缺乏，使正式员工对组织出现负面的认知，所以逆向的雇佣身份转换机制会提高正式员工对组织不公平的感知，在一定程度上向非典型员工接近，其在雇佣身份与组织公平之间起到抑制性调节的作用，降低正式员工与非典型员工之间的组织公平的感知差距。虽然正向与逆向的身份转换机制起到的都是降低两类员工在组织公平上感知差距的作用，但其作用机理是不同的。

假设35：身份转换机制在雇佣身份与分配公平之间起调节作用

（1）正向身份转换机制在雇佣身份与分配公平之间起调节作用，正向的身份转换机制的提高会降低两种类型员工在分配公平感上的差距。

（2）逆向身份转换机制在雇佣身份与分配公平之间起调节作用，逆向的身份转换机制的提高会降低两种类型员工在分配公平感上的差距。

假设36：身份转换机制在雇佣身份与程序公平之间起调节作用

（1）正向身份转换机制在雇佣身份与程序公平之间起调节作用，正向的身份转换机制的提高会降低两种类型员工在程序公平感上的差距。

（2）逆向身份转换机制在雇佣身份与程序公平之间起调节作用，逆向的身份转换机制的提高会降低两种类型员工在程序公平感上的差距。

第二节　问卷设计与数据整理

一、变量的选取与测量

（一）变量的量表选取

1. 心理契约

本书主要是通过员工对心理契约的感知来测量其与企业的雇佣关系性质的，早期的心理契约量表主要从心理契约的内容来分析组织与员工双方的责任与权利，但由此产生的问题在于对不同性质的心理契约所包含的内容一直缺乏统一的结论。之后一些研究开始从心理契约的维度来分析雇佣关系，这方面的研究目前还不够成熟。所以在综合了这些研究之后，本书选择了 Shore（2006）提出的对企业与员工之间的社会性交换关系和经济性交换关系的二维量表来进行测量，这一量表是直接针对两种不同类型的心理契约性质上的差别而提出的，这两个维度代表着企业与员工之间关系的性质是关注短期经济利益还是长期合作。

该量表共有十四个题项，其中经济性交换关系包含六个题项：①我与企业的关系属于经济交换——我工作，企业付钱；②我不在意企业未来会如何对我，我只关心它现在为我做了什么；③我的努力和我得到的回报是对等的；④当我看到企业为我投入更多时，我才会也为它做更多的工作；⑤我很在意我在企业中得到了什么报酬，并把它与我的贡献作出比较；⑥我真正期望企业做到对我的努力工作支付报酬。

社会性交换关系包含八个题项：①我的企业为我做了很多的投入；②我现在的工作情况，会对未来我在企业中的位置产生影响；③我与企业在很多方面都进行了相互的投入；④我担心我对企业所做出的努力是没有回报的（反向问题）；⑤我不介意现在工作辛苦，因为我知道企业会在以后对我的努力给予回报；⑥我与企业的关系是建立在相互信任的基础上的；⑦我会为企业谋求最大的利益，因为我的工作与生活都与企业紧密相连；⑧尽管我并不总会从企业中得到我应有的认可与重视，但我知道企业会在以后回报我。

2. 组织认同

本书将组织认同作为与心理契约并列的测量雇佣关系的重

要构念：后者关注个体与组织之间直接的、对称性的交换模式（Sluss，Klimchak & Holmes，2008），前者用于衡量个体与组织之间间接的、非对称的交换模式，二者可以起到相互补充的作用。本书选用的是 Mael 和 Ashforth（1992）编制的六题项量表，该量表的题项包括：①当听到别人批评我所在的企业时，我感觉就像是在批评自己一样；②我很想了解别人如何评价我所在的企业；③当谈起我所在的企业时，我经常说“我们”而不是“他们”；④我所在企业的成功就是我的成功；⑤当听到别人称赞我所在的企业时，我感觉就像是在称赞我一样；⑥如果发现新闻媒体批评我所在的企业，我会感到不安。

3. **组织公平**

组织公平是一个多维度的概念，目前最为常用的是将其分为分配公平和程序公平两个维度，还有一些研究认为应该存在员工之间相互交流的互动公平。互动公平主要是针对员工与管理者之间的互动情况，与本书的研究目的不符，所以这里选择分配公平和程序公平作为测量组织公平的两个维度。

分配公平选择 Price 和 Mueller（1986）编制的量表，原量表共有六个题项，主要评估员工得到的奖励在多大程度上与行为表现相关，该量表经过 Mansour – Cole 和 Scott（1998）修订后变为五个题项，该量表的信度在 0. 75 和 0. 94 之间。其题项主要有：①我觉得我目前承担的工作很公平；②总体来说，我在企业得到的奖励很公平；③我觉得我目前的工作量很公平；④我觉得我目前的收入水平很公平；⑤我目前的工作安排很公平。

程序公平使用 McFarlin 和 Sweeney（1992）编制的量表：①我所在企业的员工晋升制度很公平；②我所在企业的员工绩效考核制度很公平；③我所在企业的员工绩效反馈制度很公

平；④我所在企业中提高员工工资的制度很公平。该量表从行为反馈、决定加薪、绩效评价和晋升几个方面来对组织的程序公平进行评价，该量表的信度值在0.73和0.85之间。

4. 个体绩效

个体的绩效可以分为任务绩效和周边绩效两种，任务绩效测量了员工在组织和岗位要求的工作方面的绩效表现，本书选择中国台湾学者樊景立和郑伯埙（1997）针对华人社会的员工设计的量表，有四个题项：①我对我们部门（企业）的工作做出了一定的贡献；②我总是能按时完成分派给我的工作任务；③我是我们部门（企业）里最优秀的员工之一；④我的工作成绩总是能达到上级的期望。

周边绩效是指一系列自愿的、人际间、面向组织或团体的行为，这些行为有利于形成良好的心理环境和社会环境，能够促进组织整体任务的完成。这里选择Van Scotter和Motowidio（1996）的测量量表，该量表可以进一步分为人际促进和工作奉献两个维度。

人际促进的题项包括：①当有同事取得成功时，我会主动称赞他们；②当同事遇到私人困难时，我会主动帮助或鼓励他们；③当工作中我要采取的行为可能会影响到同事的工作时，我会事先告知他们；④我会说一些对同事或企业有益的事情；⑤我会鼓励大家理解彼此之间的差异，友好相处；⑥在企业中，我公平地对待他人；⑦在企业中，我经常主动帮助他人。

工作奉献的题项包括：①我有时利用休息时间工作，以保证任务按时完成；②我很关注工作上的重要细节；③我对工作格外努力；④我喜欢寻求有挑战性的工作；⑤在工作上，我能自律自制；⑥我会主动解决工作中的问题；⑦我会坚持克服困难，完成工作任务；⑧我通常会主动地应对困难的工作。

5. **组织承诺**

组织承诺维度的划分存在着较为明显的分歧，已有的组织承诺主要有单维度、二维度和三维度这三种划分方式。本书主要选取 Meyer 和 Allen（1997）编制的三维度量表，分别是情感承诺、持续承诺和规范承诺，但已有的研究认为规范承诺与情感承诺的测量中存在着较高的相关性，所以借鉴崔勋（2002）中的研究，主要使用度量表中的情感承诺和持续承诺来进行策略，这两个维度各包含八个题项。

情感承诺的题项包括：①我非常乐意在企业一直工作下去；②我认为，企业的问题就是我的问题；③在企业，我没有像家庭一员的那种感觉（反向问题）；④我对企业没有任何感情（反向问题）；⑤企业对我个人而言，意义非常重大；⑥我对企业有着强烈的归属感；⑦我喜欢和企业外的朋友谈论我所在的企业；⑧我认为我可以很容易地将自己与另一个企业联系起来（反向问题）。

持续承诺的题项包括：①即使我有离开的想法，但现在离开企业是非常困难的；②如果现在就离开企业，我的生活中的很多事情会被打乱；③现在留在企业中是我所希望的，也是必需的；④我目前的机会太少，以至于无法考虑离开企业这件事情；⑤离开现在的企业，就意味着我又失去了一种工作的选择，这是一种负面的后果；⑥我留在企业的主要原因，是因为离职意味着大量的个人牺牲，因为其他企业未必能提供现在的待遇；⑦对我而言，立刻离开现在的组织代价并不是很大（反向问题）；⑧我并不担心在没有另一份现成工作的情况下离职会发生什么（反向问题）。

（二）自设变量

1. 雇佣身份

已有的组织行为学常常会比较正式员工与非典型员工之间在工作态度和行为等方面的差别，本书根据研究的需要将雇佣方式分为两大类六种方式，其中第一大类属于以短期雇佣为主要特点的非典型雇佣，主要包括：①临时员工（没有正式编制）；②劳务派遣员工；③短期雇佣的员工（合同期在三年以下）；④签订中期合同（三年到五年）的正式员工。第二类属于以长期雇佣为主要特征的正式雇佣，主要包括：①签订长期合同（五年到十年）的正式员工；②签订无固定期限合同的正式员工。

本书在对雇佣身份的一些设定上与已有研究不同，之前国外的主要研究都将无固定期限的劳动合同视为正式雇佣或长期雇佣，而其他的方式均为非典型雇佣，但当前中国的劳动力市场存在着雇佣过于短期化的情况，签订无固定期限的合同的正式员工非常少见，尤其是私营企业，公有制企业在推行劳动合同化时也常常选择与正式员工签订五年的劳动合同。基于这种情况，本书选择将五年作为区别正式员工与非典型员工的标准。

2. 雇佣动因

本书将企业使用非典型雇佣方式的动因分为降低成本、提高柔性、知识整合和制度规制四个方面，通过李克特五分量表来对这四个方面进行测量。并以此来自设了雇佣动因在这四个维度上的题项：①使用短期员工可以降低企业的人工成本（降低成本）；②使用短期员工可以提高企业人员调整与使用的灵活性（提高 HR 柔性）；③可以使企业获得具有较高技术水平的员工（知识整合）；④可以使企业获得当前急需的专业知识与技能（知识整合）；⑤使用短期员工规避劳动法法律法规的限制（外部制度规制）；⑥使用短期员工规避企业内部人员编制与用工制度的限制（内部制度规制）。

3. 雇佣模式的特征

本书归纳了雇佣模式的三个主要特征，即雇佣身份差别机制、身份转换机制（正向和逆向）和共同工作机制。我们在设计问卷时根据这三个特征来设定了相应的题项，这些题项同样使用的是李克特五分量表。

第一，正式员工与非典型员工的雇佣身份差别主要体现为组织所给予其的工作报酬、发展机会和工作岗位的差别，所以我们针对这些内容设计了如下题项：①短期员工的工资待遇明显低于正式员工；②短期员工获得的加薪机会明显少于正式员工；③短期员工的福利待遇明显低于正式员工；④短期员工获得晋升的机会明显少于正式员工；⑤正式员工比短期员工有更多的企业培训机会；⑥正式员工与短期员工的工作岗位或工作任务存在着明显的区别。这些题项分别从薪酬水平、薪酬提升、福利、晋升等多个方面来测定员工感知到的不同雇佣身份员工之间的身份差别。

第二，在身份转换机制方面，本书设定了题项：①短期员工有很多机会可以转为正式员工（正向转换机制）；②正式员工也有可能被转为短期雇佣的员工（逆向转换机制）。这两种机制在企业中可能单独存在，也可能并存，所以具有三种可能的雇佣身份转换方式。

第三，在共同工作机制方面，设定了“正式员工与短期雇佣的员工在相同的工作场所共同工作”这一题项来进行测量。共同工作机制代表了不同类型的员工在工作场所中互动的可能性，这种互动可能是积极的，也可能是消极的。

4. 个体意向的类型

学者们开始探讨员工对非典型雇佣方式的心理倾向及其对工作态度和行为的影响，本书在总结已有研究中提出的非典型员工接受和选择雇佣方式的原因和类型后提出了以下这些选项。

（1）工具性的意向：①出于照顾家庭的需要；②为了获得学习的机会和工作经验；③能够获得更多的经济收入。

（2）踏脚石意向：希望先进入企业，等待机会转为正式员工。

（3）非自愿选择意向：①暂时无法找到满意的长期工作，或无法与企业签订长期合同；②目前缺少成为正式员工所要求的资质和技能。

（4）自愿选择意向：①喜欢灵活的工作时间、工作地点或工作方式；②不想在工作单位中受到太多的约束。

这些不同类型的意向分别代表了员工在接受和选择雇佣方式时的积极或消极的心理意愿，这些意向是针对非典型员工设置的，本书认为相对于非典型员工，正式员工拥有着更多的选择权，可以认为他们所具有的意向是比较积极主动的。

（三）控制变量

除了以上这些主要的研究变量之外，本书还在问卷中考察了其他一些相关的研究内容，主要包括：员工个体的性别、出生年份、婚否、学历、户籍、工作年限等人口学统计变量；企业所属的行业、所有制的类型等组织特征变量。

二、数据的收集与整理

（一）问卷的回收与特征分析

本书在设计好问卷之后，分别在包头、呼和浩特、临河和石家庄等地的十家企业发放了问卷。在对问卷进行回收与筛选后，共得到有效问卷 302 份，这 302 位被访者都对个体的工作态度和工作行为进行了较为完整的回答。问卷中关于雇佣动因的部分，需要工作在非典型雇佣方式的企业中的被访者填写，符合雇佣动因填写要求并回答比较完整的问卷共有 293 份；问卷中关于雇佣模式特征的部分，需要工作在多元雇佣模式的企业中的被访者填写，符合雇佣模式填写要求并较为完整的填写问卷共有 254 份。回收问卷的样本特征如下。

1. 样本的个体特征

本书按照被访者的各项特征，制作了问卷样本的个体特征表，如表 8.1 所示，在表中列出了被访者的特征分类，以及各特征下的样本数量和百分比例。在这些个体特征的样本分布中，性别与代际的分布较为匀称，接近对等的比例；在婚姻和户籍中，已婚和城市户籍的样本占据了 2/3 到 3/4；在学历中，大学毕业生和高中毕业生的比例较高。从个体样本的整体分布情况来看，不同特征的员工均占据了一定的比例，个体的样本分布比较合理。

表 8.1　样本的个体特征

特征	分类	数量	百分比	特征	分类	数量	百分比
性别	女	169	56.0	学历	小学	1	0.3
	男	133	44.0		初中	23	7.6
婚姻	已婚	226	74.8		高中	61	20.2
	未婚	76	25.2		中专	31	10.3
代际	非新生代	177	58.6		大专	37	12.3
	新生代	125	41.4		大学	116	38.4
户籍	农村	98	32.5		硕士	33	10.9
	城市	204	67.5	合计		302	100.0

2. 样本的组织特征

从表 8.2 中可以发现选择的企业样本所具有的特征，在企业所处的行业类型中轻工业、重工业、金融行业和高科技行业都占据了一定的比例，这些行业在管理特征上的差别较为明显，表明样本的整体分布范围较广，余下的其他行业虽然所占比例较小，但不会对研究产生较大影响。在单位类型上，垄断国有企业、外资企业和三资企业所占的比例非常小，样本较为均匀地分布在一般国有企业和民营企业两种类型上。

表 8.2　样本的组织特征

特征	分类	数量	百分比	特征	分类	数量	百分比
行业类型	轻工业	92	30.5	单位类型	一般国有企业	151	50.0
	重工业	40	13.2		垄断国有企业	2	0.7
	一般服务业	15	5.0		民营企业	145	48.0
	建筑业	2	0.7		外资企业	2	0.7
	计算机服务业	31	10.3		三资企业	2	0.7
	银行与金融	74	24.5	合计			
	批发与零售	3	1.0	企业样本		10	100.0
	其他	45	14.9	员工样本		302	100.0

3. 样本的员工类型特征

在表 8.3 中对员工类型的样本分布进行了分析，其中在雇佣方式上，大部分的员工都属于合同工，在短期、中期、长期和无固定期限这几种合同类型上都占据了一定的比例，临时员工和劳务派遣员工所占的比例较低，所以在本研究中难以专门对劳务派遣员工进行分析。在非典型员工接受与选择非典型雇佣方式的意向中，被迫选择是一个较为明显的情况，而获得学习的机会、家庭和经济收入等工具性原因也占据了较大的比重。

表 8.3　样本员工的雇佣身份与“意向”特征

特征	分类	数量	百分比	特征	分类	数量	百分比
非典型员工的意向	家庭	19	12.8	雇佣方式	临时员工	26	8.6
	学习的机会	39	26.4		劳务派遣	16	5.3
	经济收入	12	8.1		短期合同	32	10.6
	被迫	37	25.0		中期合同	74	24.5
	踏脚石	6	4.1		长期合同	104	34.4
	技能不足	3	2.0		无固定期限	50	16.6
	灵活的时间、地点和方式	4	2.7	合计			
	不喜欢单位约束	1	0.7	企业样本		10	100.0
合计		148	100.0	员工样本		302	100.0

（二）问卷数据的整理与汇总

在完成了筛选之后，我们对数据中某些部分进行了重新计算，使之能够更加适合后面的数据分析。这些整合主要有：

1. 将出生年代转换为代际

关于代际的分类，本书按照被访问者出生时间将其作出新生代与非新生代的代际划分，划分的时间点是1980年，这一时期是中国经济与社会转型的开启时期，也是普遍受到认可的代际划分时期。在代际变量中，0代表非新生代，1代表新生代。

2. 将单位类型转换为所有制类型

数据中的单位类型主要集中在一般国有企业和民营企业两个部分，其他类型企业的员工数量过少，不利于比较分析，所以将其合为公有制企业和私有制企业两个部分，前者153人、占50.7%，后者149人、占49.3%。在所有制变量中，0代表私有制企业，1代表公有制企业。

3. 将雇佣方式转换为雇佣身份

本书希望重点比较正式员工与非典型员工在行为机制上的区别，由于中国雇佣方式的特殊性，因此选择五年的雇佣期限作为划分长期雇佣与短期雇佣的标准。合并之后，长期雇佣的正式员工154人、占51%，非典型员工148人、占49%。在雇佣身份变量中，0代表非典型雇佣，1代表正式雇佣。

4. 将员工意向转换为意向类型

这一部分的意向主要是针对非典型员工设置的，我们认为正式员工的意向具有较高的积极主动性，将其设置为积极性意向，共154人、占51%。前面提到，非典型员工的意向可以分为工具性、非自愿、自愿和踏脚石四个方面，由于踏脚石意向（3.4%）和自愿意向所占比例（4.1%）过低，因此将前者划入工具性意向，后者与其他未明确的意向合并。重新分类之后，具有工具性意向的非典型员工76人、占25.2%，具有非自愿意向的非典型员工40人、占13.2%，其他意向类型的非典型员工32人、占10.6%。由于意向类型属于类型变量，为了研究的需要将其进一步转化为虚拟变量：（1）积极性意向，1 代表具有积极性意向的正式员工，0 代表其他意向类型的员工；（2）工具性意向，1 代表具有工具性意向的非典型员工，0 代表其他意向类型的员工；（3）非自愿意向，1 代表具有非自愿意向的非典型员工，0 代表其他意向类型的员工；（4）其他意向，根据虚拟变量的设置要求，将其作为基准变量。

第三节　量表的信度和效度分析

一、信度分析

信度（reliability）是指测量的可靠性、稳定性和一致性，或是指调查对象之间答案的差异在多大程度上是由于它们在量表所要测量的建构和特征上的真实差异所造成的，而不是由于随机测量误差所造成的。良好的信度也是一个好的量表必须具备的基本特点。

表 8.4　变量信度分析表

变量	克朗巴哈系数（Cronbach）	题项数量
任务绩效	0.788	4
周边绩效	0.937	
人际促进	0.889	7
工作奉献	0.899	8
心理契约	0.753	
经济性交换	0.745	6
社会性交换	0.752	8
组织公平	0.918	
分配公平	0.855	5

续表

变量	克朗巴哈系数（Cronbach）	题项数量
程序公平	0.905	4
组织认同	0.876	6
组织承诺	0.799	
情感承诺	0.645	8
持续承诺	0.705	8

内部一致性信度是指量表中各个变项多大程度上在测量同一个现象或概念。内部一致性信度通过 Cronbach 系数的数值来表示。一般来讲，该系数大于0.9 是极好，0.8 左右是非常好，0.7 是适中，0.5 以上是可以接受的，低于0.5 则认为量表不具备基本的信度。表8.4 中列出了各构念的信度得数：其中心理契约社会性交换维度中的第二题项与其整体因子中的相关性为 -0.094，删除之后可以将社会交换的可信度从0.752 提高到0.827；情感承诺中的第三题项和第四题项与整体的相关度最低，为0.065 和0.203，在删除之后可以将可信度从0.645 提高到0.736。

二、效度分析

（一）模型的整体拟合度评价

验证性因子分析是进行量表效度测量的主要方式，本书通过 AMOS 软件来进行效度分析。验证性因子分析对量表效度的测量可以分为两个部分：首先是对整体模型拟合度的评价，从整体的角度来衡量模型与样本数据之间的匹配程度；其次是对样本下各题项的因子载荷进行衡量。对整体模型的拟合度的评价比较常用的指标包括：

表 8.5　变量的整体拟合指标

模型	x^2/df	GFI	AGFI	RMSEA	RMR
适配指标	1—3	0.90 以上	0.90 以上	小于 0.08	小于 0.10
心理契约（修正后）	2.784	0.918	0.879	0.077	0.058
组织公平（修正后）	2.780	0.957	0.918	0.077	0.025
组织认同	2.466	0.975	0.942	0.070	0.160
个体绩效	2.688	0.873	0.838	0.075	0.030
组织承诺（修正后）	2.995	0.930	0.892	0.081	0.043

1. X^2 与自由度（df）的比值（简称 NC 值）

该指标的检验容易受样本量的影响，一般而言该比值越小说明模型的拟合度越好。NC 值小于 5 表明模型的拟合效果还可以，低于 3 表明中等水平的拟合，低于 2 则表明是好的拟合。

2. 近似误差均方根（RMSEA）

使用该指数的基本规则是，当值低于 0.05 表明拟合很好，当值介于 0.05 和 0.08 表明拟合较好，当值介于 0.08 和 0.10 表明可以接受，而当值大于 0.10 时表明模型的拟合很差。研究表明，RMSEA 往往优于其他拟合指标。

3. 标准化残差均方根（RMR）

该指数关注的是观测到的协方差与预测的协方差之间的差异程度，一般认为差异越小越好。当该指数低于 0.10 时说明模型拟合效果是可以接受的，也有学者认为该指标应小于 0.05。

除此之外还有其他的一些评价指标，如拟合优度指数（GFI）和调整拟合优度指数（AGFI）等。这些评价指标的差别在于在衡量模型拟合度时的侧重点各不相同，并且对不同指标值的优劣比较还存在着很多的争议，所以本书在这里将它结合进行使用，以此来判断模型的整体拟合度。本书在表 8.5 中列举出了对各变量的拟合度的各项指标，大部分的变量有着较好的拟合度，基本上可以满足多项指标的要求。表 8.5 中的组织公平、心理契约和组织承诺显示的是经过修正的评价值。

（二）量表题项的因子载荷评价

1. 心理契约

原有的心理契约量表共有十四个题项，其中前六个题项为经济性交换的题目，后八个题项为社会性交换的题目，验证性分析的结果表明：由于心理契约中测量的经济性交换与社会性交换属于两种在理论意义上不同的交换方式，这两个因子的相关性系数为 -0. 086；在经济性交换量表中，第三题项的因子过低；在社会性交换量表中，第十题项因子载荷过低，在根据修正指数删除这些题项后，量表的整体适配情况良好。

表 8. 6　心理契约因子载荷表

变量	题项	因子载荷	P 的数值	R^2
经济性交换	X1	0. 501	***	0. 251
	X2	0. 490	***	0. 240
	X4	0. 709	***	0. 503
	X5	0. 834	***	0. 696
	X6	0. 605	***	0. 366
社会性交换	X7	0. 564	***	0. 318
	X8	0. 428	***	0. 183
	X9	0. 611	***	0. 373
	X11	0. 776	***	0. 602
	X12	0. 674	***	0. 454
	X13	0. 621	***	0. 386
	X14	0. 761	***	0. 579

2. 组织认同

组织认同量表属于单因子量表，共有六个题项，验证性因子分析的结果良好。

表 8.7　组织认同因子载荷表

变量	题项	因子载荷	P 的数值	R^2
组织认同	X1	0.641	***	0.411
	X2	0.725	***	0.526
	X3	0.658	***	0.434
	X4	0.765	***	0.586
	X5	0.845	***	0.713
	X6	0.749	***	0.560

3. 组织公平

组织公平量表共有九个题项，其中前五个题项为分配公平的题目，后四个题项为程序公平的题目，验证性分析的结果表明：在组织公平构念的设定中，程序公平与组织公平存在很大的相关关系，分析的结果表明这两个因子的相关性系数为 0.796；其中分配公平中的第四题项的因子载荷较低，影响了整体的效度，再根据修正指数删除，删除后测定的量表的整体适配情况良好。

表 8.8　组织公平因子载荷表

变量	题项	因子载荷	P 的数值	R^2
分配公平	X1	0.720	***	0.519
	X2	0.761	***	0.579
	X3	0.720	***	0.518
	X5	0.844	***	0.712

续表

变量	题项	因子载荷	P 的数值	R^2
程序公平	X6	0.810	***	0.656
	X7	0.851	***	0.724
	X8	0.893	***	0.797
	X9	0.808	***	0.654

4. 个体绩效

本书将个体绩效分为三个维度进行测量，分别是任务绩效和周边绩效中的人际促进与工作奉献。该量表在整体模型中的拟合度较好，其中任务绩效和人际促进的相关系数是 0.753，与工作奉献的相关系数是 0.766，工作奉献与人际促进的相关系数是 0.867. 虽然验证性因子分析的 GFI 和 AGFI 指标都没有完全达到 0.9，但已经非常接近，并且其他三项指标均已符合要求，所以不再进行修改。

表 8.9　绩效因子载荷表

变量		题项	因子载荷	P 的数值	R^2
个体绩效	任务绩效	X1	0.716	***	0.513
		X2	0.696	***	0.484
		X3	0.671	***	0.450
		X4	0.701	***	0.492
	周边绩效（人际促进）	X5	0.683	***	0.466
		X6	0.730	***	0.532
		X7	0.699	***	0.488
		X8	0.753	***	0.566
		X9	0.742	***	0.550
		X10	0.775	***	0.601
		X11	0.742	***	0.550

续表

变量		题项	因子载荷	P的数值	R^2
个体绩效	周边绩效（工作奉献）	X12	0.568	***	0.322
		X13	0.739	***	0.546
		X14	0.748	***	0.559
		X15	0.691	***	0.478
		X16	0.760	***	0.578
		X17	0.774	***	0.599
		X18	0.836	***	0.699
		X19	0.749	***	0.561

5. 组织承诺

组织承诺量表在整体的拟合度上表现较差，本书删除了其因子载荷过低的题项，并根据修正指标的要求删除相应的题项来提高整体的拟合度，删除了量表中情感承诺的第四题项和第八题项，持续承诺中的第十四题项、第十五题项和第十六题项。修正后的量表进行验证性因子分析显示情感承诺与持续承诺的相关性是0.836。

表8.10　组织承诺因子载荷表

变量		题项	因子载荷	显著性（P）	R^2
组织承诺	情感承诺	X1	0.668	***	0.446
		X2	0.567	***	0.322
		X3	0.140	0.026	0.020
		X5	0.736	***	0.562
		X6	0.739	***	0.546
		X7	0.564	***	0.318
	持续承诺	X9	0.517	***	0.267
		X10	0.712	***	0.507
		X11	0.787	***	0.619
		X12	0.425	***	0.180
		X13	0.699	**	0.488

第四节　研究假设的检验

一、相关因素的分析

（一）人口学统计变量

问卷中对个体的人口学统计变量进行了调查，这些变量包括个体的出生年代、性别、学历和婚姻等情况。在问卷回收之后，本书对其中的一些特征进行了再次的处理和分析，发现其中存在着对员工选择雇佣方式和工作行为的影响。

1. 代际因素

代际差异理论认为，社会的重大变迁会对不同代群的价值观的形成和发展有着重要的影响，进而导致不同代群之间存在价值观差异化的特征。个体的工作价值观既会影响其选择与接收雇佣方式的意向，也会影响其对组织和工作的态度和行为。在302位被访者中，新生代个体为125人，占总群体的41.4%。本书通过相关分析研究发现，与以往大家的看法不同，新生代员工表现出更高水平的情感承诺（0.150，P = 0.018）与持续承诺（0.191，P = 0.017）。在当前的普遍观点中，新生代员工由于独特的价值观特点，其对组织的忠诚度应该会低于老一代的员工，而这份数据中显示的情况却与之相反。

2. 城乡户籍因素

国内的很多研究都对农民工群体所处的社会阶层、价值观和工作表现等方面的特征进行了研究，并认为中国特殊的城乡二元结构所造成的制度性是导致城乡劳动者群体分化的重要因素。本书首先通过单因素方差分析发现，具有农村户籍的员工在雇佣身份与雇佣意向选择上与城市员工存在着显著的差异；之后通过 Kendall 相关分析发现，员工的户籍与雇佣身份和意向类型存在着较强的相关关系，其中户籍与雇佣身份的相关性是0.452（P=0.000），与意向类型的相关性是-0.367（p=0.000），具有工具性意向的非典型员工的户籍的相关性是-0.331（P=0.000），非自愿意向员工与户籍的相关性是-0.251（P=0.000）。这表明，具有城市户口的员工更多地处在相对长期和稳定的雇佣方式上，农村户籍员工的雇佣方式更加短期，更多的是通过非典型雇佣方式被雇佣，在非自愿意向和工具性意向的员工中有着较大比例的是农民工。此外，农村户籍的员工在对非典型雇佣方式的接受性也明显高于城市户籍的员工。这种情况也许与农民工的高度流动性有着很大的关系，这种流动性减少了其对长期雇佣的需要和对非典型雇佣方式的抵触。

同时，在对不同户籍的员工工作态度的检验中也有所发现，城市户籍的员工在三个方面的绩效水平均高于农民工：任务绩效（0.20579，P=0.035）、人际促进（0.20937，P=0.003）、工作奉献（0.16539，P=0.022），这种工作绩效的表现也许和农民工大多是雇佣身份较低的非典型员工有关；但农民工表现出了高于城市户籍的员工组织公平感，分配公平（-0.23925，P=0.01）和程序公平（-0.19849，P=0.035）。

其他的一些个体特征也在一定程度上影响了员工个体的情况，如已婚员工表现出了更高的情感承诺与组织承诺，高学历的员工更多地处在长期雇佣，但这些特征变量与本书所要探讨的主题关系较小，所以不再列出。

（二）企业特征变量

本书中涉及的企业特征变量主要有两个，即行业和所有制类型。因为中国的一个特殊性在于很多国有企业处于垄断性的行业之中，在本书的研究中所有制的特征更加具有代表性。在本书的研究中国有企业和民营企业占了绝大部分，所以这里没有对外资企业的比较，对不同所有制中员工的工作态度与行为的比较表明，公有制企业中的员工在情感承诺（-0.130214，P=0.037）和人际促进（-0.16708，P=0.018）与工作奉献（-0.15611，P=0.019）这两个方面的周边绩效上明显低于私营企业的员工。

（三）主要分析变量的相关分析

1. 组织层面：雇佣模式与雇佣动因的相关分析

组织层面主要针对企业的各种雇佣动因和各项雇佣模式特征进行相关分析。其中雇佣动因包括降低成本、提高人力资源柔性、知识整合和制度规制四个方面；雇佣模式特征包括雇佣身份差别机制、雇佣身份转换机制（正向和逆向）和共同工作机制三个方面。

表 8.11　雇佣模式与雇佣动因的相关系数表

	降低成本	人力资源柔性	知识整合	制度规避	雇佣身份差别	正向转换机制	逆向转换机制
降低成本							
人力资源柔性	0.410**						
知识整合	0.151**	0.318**					
制度规避	0.342**	0.238**	0.347**				

续表

	降低成本	人力资源柔性	知识整合	制度规避	雇佣身份差别	正向转换机制	逆向转换机制
雇佣身份差别	0.464 **	0.155 *	0.027	0.286 **			
正向转换机制	-0.157 *	0.164 **	0.260 **	0.002	-0.108		
逆向转换机制	0.316 **	0.053	-0.026	0.168 **	0.622 **	-0.108	
共同工作	0.077	0.177 **	0.014	0.034	0.357 **	0.269 **	0.203 **

2. 员工层面：员工类型与行为变量的相关分析

在对员工层面进行变量的相关性分析时，选择的变量主要是员工类型变量和员工的态度与行为变量。这些变量中，自变量员工类型中包括雇佣身份与意向类型两类，雇佣身份与积极性意向属于虚拟变量，其指向的对象均为正式员工，所以在分析时列为一个变量，意向类型包括积极性意向、非自愿意向和工具性意向，后两者都是非典型员工群体中的不同部分。

其他的分析变量主要有第一节假设中涉及的中介变量：心理契约（经济性交换与社会性交换）、组织认同、组织公平（分配公平和程序公平）；假设中涉及的因变量包括任务绩效、周边绩效（人际促进和工作奉献）和组织承诺（情感承诺和持续承诺）。

表 8.12　员工类型与行为变量的相关系数表

	雇佣身份（积极性意向）	非自愿意向	工具性意向	经济性交换	社会性交换	组织认同
非自愿意向	-0.399 **					
工具性意向	-0.592 **	-0.227 **				
经济性交换	-0.130 *	0.021	0.036			
社会性交换	0.086	-0.163 **	-0.008	-0.002		

续表

	雇佣身份（积极性意向）	非自愿意向	工具性意向	经济性交换	社会性交换	组织认同
组织认同	0.037	-0.100	-0.037	0.017	0.403**	
分配公平	-0.095	-0.027	0.131*	0.056	0.545**	0.245**
程序公平	-0.130*	-0.007	0.180**	0.052	0.449**	0.220**
任务绩效	0.147*	-0.126*	-0.055	0.216**	0.252**	0.279**
人际促进	0.203**	-0.252**	-0.063	0.046	0.387**	0.398**
工作奉献	0.133*	-0.221**	0.017	0.068	0.390**	0.407**
情感承诺	0.043	-0.154**	0.047	-0.127*	0.607**	0.516**
持续承诺	0.074	-0.149**	0.006	0.009	0.374**	0.325**
（续上表）	分配公平	程序公平	任务绩效	人际促进	工作奉献	情感承诺
非自愿意向						
工具性意向						
经济性交换						
社会性交换						
组织认同						
分配公平						
程序公平	0.683**					
任务绩效	0.100	0.002				
人际促进	0.157**	0.095	0.630**			
工作奉献	0.124*	0.095	0.644**	0.789**		
情感承诺	0.374**	0.369**	0.240**	0.338**	0.334**	
持续承诺	0.249**	0.216**	0.214**	0.243**	0.251**	0.578**

二、雇佣动因与雇佣模式关系的实证研究

本书在研究过程中没有专门针对企业的管理层进行雇佣动

因和雇佣模式的问卷调查，所以在这里根据已有的254份问卷中员工感知到的雇佣动因与雇佣模式特征来进行分析。在前面的假设1—假设3中，针对降低成本、知识整合和制度规制这三种不同层面的雇佣动因对雇佣模式的特征的影响作出了假设。这三种雇佣动因之间的相容性较低，而人力资源柔性（主要是数量柔性）与这三种雇佣动因都具有一定的相容性，它对雇佣模式特征的影响难以进行准确的区分，所以没有列出关于它的假设。

表 8.13　雇佣动因对雇佣模式特征的回归系数表

因变量：雇佣模式特征	自变量：雇佣动因					
	降低成本		知识整合		制度规制	
	r	sig	r	sig	r	sig
雇佣身份差别	0.460**	0.000	0.018	0.773	0.277**	0.000
正向转换机制	-0.158*	0.012	0.257**	0.000	0.005	0.940
逆向转换机制	0.308**	0.000	—	—	0.156*	0.013
共同工作机制	—	—	0.020	0.754	—	—

本书的假设是通过分析某项雇佣动因对雇佣模式特征进行的促进或抑制作用的分析，因为这三种动因之间在理论逻辑上是相互冲突的，所以表8.13中显示的都是单雇佣动因变量对雇佣模式特征的回归结果。因为都是单自变量，所以回归与相关分析的效果是等同的，这些假设可以通过列出的相关系数表进行验证。在表8.13中，降低成本与假设1中提到的雇佣身份差别和雇佣身份转换（正向与逆向）均显著，与假设相符，假设1都得到了验证；知识整合的动因只与正向转换机制显著，假设2（2）得到验证，假设2（1）与假设2（3）没有

数据的支持；制度规制的动因与雇佣身份的差别和逆向转换机制均显示出了回归的显著性，与假设3（1）和假设3（3）相符，而假设3（2）没有得到数据的支持。

三、员工行为机制的实证研究

在这一部分中，本书将通过数据来验证不同类型员工行为机制的假设，通过比较雇佣身份和意愿类型作为自变量来解释不同类型的员工行为机制的差异。中介作用的验证首先需要证明自变量与中介变量和因变量分别具有显著的回归关系，之后将自变量与中介变量共同和因变量做回归，如果自变量与中介变量的回归系数均显著，则中介变量在自变量与因变量之间起到了部分中介作用，如果自变量变为不显著而中介变量显著，说明中介变量在自变量与因变量之间起着完全中介的作用。鉴于涉及的因变量和中介变量较多，并且还需要进行不同自变量模式的比较分析，所以本书首先验证两类自变量与中介变量之间的关系是否显著，之后再分别研究两类自变量对各个因变量的直接效应和中介机制。

（一）员工类型与中介变量的回归分析

这部分首先考察自变量对中介变量的回归是否显著。本书中设定的中介变量主要包括两类：第一类是关于雇佣关系的变量（经济性交换、社会性交换与组织认同）；第二类是关于组织公平的变量（分配公平和程序公平）。表8.14中考察了当雇佣身份作为自变量和意向类型作为自变量时对这些中介变量的影响。

表 8.14　员工类型与中介变量的回归系数表

	经济性交换		社会性交换		组织认同		分配公平		程序公平	
自变量 1										
雇佣身份	-0.130*	0.024	0.106	0.137	0.037	0.522	-0.095a	0.098	-0.130*	0.023
R^2	0.017		0.007		0.001		0.009		0.017	
ΔF	5.145*	0.024	2.223	0.137	0.411	0.522	2.750a	0.098	5.192*	0.023
自变量 2										
积极性意向	-0.262*	0.007	-0.031	0.746	-0.130	0.180	-0.047	0.626	-0.015	0.880
工具性意向	-0.145	0.111	-0.069	0.446	-0.156a	0.087	-0.024	0.764	0.027	0.730
非自愿意向	-0.116	0.148	-0.191*	0.017	-0.187*	0.020	0.097	0.287	0.177a	0.051
R^2	0.026		0.029		0.020		0.018		0.034	
ΔR^2	0.009		0.022		0.019		0.009		0.017	
ΔF	2.682	0.47	3.298*	0.038	2.784a	0.063	1.340	0.263	2.558a	0.079

a：$0.05 < p < 0.1$

1. 自变量：雇佣身份

雇佣身份属于二分型变量，1 代表长期雇佣，0 代表短期雇佣。表中的结果显示：雇佣身份与经济性交换的回归系数显著负相关，这意味着正式员工的经济性交换要低于非典型员工，与假设 4（1）相符；雇佣身份与分配公平和程序公平的回归系数也都呈现显著负相关，这意味着正式员工感知到的分配公平和程序公平低于非典型员工，与原假设 5（1）和假设 5（2）在方向上相反；社会性交换与组织认同的回归系数不显著，这说明正式员工与非典型员工之间不存在明显的差别，假设 4（2）和假设 5 没有得到数据支持。

2. 自变量：意向类型

意向类型属于分类变量，这里通过虚拟变量的方式来予以验证。在表 8.14 中的积极性意向代表着正式员工，其他两个自变量分别代表着具有工具性意向和非自愿意向的非典型员工。回归的结果表明：在经济性交换中，具有积极性意向的员工显著低于其他类型的员工，但具有非自愿意向的员工的经济性交换的差异性不显著，所以假设 8（1）得到了验证，而假设 8（2）没有得到数据支持；在社会性交换和组织认同中，非自愿意向的员工的表现明显低于其他类型的员工，正式员工并没有显著高于其他意向类型员工，假设 8（4）和假设9（2）得到了验证，具有积极意向的正式员工虽然数值相对较大，但结果并不显著，所以假设 8（3）和假设 9（1）没有得到验证；在分配公平中，正式员工、工具性意向和非自愿意向的非典型员工之间并没有体现出显著的差异，因此假设 10（1）和假设 10（2）没有得到数据的支持；而在程序公平上，积极性意向的正式员工并没有表现出显著高于其他意向类型的程序公平感，非自愿意向员工的感知明显高于其他类型的员工，结论与假设相反，所以假设 10（3）和假设 10（4）也没有得到数据的支持。

在对比雇佣身份与意向类型的两类回归模型中，可以发现二者在不同的变量中分别表现了自己的显著性，这说明他们在不同的变量中分别拥有着较高的解释力，雇佣身份可以解释个体经济性交换和组织公平中的差异，意向类型中则可以在更多的个变量中得到更有效的解释。对于在程序公平和分配公平中为什么会出现与理论假设相反的结果，我们认为这很可能是因为在非典型员工中农民工占据着更高的比例，在前面的相关因素中已经发现，具有农村户籍的员工在绩效水平方面的表现低于城市员工，而在两种公平感的感知上要显著高于城市员工，这可能与农民工在绩效中相对较少的付出和选择了不同的比较对象有关。此外，分析的结果表明，雇佣身份不存在社会性交换与组织认同的中介机制，意向类型没有经济性交换和分配公平的中介机制，与这两个方面有关的中介假设不成立。

（二）员工类型与任务绩效的中介机制分析

在分析完雇佣身份与意向类型对各中介变量的关系之后，本书将进一步分析它们与各因变量之间的直接效应和间接效应。对每一个结果变量的分析将分别设立 4 个模型：模型 1 表示雇佣身份对结果变量的直接效应；模型 2 表示意向类型对结果变量的直接效应；模型 3 和模型 4 分别分析前两个模型加入中介变量之后的结果。通过比较分析来探讨两种自变量对结果变量影响机制的共性与差异。

表 8.15　员工类型对任务绩效的中介机制分析

	模型 1		模型 2		模型 3	
自变量						
雇佣身份	0.147*	0.01			0.181**	0.001
积极性意向			0.106	0.272		
工具性意向			-0.012	0.896		
非自愿意向			-0.086	0.283		
中介变量						
经济性交换					0.235**	0.000
分配公平					0.179*	0.019
程序公平					-0.109	0.152
R^2	0.022		0.027		0.095	
ΔR^2	0.022		0.005		0.068	
ΔF	6.656*	0.010	0.821	0.441	7.816**	0.000

注：由于模型 2 不显著，所以无法分析模型 4 的中介效应

a：$0.05 < p < 0.1$

在员工类型与任务绩效的中介机制分析中，如表 8.15 所示，模型 1 和模型 2 的结果表明，雇佣身份可以解释正式员工与非典型员工之间在任务绩效上的差异，不同意向类型之间不存在显著的差异，所以假设 6（1）得到了验证，假设 11（1）和假设 11（2）没有得到验证；模型 3 说明经济性交换和分配公平在雇佣身份与任务绩效之间起着中介作用，程序公平的中介机制不显著，所以假设 13（1）和假设 15（1）得到了研究，假设 14（1）未得到数据的支持；由于模型 4 不存在，所以与之相关的中介机制假设 13（1）、假设 14（1）和假设 15（1）未得到验证。

（三）员工类型与人际促进的中介机制分析

在员工类型与人际促进的中介机制分析中，模型 1 表明雇佣身份中的正式员工在人际促进上的绩效高于非典型员工，因此假设 6（2）得到了验证；模型 2 表明正式员工与各意向类型的非典型员工相比并没有表现出明显的差异，但非自愿意向的员工在人际促进上的表现显著的低于其他意向类型的员工，所以假设 11（3）没有得到验证，假设 11（4）得到了验证，也许可以认为模型 1 中正式员工与非典型的差异主要是由非自愿意向的员工带来的；由于雇佣身份对社会性交换和组织认同这两个中介变量不显著，所以无模型 3，验证假设 16（1）与假设 17（1）的中介机制无法成立；模型 4 表明，非自愿意向员工的与人际促进之间的关系是由社会性交换和组织认同的部分中介机制来实现的，所以假设 16（2）与假设 17（2）的中介机制得到了验证。

表 8.16 员工类型对人际促进的中介机制分析

	模型 1		模型 2		模型 4	
自变量						
雇佣身份	0.203 **	0.000				
积极性意向			0.046	0.624	0.090	0.286
工具性意向			-0.094	0.290	-0.033	0.679
非自愿意向			-0.255 **	0.001	-0.156 *	0.027
中介变量						
社会性交换					0.241 **	0.000
组织认同					0.281 **	0.000
R^2	0.041		0.080		0.265	
ΔR^2	0.041		0.038		0.185	
ΔF	12.901 **	0.000	6.197 **	0.002	21.303 **	0.000

注：由于自变量对中介变量的回归系数不显著，所以无法分析模型 3 的中介效应

a：$0.05 < p < 0.1$

（四）员工类型与工作奉献的中介机制分析

在员工类型与工作奉献的中介机制分析中，模型 1 说明正式员工的工作奉献程度显著高于非典型员工，所以假设 6（3）得到了验证，假设 6 的正式员工绩效高于非典型员工的加强全部得到了验证。

模型 2 表示正式员工的工作奉献水平没有显著高于其他意向类型的非典型员工，而非自愿意向的员工的工作奉献水平显著低于所有其他意向类型的员工，因此假设 11（5）没有得到验证，假设 11（6）得到了验证；由于自变量与中介变量不显著，所以没有模型 3 的雇佣身份与工作奉献的中介机制分析，假设 18（1）和假设 19（1）中的中介机制未能

成立。

模型 4 表明社会性交换与组织认同在意向类型中的非自愿意向员工与工作奉献之间起着完全中介的作用，因此假设 18（2）和假设 19（2）得到了验证。

表 8.17　员工类型对工作奉献的中介机制分析

	模型 1		模型 2		模型 4	
自变量						
雇佣身份	0.133*	0.021				
积极性意向			0.058	0.543	0.104	0.221
工具性意向			0.006	0.944	0.070	0.385
非自愿意向			-0.196*	0.013	-0.094	0.188
中介变量						
社会性交换					0.247**	0.000
组织认同					0.296**	0.000
R^2	0.018		0.051		0.253	
ΔR^2	0.018		0.033		0.202	
ΔF	5.370*	0.021	5.284**	0.006	2.006**	0.000

注：由于自变量对中介变量的回归系数不显著，所以无法分析模型 3 的中介效应

a：$0.05 < p < 0.1$

（五）员工类型与持续承诺的中介机制分析

在员工类型与持续承诺的中介机制分析中，模型 1 表明正式员工与非典型员工之间不存在显著的持续承诺差异，所以也不可能进行模型 3 的中介机制分析，因此假设 7（1）没得到验证，相关的中介机制的假设 20（1）、假设 21（1）、假设 22（1）和假设 23（1）无法成立。

模型 2 说明具有积极意向的正式员工没有表现出显著高于其他员工的持续承诺，而具有非自愿意向的非典型员工在持续承诺上显著低于其他意向类型的员工，所以假设 12（1）没有得到验证，假设 13（1）得到了验证。

模型 4 表明非自愿意向的员工与持续承诺的关系是通过组织认同和程序公平的完全中介机制来实现的，经济性交换与分配公平由于和自变量关系不显著，所以不存在针对他们的中介机制，假设 21（1）和假设 23（1）得到了验证，假设20（1）和假设 22（1）没有得到数据的支持。

表 8.18　员工类型对持续承诺的中介机制分析

	模型 1		模型 2		模型 4	
自变量						
雇佣身份	0.074	0.199				
积极性意向			-0.015	0.876	0.023	0.799
工具性意向			-0.040	0.660	-0.026	0.767
非自愿意向			-0.164*	0.041	-0.117	0.124
中介变量						
经济性交换					—	—
组织认同					0.276**	0.000
分配公平					—	—
程序公平					0.162*	0.004
R^2	0.005		0.023		0.144	
ΔR^2	0.005		0.018		0.121	
ΔF	1.656	0.199	2.692a	0.069	9.936**	0.000

注：由于模型 1 不显著，所以无法分析模型 3 的中介效应

a：$0.05 < p < 0.1$

（六）员工类型与情感承诺的中介机制分析

在员工类型与情感承诺的中介机制分析中，模型1表明正式员工与非典型员工之间不存在显著的情感承诺差异，因此假设7（2）没有得到验证，并且因为自变量与因变量之间的关系不显著，所以关于二者的中介机制假设均不成立，因此假设24（1）、假设25（1）、假设26（1）和27（1）均未被证明。

模型2说明具有积极性意向的正式员工没有表现出显著高于其他意向类型员工的情感承诺，而具有非自愿意向的非典型员工在情感承诺上显著低于其他意向类型的员工，所以假设12（3）没有得到验证，假设12（4）得到了验证。

模型4说明社会性交换、组织认同和程序公平共同在非自愿意向员工与情感承诺之间起着完全中介的作用，分配公平由于和意向类型之间不存在显著的回归关系，所以无中介作用，假设24（2）、假设25（2）和27（2）得到了证明，假设26（2）未得到数据的验证。

表8.19　员工类型对情感承诺的中介机制分析

	模型1		模型2		模型4	
自变量						
雇佣身份	0.043	0.457				
积极性意向			-0.028	0.776	0.029	0.688
工具性意向			-0.007	0.940	0.055	0.425
非自愿意向			-0.167*	0.038	-0.028	0.638
中介变量						
社会性交换					0.426**	0.000
组织认同					0.320**	0.000
分配公平					—	—

续表

	模型 1		模型 2		模型 4	
程序公平					0.101 *	0.040
R^2	0.002		0.024		0.469	
ΔR^2	0.002		0.022		0.445	
ΔF	0.55	0.457	3.418 *	0.034	43.465 **	0.000

注：由于模型 1 不显著，所以无法分析模型 3 的中介效应

a：$0.05 < p < 0.1$

在完成对雇佣身份和意向类型的直接效应和间接效应的比较分析之后认为：意向类型在个体层面解释员工的行为上具有更大的解释力，这种解释力主要来自对非典型员工内部心理差异的进一步分析，这既提高了对员工内部行为差异的直接效应的解释力，也提高了对影响员工行为的中介机制的解释力。在比较雇佣身份与意向类型分别作为自变量的时候可以发现，在很多的员工行为中，正式员工与非典型员工之间的差别很可能是来自非典型员工中的某个部分，即具有非自愿意向的员工。所以在对企业在对员工进行管理时需要关注到员工群体中的内部差异，这种差异不仅仅来自雇佣身份所代表的员工身份，也来自员工所具有的意向。

四、员工行为跨层调节机制的实证研究

这一部分的主要工作是通过跨层次分析来探讨和验证企业的雇佣动因和雇佣模式对员工的工作态度和工作行为的影响机制的，本书使用 HLM 软件来完成这一部分的实证研究工作。使用 HLM 进行跨层次分析需要分别设定组织层与个体层面的数据：个体层面的数据主要来自问卷中的与个体相关的量表变量，本书将对是否适合进行聚合分析进行适配条件的检验；对

于组织层面的数据，由于本书没有专门针对不同单位的管理层来获取关于雇佣动因与雇佣模式特征的信息，所以将根据问卷中个体感知到的企业雇佣动因与雇佣模式特征根据工作单位计算均值，以此作为组织层面的数据。

（一）聚合分析

进行跨层次分析首先需要保证数据能够符合聚合指标，并且不同的样本群体之间具有显著的区分，本书在这里首先通过方差分析来检验变量的组间方差是否显著。在对相关的变量进行了基于企业的单因素方差分析后发现，除持续承诺的显著性稍低外，其他的变量均有较高的显著性。之后对这些变量的聚合指标进行分析，一般认为聚合指标的标准 Rwg 最好能够达到0.9，ICC1 能够达到 0.12，ICC2 能够达到 0.7，但 ICC 的标准略低，若能够保证显著的组间方差和理论研究支持以及相对较高的 Rwg 指标，即使 ICC 的指标较低也可以进行聚合。

表 8.20　跨层次研究适用性分析

	基于企业的方差分析		聚合指标		
	F	Sig.	ICC1	ICC2	Rwg
经济性交换	2.512**	0.009	0.048	0.602	0.749
社会性交换	1.955*	0.044	0.031	0.489	0.811
组织认同	1.991*	0.040	0.032	0.497	0.824
分配公平	3.205**	0.001	0.068	0.688	0.768
程序公平	4.219**	0.000	0.097	0.763	0.655
任务绩效	4.154**	0.000	0.095	0.759	0.790
人际促进	6.342**	0.000	0.151	0.842	0.833
工作奉献	4.676**	0.000	0.109	0.786	0.826
情感承诺	2.896**	0.003	0.059	0.654	0.853
持续承诺	1.830a	0.062	0.027	0.453	0.790

a：$0.05 < p < 0.1$

需要提到的是，跨层研究一般都要求组织的样本能够具有较高的一致性，而我们的研究中需要分析不同雇佣身份员工之间的差异及其影响，也就是说组织样本是需要存在着一定的差别的，所以可以对稍低的组织一致性保持符合研究需要的容忍度。表 8.20 中的结果显示，各个变量存在着非常显著的基于工作单位的差异，这种显著程度已经超过了基于雇佣身份或意向类型的差异显著性程度，这表明在影响员工的行为机制上工作单位之间的差异可能具有更多的解释力。

（二）雇佣动因调节机制的假设验证

根据温忠麟（2005）的观点，当自变量和调节变量都是连续变量时，证明调节变量的根据为调节效应显著，并且加入调节效应后模型的 R2 应高于只有自变量和调节变量的模型。此时以自变量与调节变量乘积形式出现的交互项代表着与自变量和调节变量等同的一个新变量，所以即使这两个变量不显著，也可以证明调节效应显著，所以在判断调节效应时主要分析交互项的显著性和 R2 的变化。进行跨层次的调节机制的研究一般需要以下四个步骤，它们分别具有不同的作用。

Step1：通过零模型验证是否存在显著的组间方差；

Step2：检验 Level1 的主效应是否显著；

Step3：检验 Level2 的主效应是否显著，即高层的变量是否对低层的变量有直接的作用；

Step4：检验高层的变量是否具有调节作用。

由于在前面的第一部分已经通过基于企业单位的方差分析验证了各变量之间存在显著的组间方差，所以在这一部分省略 Step1，直接对后面的步骤进行分析。表 8.21 中列出了假设 28

到假设 31 的数据分析结果。根据这些步骤的分析可以不断观察到高层级变量雇佣动因对低层级变量的直接影响，也可以验证其调节效应。

表 8.21　雇佣动因对员工行为的调节机制

	预测因子				方差			$R^2_{调节}$
	r_{oo}	r_{10}	r_{01}	r_{11}	δ^2	τ_{00}	τ_{11}	
假设 28(1)								
Step2	3.18**	-0.206*			0.46	0.015	0.008	
Step3	3.47**	-0.085	-0.20*		0.465	0.019	0.0039	
Step4	3.18**	-0.0004	0.67	-0.24a	0.465	0.0183	0.0038	0.026
假设 28(2)								
Step2	3.38**	0.15a			0.323	0.01a	0.008a	
Step3	3.78**	-0.11	0.162*		0.322	0.010*	0.012a	
Step4	3.84**	-0.132a	-0.198	0.1	0.323	0.009a	0.018a	—
假设 29(1)								
Step2	3.32**	-0.028			0.406	0.07	0.03a	
Step3	4.57**	0.355*	0.019		0.405	0.030	0.017	
Step4	4.74**	-0.40*	-1.57**	0.437**	0.405	0.031	0.008	0.53
假设 29(2)								
Step2	3.09**	-0.002			0.61	0.13	0.016	
Step3	3.67**	-0.167	0.028		0.61	0.119	0.0034	
Step4	4.08**	-0.28	-0.70a	0.20a	0.61	0.112	0.0008	—
假设 30(1)								
Step2	3.32**	-0.028			0.406	0.07	0.03a	
Step3	1.61**	0.586**	0.043		0.404	0.041	0.026	
Step4	1.19	0.73*	0.65	-0.201	0.404	0.047	0.033	—
假设 30(2)								
Step2	3.09**	-0.002			0.61	0.13	0.016	

续表

	预测因子				方差			$R^2_{调节}$
	r_{oo}	r_{10}	r_{01}	r_{11}	δ^2	τ_{00}	τ_{11}	
Step3	0.347	0.947*	0.059		0.606	0.05	0.03	
Step4	0.054	1.045a	0.505	-0.154	0.607	0.0567	0.04	—
假设31(1)								
Step2	3.09**	-0.002			0.406	0.07	0.03a	
Step3	3.59**	-0.09	-0.04		0.61	0.137	0.009	
Step4	4.34**	-0.34*	-0.84a	0.27a	0.61	0.017	0.15	0.176
假设31(2)								
Step2	3.32**	-0.028			0.61	0.13	0.016	
Step3	3.24**	-0.05	0.012		0.406	0.067	0.027	
Step4	3.26**	0.057	0.002	0.0016	0.406	0.068	0.0219	—

a：$0.05 < p < 0.1$

1. 降低成本雇佣动因的跨层调节机制分析

根据表8.21中的数据，假设28（1）分析了降低成本的雇佣动因对雇佣身份与员工的经济性交换之间的调节关系，结果表明：Step2显示了个体层面雇佣身份与经济性交换的主效应显著负相关，正式员工的经济性交换显著低于非典型员工；Step3表明降低成本的动因对员工的经济性交换有直接的负面影响，意味着正式员工的经济性交换的整体水平要低于非典型员工；Step4证明降低成本动因对变量关系的调节作用，当降低成本的动因高时，正式员工与非典型员工之间的经济性交换的差别开始增加，反之二者之间的经济性交换差别较小。调节变量能够解释2.6%的方差变化，即R^2增加了0.026，假设得到验证，这意味着降低成本的动因会对非典型员工具有更大的影响，因而他们与企业之间会更加倾向于经济交换的关系。

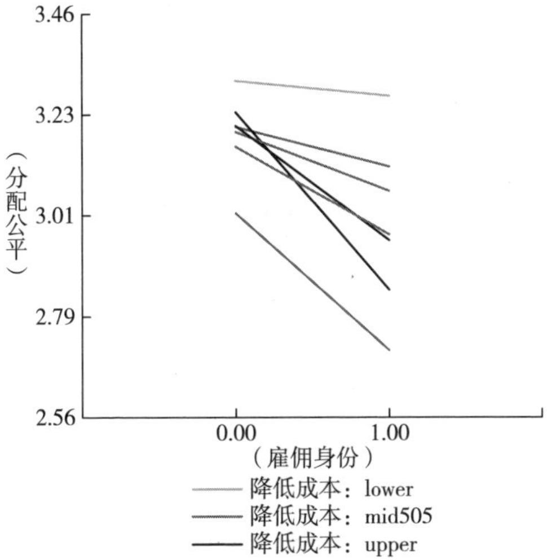

图 8.2　降低成本的雇佣动因对心理契约中的经济性交换的跨层调节作用

假设 28（2）分析了降低成本的雇佣动因对雇佣身份与员工的社会性交换之间的调节关系，结果表明：Step2 显示了个体层面雇佣身份与社会性交换的主效应显著，正式员工的社会性交换显著高于非典型员工；Step3 表明降低成本的动因会直接提高个体的经济性交换水平，会增加正式员工与非典型员工之间在社会性交换中的差别，Step4 中的得数 r_{11} 不显著，未能验证调节效应。

假设 29（1）分析了降低成本的雇佣动因对雇佣身份与员工的分配公平之间的调节关系，结果表明：Step2 没有显示雇佣身份对分配公平的显著回归，在原假设中认为雇佣身份与分配公平正相关，即正式员工的分配公平应显著高于非典型员工没有得到验证；Step3 表明组织层面的降低成本雇佣动因没有对分配公平产生直接的影响，却使雇佣身份对分配公平的主效应变得显著；在 Step4 加入调节项后，雇佣身份、降低成本动因的直接效应和调节效应都变得显著，当企业降低成本的动因越强时，雇佣身份对分配公平的正向影响越大，即正式员工与非典型员工之间的分配公平的感知差别越大，非典型员工感知到的分配公平会显著的低于正式员工，调节项能够解释 53% 的差异变化。

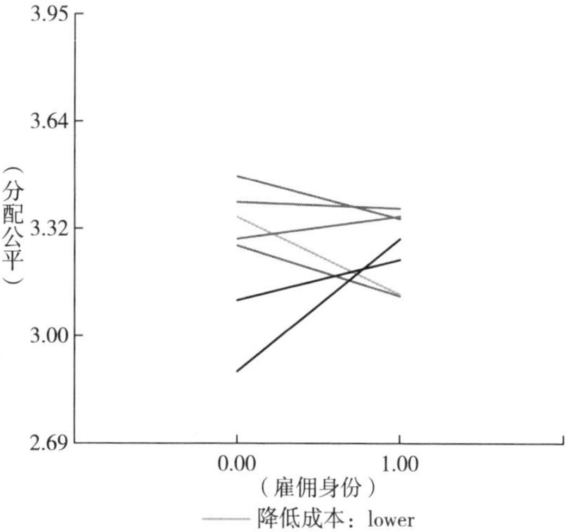

图 8.3　降低成本的雇佣动因对分配公平的跨层调节作用

假设 29（2）分析的是降低成本的雇佣动因在雇佣身份与员工的程序公平之间的调节作用，在 Step2、Step3 和 Step4 中，r_{10}所代表的个体层面的主效应均显著；而在 Step4 中，加入交互项之后，降低成本的动因对程序公平的直接效应和调节效应均显著，但 R^2 没有增加。虽然 Step4 中的调节项显著，降低成本的雇佣动因会调节雇佣身份与程序公平之间的关系，当企业降低成本的动因越强时，雇佣身份对程序公平的正向影响越大，即正式员工与非典型员工之间的程序公平的感知差别越大，非典型员工感知到的程序公平会显著低于正式员工。但由于个体层面自变量对分配公平的影响不显著，并不能证明这一调节效应。

2. 知识整合动因的影响分析

假设 30（1）分析的是知识整合的雇佣动因在雇佣身份与员工的分配公平之间的调节作用：在 Step3 和 Step4 中知识整合动因的主效应和调节效应均不显著，所以不支持该假设。

假设 30（2）分析的是知识整合的雇佣动因在雇佣身份与员工的程序公平之间的调节作用，在 Step3 和 Step4 中知识整合动因的主效应和调节效应均不显著，所以不支持该假设。

这两项假设不显著的一个原因可能与选择的样本有关，本研究中选择的样本主要从事的是一般性的制造业和服务业，虽然也存在着知识分享，但其内部情况与知识型企业中的员工有所不同，我们将在之后的研究中专门对这一部分进行调查和后续研究。

3. 制度规制动因的影响分析

假设 31（1）分析的是制度规制的雇佣动因在雇佣身份与员工的分配公平感之间的调节作用：Step2 没有显示雇佣身份对分配公平的主效应显著，原假设中认为雇佣身份对员工的分配公平感知起着正向的作用，即正式员工的分配公平显著高于非典型员工；Step3 表明制度规制对分配公平不存在主效应；在 Step3 中制度规制动因的影响并不显著；在 Step4 中，四项指标均较为显著，这意味着制度规制的雇佣动因调节了二者之间的关系，图 8.4 中显示低制度规制时非典型员工表现出了更高的分配公平感，高制度规制时非典型员工表现出了更低水平的分配公平感。这里的矛盾在于其确实如假设一样，高的制度规制因素会使非典型员工产生更低的分配公平，而从图中来看，两类员工之间对分配公平的感知却缩小了。对于这一问题，我们的看法是原来的非典型员工分配公平感知高于正式员工的情况可能是由于其农民工的社会身份因素干扰所导致的，因而可以认为假设是成立的。

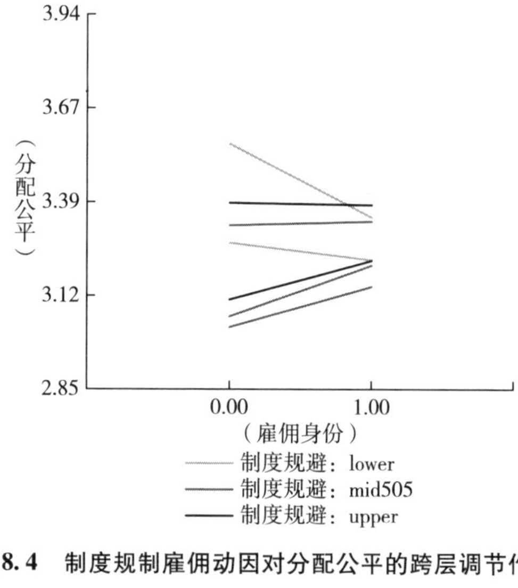

图 8.4　制度规制雇佣动因对分配公平的跨层调节作用

假设 31（2）分析的是制度规制的雇佣动因在雇佣身份与员工的程序公平感之间的调节作用：Step2 中的相关数据不显著，同样在 Step3 和 Step4 中的相关数据也不显著，所以程序公平的调节作用和直接作用都没有得到证明，这可能是由于影响正式员工与非典型员工待遇差别的制度性因素一直存在，而制度规制对其影响较小造成的。

整体而言，雇佣动因的调节验证假设共有八项，其中有四项得到了证明，能够得到证明的动因主要集中在降低成本这一部分。

表 8.22　雇佣身份差别机制对雇佣身份与组织公平感调节机制分析

	预测因子				方差			$R^2_{调节}$
	r_{oo}	r_{10}	r_{01}	r_{11}	δ^2	τ_{00}	τ_{11}	
假设 32（1）								
Step2	3.32**	-0.028			0.406	0.07	0.03a	
Step3	4.06**	-0.23**	-0.018		0.404	0.007	0.029	
Step4	4.16**	-0.26**	-0.81**	0.244*	0.405	0.0055	0.007	0.758
假设 32（2）								
Step2	3.09**	-0.002			0.61	0.13	0.016	
Step3	3.57**	-0.153	0.02		0.61	0.1	0.0015	
Step4	3.69**	-0.20	-0.27	0.09	0.61	0.09	0.03	—

a：$0.05 < p < 0.1$

（三）雇佣模式调节机制的假设验证

1. 雇佣身份差别机制对组织公平的调节效应分析

表 8.22 显示了假设 32 的各项分析数值：假设 32（1）分析的是雇佣身份差别机制在雇佣身份与员工的分配公平感之间的调节作用，Step2 没有显示雇佣身份对分配公平的主效应显著，原假设认为雇佣身份对员工的分配公平感有着正向的影响，即正式员工的分配公平感显著高于非典型员工；Step3 表

明在加入雇佣身份差别机制作为自变量时，其对分配公平没有直接影响，但却使雇佣身份对分配公平的主效应变得显著；在Step4 加入调节项后，雇佣身份、降低成本动因的直接效应和调节效应都变得显著了，如图 8.5，当雇佣身份差别低时，非典型员工甚至显示出了高于或是类似于正式员工的分配公平感知，这可能与前面提到的员工群体中的社会身份有关，也可能是数据中存在着个体的极端企业样本；当雇佣身份的差别提高时，非典型员工感知到的分配公平开始显著低于正式员工，二者之间的差距在逐渐变大，调节项能够解释 75.8% 的差异变化，假设得到了验证。

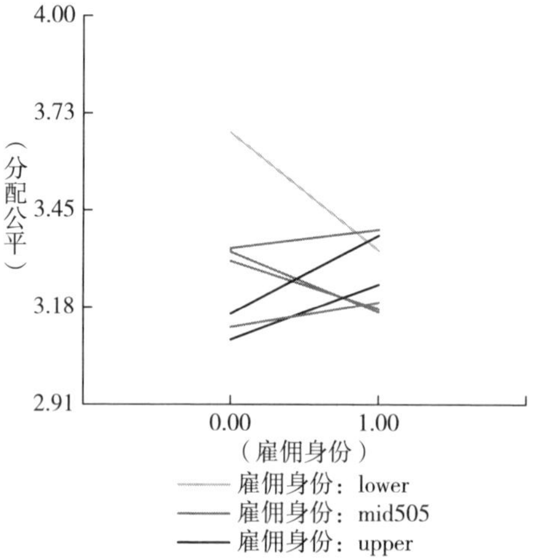

图 8.5　雇佣身份差别机制对分配公平的跨层调节作用

假设 32（2）分析的是雇佣身份差别机制在雇佣身份与员工的程序公平感之间的调节作用，在 Step3 和 Step4 中知识整合动因的主效应和调节效应均不显著，所以不支持该假设。

2. 身份转换机制对心理契约的调节效应分析

表 8.23 分别分析了身份转换机制在雇佣身份与心理契约之间的调节效应。在身份转换机制中，存在着正向与逆向两种不同的转换方式，本书将这两种转换方式同时放入模型中进行验证。

表 8.23　身份转换机制在雇佣身份与心理契约中的调节机制分析

		假设 33：经济性交换			假设 34：社会性交换		
		Step2	Step3	Step4	Step2	Step3	Step4
预测因子	r_{oo}	3. 32 ***	3. 57 **	2. 61 **	3. 384 **	3. 463 **	3. 348 **
	r_{10}	-0. 028	-0. 038	-0. 036	0. 150a	-0. 008	-0. 022
	r_{01}		-0. 06	0. 141 *		-0. 025	-0. 021
	r_{02}		-0. 0124	0. 09 *		0. 160a	-0. 025
	r_{11}			-0. 243 *			0. 135
	r_{21}			-0. 207 *			0. 033
方差	δ^2	0. 406	0. 406	0. 412	0. 323	0. 323	0. 323
	τ_{00}	0. 714a	0. 0654 *	0. 01 *	0. 010a	0176 *	0. 131 *
	τ_{11}	0. 03	0. 014	0. 0029 *	0. 008a	0. 008 *	0. 196 *
$R^2_{调节}$				0. 79			—

a：0. 05 < p < 0. 1

假设 33 中分析了正向与逆向的身份转换机制对经济性交换的影响，结果表明：在 Step2 中显示个体层面的雇佣身份上经济性交换的主效应不显著，原假设中认为雇佣身份对经济性交换起负向作用，即正式员工的经济性交换要低于非典型员工；Step3 中两种转换方式均不存在对经济性交换的显著直接效应；Step4 表明加入正向与逆向转换机制的交换项后，两种转换机制的直接效应均显著，在调节效应方面的分析包括以下两点：

（1）正向的身份转换机制具有显著的调节作用，如图 8.6 所示，当正向转换机制低时，非典型员工变成正式员工的机会就更少了，其表现出了远高于正式员工的经济性交换心理契约；当正向转换机制高时，非典型员工的经济性心理契约依然高于正式员工，但幅度已经有所降低，因而假设 33（1）得到了证实。

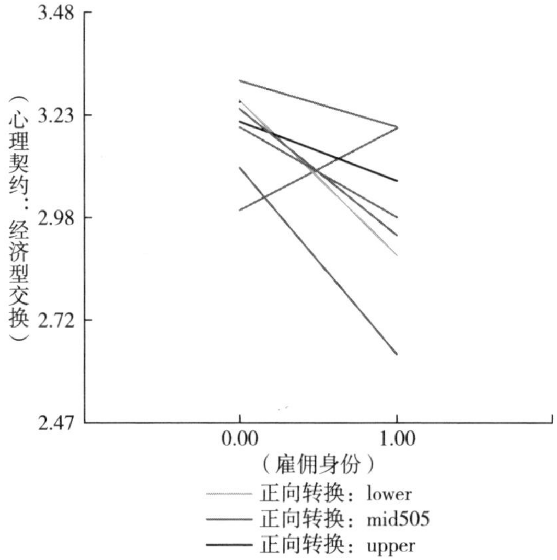

图 8.6　正向的身份转换机制对经济性交换的跨层调节作用

（2）逆向的身份转换机制具有显著的调节作用，Step4 中逆向调节机制的作用显著，如图 8.7 所示，当逆向转换机制高时，非典型员工的经济性交换远高于正式员工；当逆向身份转换机制由高变为中等时，非典型员工的经济性心理契约的水平依然高于正式员工，但程度有所下降；逆向转换低时，却显示出正式员工的经济性交换高于非典型员工的情况，这有可能是由于某个企业数据特殊造成的，也有可能是因为正式员工对逆向转换机制的不满造成的，因此假设 33（2）得到了验证。

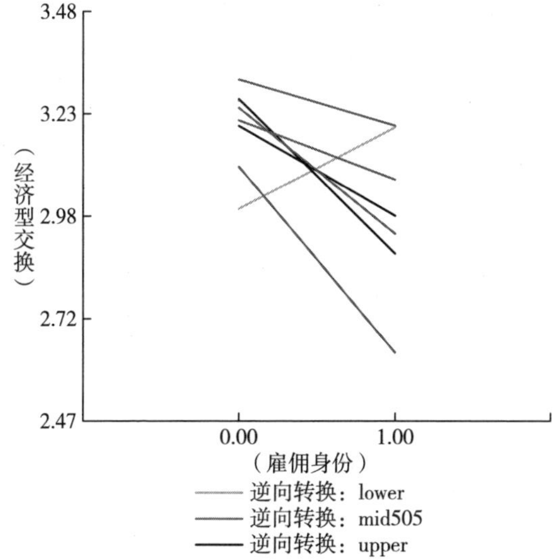

图 8.7　逆向的身份转换机制对经济性交换的跨层调节作用

假设 34 中分析了正向与逆向的身份转换机制对社会性交换的影响，结果表明：在 Step2 中显示雇佣身份对持续承诺的主效应不显著，Step3 中逆向转换方式对社会性交换存在着显著的负向直接效应，Step4 中交互项的结果不显著，这表明身份转换机制对社会性交换不存在调节效应。因此假设 34 中的分假设都没有得到证实。

3. **身份转换机制对组织公平的调节效应分析**

表 8.24 分析了身份转换机制在雇佣身份与组织公平之间的调节作用。

表 8.24　身份转换机制在雇佣身份与组织公平中的调节机制分析

		假设 35：分配公平			假设 36：程序公平		
		Step2	Step3	Step4	Step2	Step3	Step4
预测因子	r_{oo}	3.18**	2.746**	3.38***	3.433***	3.56***	3.51*
	r_{10}	-0.206*	0.137*	-0.111**	0.074	0.094a	-1.88
	r_{01}		0.045	-0.035		-0.127***	-0.08
	r_{02}		-0.21*	-0.207*		0.04	-0.078
	r_{11}			0.191			0.480a
	r_{21}			0.253*			0.244
方差	δ^2	0.46	0.463	0.463	0.379	0.375	0.375
	τ_{00}	0.015	0.01	0.009	0.042**	0.01	0.006
	τ_{11}	0.008	0.021	0.019	0.07*	0.087**	0.06*
$R^2_{调节}$				0.095			0.31

a：$0.05 < p < 0.1$

假设 35 分析的是身份转换机制在雇佣身份与分配公平之间的调节作用，结果表明：在 Step2 中，个体层面雇佣身份与分配公平之间的主效应显著，Step3 表明逆向转换机制对分配公平存在着直接效应，这意味着它会降低正式员工与非典型员工在分配公平感知上的差距；Step4 中逆向的身份转换机制的调节效应显著，根据图 8.8 可以发现，当逆向身份转换机制低时，正式员工与非典型员工对于分配公平的感知存在着较大的差异，而当逆向身份转换机制高时，这种差异的关系就变小了，原因在于正式员工会因为转换机制而变成非典型员工，会在整个员工群体内感知到更大的公平，因此假设 35（2）得到了证明。

假设 36 分析的是身份转换机制在雇佣身份与程序公平之间的调节作用，结果表明：在 Step2 中，个体层面雇佣身份与

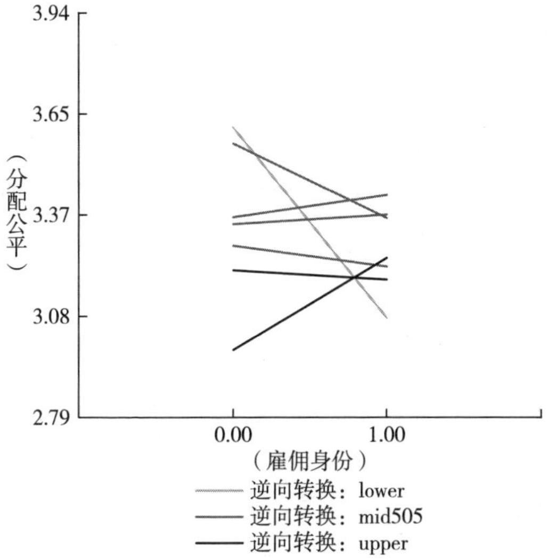

图 8.8　逆向的身份转换机制对分配公平的跨层调节作用

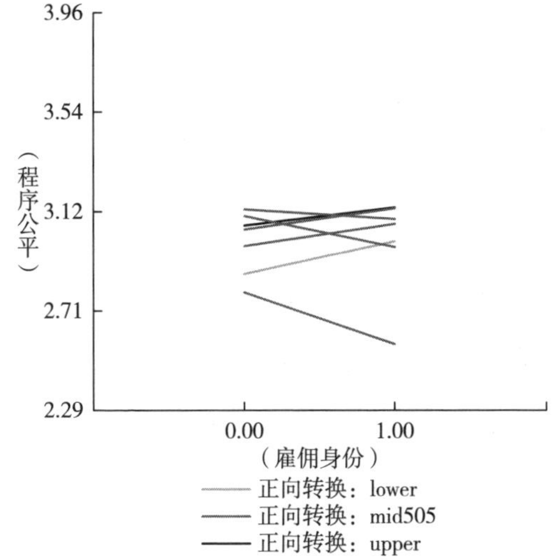

图 8.9　正向的身份转换机制对程序公平的跨层调节作用

程序公平之间的主效应不显著，Step3 中正向转换机制的影响显著，这意味着会对程序公平产生影响，减少了程序公平的差距感；Step4 中，在调节效应方面，正向身份转换的调节机制显著。如图 8.9 所示，当正向身份转换机制较低时，非典型员工转为正式员工的机会相对较少，因而能够明显地感知到两类群体之间较为稳定的身份差别；当正向的转换机制变高时，非典型员工认为虽然存在着群体间的差别，但由于有了转换的机会，整个群体的公平性提高了，其程序公平感增加，与正式员工的程序公平感知差距开始减小，因此假设 36（1）得到了证明。

整体而言，与雇佣动因相比，雇佣模式特征的假设得到了更多的证明，这可能是由于雇佣模式的特征比雇佣动因更加明显而造成的。此外，除了降低成本的雇佣动因外，也可能存在着其他雇佣动因的影响相对不够明确的原因。

五、实证研究的结论

从对研究假设的实证检验结果来看，论文中的假设部分得到了验证，这些检验的结果证明了雇佣动因与雇佣模式的特征之间的显著关系，部分验证了员工行为多样化的中介机制和调节机制。限于研究的总体样本数量，虽然有些假设在文中并没有得到更加准确的验证，但在检验的过程中已经发现了很多值得进一步探讨的情况。

（一）实证研究的结果

1. 个体特征的分析结论

在个体特征方面，代际差异和户籍制度是影响个体意向和工作行为的重要因素。如前文中的表述，中国的代际差异和户籍制度都和当前的制度转型有着紧密的联系，而这两个方面的制度变化已经在不同雇佣身份的员工个体身上打上了标签，分别从价值观和社会身份等方面影响着个体的选择意向和工作行为。数据分析表明：新生代员工相对于其他代群具有更高的情感承诺和持续承诺；具有农村户籍的员工对非典型雇佣方式有着更高的接受度，并在感知到的组织公平上要高于城市户籍的员工，但在各种工作绩效的表现上均低于城市户籍员工。将这几点结果结合起来之后可以认为，农村劳动者由于各种原因产生了高度的流动性，这使其更能够接受和适应非典型雇佣方式，虽然获得的收入相对较少，但由于相对较低的人力资本与社会资本，其比较的对象也常常是其他的农民工，而非组织中的正式员工，所以反而有着更高的组织公平感。

2. 基于员工类型的行为多样化机制

首先，在员工行为多元化机制中，员工的雇佣身份与意向类型都有着重要的预测作用。已有的研究大多使用雇佣方式代表的雇佣身份作为预测员工行为的依据，后来的一些学者针对非典型员工群体中的多样化问题提出：意向能够更好地对员工的行为作出预测。本书在对这两个变量进行比较研究后发现，意向能够更准确地比较出员工群体中的行为差异及其来源，数据检验的结果表明很多时候正式员工与非典型雇佣的员工之间的行为差异实际上主要来自具有非自愿意向员工，而非全部的非典型员工。这种情况在分析雇佣关系中的社会性交换与组织认同、工作绩效中的工作奉献和人际促进、情感承诺与持续承诺的分析中都有明显的体现，具有非自愿意向的非典型雇佣的员工都表现出了与其他意向类型员工的显著差异，他们与组织的社会性关系更弱，对非岗位任务的工作缺乏投入，但也因此在组织公平上有着较高的感知。

意向类型比雇佣身份的优势在于可以通过比较非典型员工群体中的内部差异来分析员工的行为分化，也就是员工对特定雇佣方式的态度对其工作行为的影响，从而进一步完善员工行为多样化的机制，这意味着研究有必要对影响员工意向的关键性因素做出进一步的研究。但是，使用意向类型作为研究的自变量时研究的重点会偏移到员工的态度上而非组织的管理因素上，所以在组织中多元雇佣模式的比较上，本书还是使用了雇佣身份作为自变量来进行研究。

其次，在员工行为多样化的中介机制中，心理契约、组织认同和组织公平感在其中起到了重要的中介作用。当前，企业雇佣模式的调整带来的员工管理问题主要体现在雇佣关系和组织公平两个方面，所以本书据此选择了心理契约（分为经济性交换和社会性交换两个维度）和组织认同两个构念来代表雇佣关系，选择员工对分配公平和程序公平的感知来指代组织公平。

在对雇佣关系的假设检验中，心理契约和组织认同在其中起到了明显的中介作用，当自变量与因变量的关系显著时，关于这两个构念的中介假设基本都是成立的，这验证了本书的观点：雇佣身份与意向类型的差异会导致员工与企业之间的雇佣关系的多样化，并且其会进一步对员工的工作态度和行为产生影响。

在对组织公平的验证中，发现在自变量与因变量显著的情况下，组织公平的中介机制假设大部分都得到了验证，但分配公平与程序公平并不总是起到中介作用。同时，研究还发现与假设不符的情况，即非典型员工感知到的组织公平感有时会显著高于正式员工，并且在以意向类型作为自变量的研究中，非典型员工对组织公平的感知非常敏感，尤其是具有非自愿意向的非典型员工。结合前面的分析本书认为，非典型员工的雇佣身份虽然带来的经济性回报较低，但他们降低了对工作的投入程度，尤其是与工作收入缺乏直接联系的工作绩效部分，这可以解释非典型员工，尤其是具有非自愿意向的员工表现出的显著的高组织公平的原因，而其对组织公平的高敏感性也意味着他们更加关注经济收入。

3. **雇佣动因与雇佣模式的跨层调节机制**

在组织层面的分析中，企业的雇佣动因与雇佣模式特征都会对雇佣关系和组织公平产生一定的影响。鉴于雇佣模式带来的影响主要体现在雇佣关系和组织公平上，本书在这一部分主要探讨雇佣动因与雇佣模式对这两个中介机制的影响，并认为员工的后续行为的变化也主要是通过这两个中介机制来主导的，因而不对这些雇佣管理因素对员工行为的直接影响展开研究。

本书通过跨层研究探讨了企业的雇佣动因与雇佣模式对员工的心理契约和组织公平感的影响。首先，在雇佣动因的研究中发现，降低成本的雇佣动因会使组织中员工的心理契约更加倾向于侧重短期利益的经济性交换，并且会使非典型员工对分配的公平感知更低，制度规制的雇佣动因会增加正式员工与非典型员工在分配公平上的感知差异，这是因为在制度规制的动因下企业常常会强化对正式员工与非典型员工给予差别化的工作待遇与工作回报。

在雇佣模式的特征上，雇佣身份差别机制会明显的调节两类员工对组织公平的感知，非典型员工会由此会产生更强烈的分配不公平感；而企业中的两种雇佣身份转换机制均能够改变两类员工与企业的经济性交换关系，并且都降低了两类员工之间的差距，正向的身份转换降低了非典型员工的经济性交换水平，逆向的身份转换机制提高了正式员工的经济性交换水平，并且这两种身份转换机制分别调节了员工间程序公平和分配公平的感知差别。

（二）总结

本章进行的实证研究主要验证了之前章节提出的基于多元雇佣模式的员工行为分化问题，并且在验证中加入了组织层面的雇佣动因与雇佣模式特征和员工个体选择与接受雇佣方式的“意向”两个方面对工作态度与行为的调节性因素，以此来考察双方的选择对雇佣模式实施的实际影响。

实证研究的结果证实了我们的理论研究中提出的大部分假设，多元雇佣模式中不同雇佣身份员工之间的工作行为差异及其机制在一定程度上得到了验证；员工的意向能够细致地解释非典型员工群体内部的行为差异，尤其是发现了具有非自愿意向的员工的特殊表现；在雇佣动因与雇佣特征上，前者的降低成本动因能够有效地调节雇佣关系中的经济性交换和组织公平的问题，雇佣特征中的身份差别与身份转换机制也都良好地表明了其对员工行为的调节性作用。因此，实证从整体的结果来看是较为良好的。

同时，在实证研究中也存在着一些不足和没有设想到的情况。不足的方面可能是实证研究不能进一步完善的原因，主要包括：样本的数量相对不足，主要是企业的调查数量不足，本研究中调查的企业数量不能满足跨层研究需要的数量；调查的企业样本与部分假设有一定的偏离，本研究调查的样本中基本上没有知识型的企业，这就为假设中的知识分享雇佣动因的验证造成了困难，我们需要在之后的研究中将研究问题进一步的细化，然后选择更加适配的调查对象，并将之作为未来研究的一个拓展方向。

此外，新发现到的超出预想的情况虽然也对实证研究造成了一些阻碍，但也使我们发现了新的关注点。其中最主要的部分就是非典型雇佣的员工表现出的高于正式员工的组织公平感知。在本书的分析中，它是由于非典型员工与正式员工社会身份差别的干扰所造成的，与既有研究，尤其是西方既有研究不一致的结论。我们认为这种不一致既说明了中国以制度转型为特点的雇佣方式多元化的广泛影响，也为我们之后的研究提供了更加完善的借鉴与思考基础：中国经济体制转型的深刻变化对雇佣格局的演变、组织雇佣模式的选择和劳动者个体的行为方式都有着深刻的影响。这是本书的结论，也是这一部分实证中意外发现的一个注脚，更是之后研究中需要关注的重要情境因素。

参考文献

1. Ackroyd S, The organization of business: Applying organizational theory to contemporary change, Oxford: Oxford University Press, 2002.

2. Alexander J, Nuchols B, Bloom J, Lee S, Organization demography and turnover: An examination of multiform and nonlinear heterogeneity, Human Relations, 1995, 48: 1455 – 1480.

3. Allan C, The hidden organisational costs of using non – standard employment, Personnel Review, 2000, 29 (2): 188 – 206.

4. Arthur J B, Effects of human resource systems on manufacturing performance and turnover, Academy of Management journal, 1994, 37 (3): 670 – 687.

5. Ashford S J, Lee C, Bobko P, Content, cause, and consequences of job insecurity: A theory – based measure and substantive test, Academy of Management journal, 1989, 32 (4): 803 – 829.

6. Atkinson J, Manpower strategies for flexible organizations, Personnel Management, 1984, (16): 28 – 31.

7. Baruch Y, The rise and fall of organizational commitment, Human Systems Management, 1998, 17: 135 – 144.

8. Beard K M, Edwards J R, Employees at risk: Contingent work and the psychological experience of contingent workers, Trends in organizational behavior, 1995 (2): 109 -126.

9. Beck N, Shifting Gears: Thriving in the New Economy, Toronto: Harper Collins, 1992.

10. Benach J, Amable M, Muntaner C, et al. , The consequences of flexible work for health: are we looking at the right place? Journal of Epidemiology and Community Health, 2002, 56 (6): 405 -406.

11. Bernhard - Oettel C, Isaksson K, Bellaagh K, Patterns of contract motives and work involvement in temporary work: Relationships to work - related and general well - being, Economic and Industrial Democracy, 2008, 29 (4): 565 -591.

12. Bhattacharya M, Gibson D E, Doty D H, The effects of flexibility in employee skills, employee behaviors, and human resource practices on firm performance, Journal of Management, 2005, 31 (4): 622 -640.

13. Bishop J W, Goldsby M G, Neck C P, Who goes? Who cares? Who stays? Who wants to?: The role of contingent workers and corporate layoff practices, Journal of Managerial Psychology, 2002, 17 (4): 298 -315.

14. Blalock H M, Toward a theory of minority - group relations, New York: Wiley, 1967.

15. Brewer M B, Pierce K P, Social identity complexity and outgroup tolerance, Personality and Social Psychology Bulletin, 2005, 31 (3): 428 -437.

16. Bridges William, Job Shift: How to Prosper in a Workplace without Jobs, Reading, Mass.: Addison Wesley, 1994.

17. Broschak J P, Davis - Blake A, Mixing standard work and nonstandard deals: The consequences of heterogeneity in employment arrangements, Academy of Management Journal, 2006, 49 (2): 371 -393.

18. Budd J W. 劳动关系：寻求平衡，于桂兰等译. 北京：机械工业出版社，2013.

19. Bunderson J S, Reagans R E, Power, status, and learning in organizations, Organization Science, 2011, 22 (5): 1182 -1194.

20. Bultena C D, Social exchange under fire: direct and moderated effects of job insecurity on social exchange, University of North Texas, Unpublished doctoral dissertation, 1998.

21. Byoung - Hoon L, Frenkel S J, Divided Workers Social relations between contract and regular workers in a Korean auto company, Work, Employment & Society, 2004, 18 (3): 507 -530.

22. Cappelli P, The New Deal at Work: Managing the Market Driven Workforce, Harvard Business School Press, Boston, MA, 1999.

23. Cappelli P, Neumark D, External Churning and Internal Flexibility: Evidence on the Functional Flexibility and Core - Periphery Hypotheses, Industrial Relations: A Journal of Economy and Society, 2004, 43 (1): 148 -182,

24. Chambel M J, Castanheira F, They don't want to be temporaries: similarities between temps and core workers, Journal of Organizational Behavior, 2007, 28 (8): 943 -959.

25. Chambel M J, Castanheira F, They don't want to be temporaries: similarities between temps and core workers, Journal of Organizational Behavior, 2007, 28 (8): 943 –959.

26. Christensen K, The two – tiered workforce in US corporations, In P. B. Doeringer et al., Turbulence in the American Workplace, New York: Oxford, 1991.

27. Collins C J, Smith K G, Knowledge exchange and combination: The role of human resource practices in the performance of high – technology firms, The Academy of Management Journal ARCHIVE, 2006, 49 (3): 544 –560.

28. Connelly C E, Kevin Kelloway E, Predictors of employees' perceptions of knowledge sharing cultures, Leadership & Organization Development Journal, 2003, 24 (5): 294 –301.

29. Connelly C E, Predictors of knowledge sharing in organizations, Unpublished M. Sc. thesis. Queen's University, Kingston, Ontario, 2000.

30. Connelly C E, Gallagher D G, Emerging trends in contingent work research, Journal of Management, 2004, 30 (6): 959 – 983.

31. Connelly C E, Zweig D, Webster J, et al., Knowledge hiding in organizations, Journal of Organizational Behavior, 2012, 33 (1): 64 –88.

32. Cooke F L, Ownership change and reshaping of employment relations in China: a study of two manufacturing companies, Journal of Industrial Relations, 2002, 44 (1): 19 –39.

33. Coyle – Shapiro J A M, Neuman J H, The psychological

contract and individual differences: The role of exchange and creditor ideologies, Journal of Vocational Behavior, 2004, 64 (1): 150 – 164.

34. Cuyper N, Witte H, The impact of job insecurity and contract type on attitudes, well – being and behavioural reports: A psychological contract perspective, Journal of Occupational and Organizational Psychology, 2006, 79 (3): 395 – 409.

35. Cuyper N, Notelaers G, Witte H, Transitioning between temporary and permanent employment: A two – wave study on the entrapment, the stepping stone and the selection hypothesis, Journal of Occupational and Organizational Psychology, 2009, 82 (1): 67 – 88.

36. Darby J B, The Ultimate Contractor: Lessons froma Parallel Universe, ContractProfessional, 1997, 2 (1): 27 – 32.

37. Davis – Blake A, Broschak J P, George E, Happy together? How using nonstandard workers affects exit, voice, and loyalty among standard employees, Academy of Management Journal, 2003, 46 (4): 475 – 485.

38. Davis – Blake A, Uzzi B, Determinants of employment externalization: A study of temporary workers and independent contractors, Administrative Science Quarterly, 1993, 38 (2): 195 – 223.

39. DAVY J A, A test of job security's direct and mediated effects on withdrawal cognitions, Journal of Organizational Behavior, 1997, 18 (4): 323 – 349.

40. De Cuyper N, De Jong J, De Witte H, et al, Literature review of theory and research on the psychological impact of tempo-

rary employment: Towards a conceptual model, International Journal of Management Reviews, 2008, 10 (1): 25 –51.

41. De Cuyper N, De Witte H, Volition and reasons for accepting temporary employment: Associations with attitudes, well – being, and behavioural intentions, European Journal of Work and Organizational Psychology, 2008, 17 (3): 363 –387.

42. De Cuyper N, De Witte H, Job insecurity in temporary versus permanent workers: Associations with attitudes, well – being, and behaviour, Work & Stress, 2007, 21 (1): 65 –84.

43. De Cuyper N, De Witte H, Kinnunen U, et al., The relationship between job insecurity and employability and well – being among finnish temporary and permanent employees, International Studies of Management and Organization, 2010, 40 (1): 57 –73.

44. De Cuyper N, De Witte H, Van Emmerik H, Temporary employment: Costs and benefits for (the careers of) employees and organizations, Career Development International, 2011, 16 (2): 104 –113.

45. De Cuyper N, Sora B, De Witte H, et al., Organizations' Use of Temporary Employment and a Climate of Job Insecurity among Belgian and Spanish Permanent Workers, Economic and Industrial Democracy, 2009, 30 (4): 564 –591.

46. De Jong J, Schalk R, Extrinsic motives as moderators in the relationship between fairness and work – related outcomes among temporary workers, Journal of Business and Psychology, 2010, 25 (1): 175 –189.

47. De Jong J, Schalk R, De Cuyper N, Balanced versus unbalanced psychological contracts in temporary and permanent employment: Associations with employee attitudes, Management and Organization Review, 2009, 5 (3): 329 –351.

48. Defillippi R J, Arthur M B, The boundaryless career: A competency – based perspective, Journal of Organizational Behavior, 2006, 15 (4): 307 –324.

49. Delery J E, Doty D H, Modes of theorizing in strategic human resource management: Tests of universalistic, contingency, and configurational performance predictions, Academy of management Journal, 1996, 39 (4): 802 –835.

50. Deyo F C, Labor and post – Fordist industrial restructuring in East and Southeast Asia, Work and Occupations, 1997, 24 (1): 97 –118.

51. Feldman D C, Reconceptualizing the nature and consequences of part – time work, Academy of Management Review, 1990, 15 (1): 103 –112.

52. Feldman D C, Doerpinghaus H I, Turnley W H, Employee reactions to temporary jobs, Journal of Managerial Issues, 1995, 7 (2): 121 –144.

53. Feldman D C, Turnley W H, Contingent employment in academic careers: Relative deprivation among adjunct faculty, Journal of Vocational Behavior, 2004, 64 (2): 284 –307.

54. Gakovic A, Tetrick L E, Perceived organizational support and work status: a comparison of the employment relationships of part – time and full – time employees attending university classes,

Journal of Organizational Behavior, 2003, 24 (5): 649 – 666.

55. Geary J F, Employment flexibility and human resource management: The case of three American electronics plants, Work, Employment & Society, 1992, 6 (2): 251 – 270.

56. George E, External solutions and internal problems: The effects of employment externalization on internal workers' attitudes, Organization Science, 2003, 14 (4): 386 – 402.

57. George E, Chattopadhyay P, One foot in each camp: the dual identification of contract workers, Administrative Science Quarterly, 2005, 50 (1): 68.

58. George E, Chattopadhyay P, Zhang L L, Helping hand or competition? The moderating influence of perceived upward mobility on the relationship between blended workgroups and employee attitudes and behaviors, Organization Science, 2012, 23 (2): 355 – 372.

59. Gibson C B, Birkinshaw J, The antecedents, consequences, and mediating role of organizational ambidexterity, Academy of Management Journal, 2004 (47): 209 – 226.

60. Gloet M, Berrell M, The dual paradigm nature of knowledge management: implications for achieving quality outcomes in human resource management, Journal of knowledge Management, 2003, 7 (1): 78 – 89.

61. Grimshaw D, Ward K G, Rubery J, et al, Organisations and the Transformation of the Internal Labour Market, Work, Employment and Society, 2001, 15 (1): 25 – 54.

62. Guest D E, Conway N, Communicating the psychological

contract: an employer perspective, Human Resource Management Journal, 2002, 12 (2): 22 - 38.

63. Guest D, Flexible employment contracts, the psychological contract and employee outcomes: an analysis and review of the evidence, International Journal of Management Reviews, 2004, 5 (1): 1 - 19.

64. Hakansson K, Isidorsson T, Work Organizational Outcomes of the Use of Temporary Agency Workers, Organization Studies, 2012, 33 (4): 487 - 505.

65. Hall R, Temporary agency work and HRM in Australia: "Cooperation, specialisation and satisfaction for the good of all"? Personnel Review, 2006, 35 (2): 158 - 174.

66. Harrison D A, Price K H, Bell M P, Beyond relational demography: Time and the effects of surface - and deep - level diversity on work group cohesion, Academy of Management Journal, 1998, 41 (1): 96 - 107.

67. Harrison D A, Klein K J, What's the difference? Diversity constructs as separation, variety, or disparity in organizations, The Academy of Management Review ARCHIVE, 2007, 32 (4): 1199 - 1228.

68. Helper S, MacDuffie J P, Sabel C, Pragmatic collaborations: advancing knowledge while controllingopportunism. Industrial and Corporate Change , 2000, 9 (3): 443 - 487.

69. Hoffman E, The effect of race - ratio composition onthe frequency of organizational communication, Social Psychology Quarterly, 1985, 48 (1): 17 - 26.

70. Hoque K, Kirkpatrick I, Non - standard employment in the management and professional workforce: training, consultation and gender implications, Work, Employment \ & Society, 2003, 17 (4): 667 - 689.

71. Houseman S, Osawa M, Part - time and temporary employment in Japan, Monthly Labor Review, 1995, 118 (10): 10 - 18.

72. Huselid M A, Barnes J E, Human capital measurement systems as a source of competitive advantage, Manuscript in preparation for the Academy of Management Review, 2002.

73. Ipe M, Knowledge sharing in organizations: a conceptual framework, Human Resource Development Review, 2003, 2 (4): 337 - 359.

74. Kalleberg A L, Precarious work, insecure workers: employment relations in transition, American Sociological Review, 2009, 74 (1): 1 - 22.

75. Kalleberg A L, Flexible firms and labor market segmentation, Work and occupations, 2003, 30 (2): 154 - 175.

76. Kalleberg A L, Organizing flexibility: the flexible firm in a new century, British Journal of Industrial Relations, 2001, 39 (4): 479 - 504.

77. Kalleberg A L, Nonstandard employment relations: Part - time, temporary and contract work, Annual review of sociology, 2000, 26: 341 - 365.

78. Kalleberg A L, Reskin B F, Hudson K, Bad jobs in America: Standard and nonstandard employment relations and job quality in the United States, American Sociological Review, 2000,

65 (2): 256 –278.

79. Kalleberg A L, Reynolds J, Marsden P V, Externalizing employment: flexible staffing arrangements in US organizations, Social Science Research, 2003, 32 (4): 525 –552.

80. Kalleberg A L, Precarious work, insecure workers: Employment relations in transition, American Sociological Review, 2009, 74 (1): 1 –22.

81. Kang S C, Morris S S, Snell S A, Relational archetypes, organizational learning, and value creation: Extending the human resource architecture, The Academy of Management Review ARCHIVE, 2007, 32 (1): 236 –256.

82. Kang S, Snell S A, Intellectual Capital Architectures and Ambidextrous Learning: A Framework for Human Resource Management, Journal of Management Studies, 2009, 46 (1): 65 –92.

83. Kinnie N, Swart J, Committed to whom? Professional knowledge worker commitment in cross – boundary organisations, Human Resource Management Journal, 2012, 22 (1): 21 –38.

84. Ko J R, Contingent and internal employment systems: substitutes or complements? Journal of Labor Research, 2003, 24 (3): 473 –490.

85. Krausz M, Effects of short – and long – term preference for temporary work upon psychological outcomes, International journal of manpower, 2000, 21 (8): 635 –647.

86. Kulkarni S P, Ramamoorthy N, Commitment, Flexibility and the choice of Employment Contracts, Human Relations, 2005, 58 (6): 741 –761.

87. Kunda G, Barley S R, Evans J, Why do contractors contract? The experience of highly skilled technical professionals in a contingent labor market, Industrial and Labor Relations Review, 2002, 55 (2): 234 -261.

88. Lautsch B A, Uncovering and explaining variance in the features and outcomes of contingent work, Industrial and Labor Relations Review, 2002, 56 (1): 23 -43.

89. Leeuwen V E, Tauber S, Demonstratingknowledge: The effects of group status on outgroup helping, Journal of Experimental Social Psychology, 2011, 47 (1): 147 -156.

90. Lepak D P, Snell S A, Examining the human resource architecture: The relationships among human capital, employment, and human resource configurations, Journal of Management, 2002, 28 (4): 517 -543.

91. Lepak D P, Snell S A, The human resource architecture: Toward a theory of human capital allocation and development, Academy of management review, 1999, 24 (1): 31 -48.

92. Lepak D P, Takeuchi R, Snell S A, Employment flexibility and firm performance: Examining the interaction effects of employment mode, environmental dynamism, and technological intensity, Journal of Management, 2003, 29 (5): 681 -703.

93. Lewis M W, Exploring paradox: Toward a morecomprehensive guide, Academy of Management Review, 2000 (25): 760 -776.

94. Mael F, Ashforth B E, Alumni and Their Alma Mater: A Partial Test of the Reformulated Model of Organizational Identification, Journal of Organizational Behavior, 1992 (6) : 103 -123.

95. Mangum G, Mayall D, Nelson K, The temporary help industry: a response to the dual internal labour market, Industrial and labor Relations Review, 1985 (38): 599 -611.

96. Mansour - Cole D M, Scott G S, Hearing it through the grapevine: the influence of source, leader - relations, and legitimacy on survivors' fairness perceptions, Pers Psychol, 1998, 51 (1): 25 -53.

97. Marler J H, Woodard Barringer M, Milkovich G T, Boundaryless and traditional contingent employees: worlds apart, Journal of Organizational Behavior, 2002, 23 (4): 425 -453.

98. Marr J C, Thau S, Falling from great (andnot - so - great) heights: How initial status position influencesperformance after status loss, Academy of ManagementJournal, 2014, 57 (1): 223 -248.

99. Martínez - Sánchez A, Vela - Jim E Nez M J, P E Rez - P E Rez M, et al., Inter - organizational Cooperation and Environmental Change: Moderating Effects between Flexibility and Innovation Performance, British Journal of Management, 2009, 20 (4): 537 -561.

100. Martínez - Sánchez A, Vela - Jiménez M, Pérez - Pérez M, et al, The Dynamics of Labour Flexibility: Relationships between Employment Type and Innovativeness, Journal of Management Studies, 2011, 48 (4): 715 -736.

101. Matusik S F, Hill C W L, The utilization of contingent work, knowledge creation, and competitive advantage, Academy of management review, 1998, 23 (4): 680 -697.

102. Mauno S, De Cuyper N, Kinnunen U, et al., Work characteristics in long - term temporary workers and temporary - to - permanent workers: A prospective study among Finnish health care personnel, Economic and Industrial Democracy, 2012, 33 (3): 357 - 377.

103. Mauno S, Kinnunen U, Ruokolainen M, Exploring work - and organization - based resources as moderators between work - family conflict, well - being, and job attitudes, Work and Stress, 2006, 20 (3): 210 - 233.

104. McDonald D J, Makin P J, The psychological contract, organisational commitment and job satisfaction of temporary staff, Leadership & Organization Development Journal, 2000, 21 (2): 84 - 91.

105. McFarlin D B, Sweeney, P D, Distributive and Procedural Justice as Predictors of Satisfaction with Personal andOrganizational Outcomes, The Academy of Management Journal, 1992, 35 (2): 626 - 637.

106. McGovern P, Smeaton D, Hill S, Bad Jobs in Britain Nonstandard Employment and Job Quality, Work and Occupations, 2004, 31 (2): 225 - 249.

107. McLean Parks J, Kidder D L, Gallagher D G, Fitting square pegs into round holes: Mapping the domain of contingent work arrangements onto the psychological contract, Journal of organizational behavior, 1998, 19 (S1): 697 - 730.

108. Millward L J, Brewerton P M, Contractors and their psychological contracts, British Journal of Management, 1999, 10

(3): 253 –274.

109. Mossholder K W, Richardson H A, Settoon R P, Human resource systems and helping in organizations: A relational perspective, The Academy of Management Review (AMR), 2011, 36 (1): 33 –52.

110. Nahapiet J, Ghoshal S, Social capital, intellectual capital, and the organizational advantage, Academy of management review, 1998, 23 (2): 242 –266.

111. Nembhard M I, Edmondson A A, Making it safe: The effects of leader inclusiveness and professional statuson psychological safety and improvement efforts in healthcare teams, Journal of Organizational Behavior, 2006, 27 (7): 941 –966.

112. Nesheim T, Using external work arrangements in core value – creation areas, European Management Journal, 2003, 21 (4): 528 –537.

113. Nesheim T, Olsen K M, Kalleberg A L, Externalizing the core: Firms' use of employment intermediaries in the information and communication technology industries, Human resource management, 2007, 46 (2): 247 –264.

114. Olmsted B, Smith S, Creating a Flexible Workplace: How to Select and Manage Alternative Work Options, New York: AMACOM American Management Association, 1989.

115. Osterman P, BrokenLadders: ManagerialCareersintheNewEconomy, New York: Oxford University Press, 1996.

116. Pearce J L, Toward an organizational behavior of contract laborers: Their psychological involvement and effects on employee

co – workers, Academy of Management Journal, 1993, 36 (5): 1082 – 1096.

117. Pink D H, Free Agent Nation, Fast Company, 1998 (12): 131 – 47.

118. Poppo L, Zenger T, Testing Altermative Theories of the Firm: Transaction Cost, Knowledge – Based, and Measurement Explanations for Make – or – Buy Decisions in Information Services, Strategic Management Journal, 1998, 19 (9): 853 – 877.

119. Porter L W, Pearce J L, Tripoli A M, et al. , Differential perceptions of employers' inducements: Implications for psychological contracts, Journal of organizational behavior, 1998, 19 (S1): 769 – 782.

120. Price J L, Mueller C W, Handbook of organizational measurement, Marshfield, MA: Pitman, 1986.

121. Quinn J B, The intelligent enterprise a new paradigm, Academy of Management Perspectives, 1992, 6 (4): 48 – 63.

122. Rousseau D, Psychological contracts in organizations: Understanding written and unwritten agreements, Newbury Park, CA: Sage, 1995.

123. Sanchez R, Strategic flexibility in product competition, Strategic management journal, 1995, 16 (S1): 135 – 159. .

124. Scheepers D, Turning social identity threat intochallenge: Status stability and cardiovascular reactivityduring inter – group competition, Journal of ExperimentalSocial Psychology, 2009, 45 (1), 228 – 233.

125. Sels L, Janssens M, Vanden Brande I, Assessing the

nature of psychological contracts: a validation of six dimensions, Journal of Organizational Behavior, 2004, 25 (4): 461 - 488.

126. Shore L M, Tetrick L E, Lynch P, Barksdale K, Social and economic exchange: Construct development and validation, Journal of Applied Social Psychology, 2006. (36): 837 - 867.

127. SIAS P M, KRAMER M W, JENKINS E, A Comparison of the Communication Behaviors of Temporary Employees and New Hires, Communication Research, 2016, 24 (6): 731 - 754.

128. Sligte D J, De Dreu C K, Nijstad B A, Power, stability of power and creativity, Journal of ExperimentalSocial Psychology, 2011, 47 (5): 891 - 897.

129. Sluss D M, Klimchak M, Holmes J J, Perceived organizational support as a mediator between relational exchange and organizational identification, Journal of Vocational Behavior, 2008, 73 (3): 457 - 464.

130. Smith V, Institutionalizing flexibility in a servicefirm: Multiple contingencies and hidden hierarchies, Work and Occupations, 1994, 21: 284 - 307.

131. Snow C C, Miles R E, Coleman H J, Managing 21st century network organizations, Organizational Dynamics, 1992, 20 (3): 5 - 20.

132. Stamper C L, Masterson S S, Insider or outsider? How employee perceptions of insider status affect their work behavior, Journal of Organizational Behavior, 2002, 23 (8): 875 - 894.

133. SUTCLIFFE K M, ZAHEER A, Uncertainty in the transaction environment: An empirical test, Strategic Management

Journal, 1998, 19: 1 –23.

134. Sverke, Job Insecurity and Union Membership: European Unions in the Wake of Flexible Production, 2004.

135. Swart J, Kinnie N, Organisational learning, knowledge assets and HR practices in professional service firms, Human Resource Management Journal, 2010, 20 (1): 64 –79.

136. Tajfel H, Differentiation between social groups: Studies in the social psychology of intergroup relations, Oxford, England: Academic Press, 1978.

137. Tan H, Tan C, Temporary employees in Singapore: What drives them? The Journal of Psychology, 2002, 136 (1): 83 –102.

138. Thorsteinson T J, Job attitudes of part – time vs. full – time workers: A meta – analytic review, Journal of Occupational and Organizational Psychology, 2003, 76 (2): 151 –177.

139. Truong D X, Quang T, The psychological contract in employment in Vietnam: Preliminary empirical evidence from an economy in transition, Asia Pacific Business Review, 2007, 13 (1): 113 –131.

140. Tsai W, Social structure of" coopetition" within a multiunit organization: Coordination, competition, and intraorganizational knowledge sharing, Organization science, 2002, 13 (2): 179 –190.

141. Tsui A S, Pearce J L, Porter L W, et al. , Alternative approaches to the employee – organization relationship: does investment in employees pay off? Academy of Management Journal,

1997, 40 (5): 1089 - 1121.

142. Tsui A S, Wu J B, The new employment relationship versus the mutual investment approach: Implications for human resource management, Human Resource Management, 2005, 44 (2): 115 - 121.

143. Uzzi B, Barsness Z I, Contingent Employment in British Establishments: Organizational Determinants of the Use of Fixed - term Hires and Part - time Workers, Social Forces, 1998, 76 (3): 967 - 1005.

144. Van Dyne L, Ang S, Organizational citizenship behavior of contingent workers in Singapore, Academy of management Journal, 1998, 41 (6): 692 - 703.

145. Van Scotter J R and Motowidlo S J, Interpersonal facilitation and job dedication asseparate facets of contextual performance, Journal of Applied Psychology, 1996, 81 (5): 525 - 531.

146. Vincent S, Grugulis I, Employment relations, cost minimisation and inter - organisational contracting, Industrial Relations Journal, 2009, 40 (1): 40 - 59.

147. Von Hippe l C, Greenberger D B, Mangum S L, Heneman R, Voluntary andinvoluntary temporary employees: predicting satisfaction, commitment, and personalcontrol, Research in the Sociology of Work, 2000 (8): 291 - 309.

148. Von Hippel C, When people would rather switch than fight: Out - group favoritism among temporary employees, Group processes & intergroup relations, 2006, 9 (4): 533 - 546.

149. von Hippel C, Mangum S L, Greenberger D B, et al.,

Temporary employment: Can organizations and employees both win?, The Academy of Management Executive (1993 - 2005), 1997, 11 (1): 93 - 104.

150. Wade - Benzoni K A, Rousseau D M, Psychological contracts in the faculty - doctoral studentrelationship, 1997 under review.

151. Wagner W G, Pfeffer J, O'Reilly C A, Organizational Demography and Turnover in Top - Management Group, Administrative Science Quarterly, 1984, (9) 1: 74 - 92

152. Walton R E, From control to commitment in the workplace, Harvard Business Review, 1985 (March - April): 77 - 84.

153. Ward K, Grimshaw D, Rubery J, et al., Dilemmas in the management of temporary work agency staff, Human Resource Management Journal, 2001, 11 (4): 3 - 21.

154. Way S A, Lepak D P, Fay C H, et al., Contingent workers' impact on standard employee withdrawal behaviors: Does what you use them for matter? Human Resource Management, 2010, 49 (1): 109 - 138.

155. Willem A, Scarbrough H, Buelens M, Impact of coherent versus multiple identities on knowledge integration, Journal of information science, 2008, 34 (3): 370 - 386.

156. Wright P M, Snell S A, Toward a unifying framework for exploring fit and flexibility in strategic human resource management, Academy of management review, 1998, 23 (4): 756 - 772.

157. Youndt M S, Dean S, Lepak J D, Human Resource Management, Manufacturing Strategy and Firm Performance,

Academy of Management Journal, 1996, 39 (4): 836 - 866.

158. 博伊索特·马克斯·H. 知识资产——在信息经济中赢得竞争优势，张群群、陈北译. 上海世纪出版集团，2005.

159. 查尔斯·汉迪（Charles Handy），三叶草组织，方海萍等译. 浙江：浙江人民出版社，2012.

160. 陈弋、SYLVIE DÉMURGER、MARTINFOURNIER 等. 中国企业的工资差异和所有制结构. 世界经济文汇，2005 (06): 11 - 31.

161. 陈玉明、崔勋. 代际差异理论与代际价值观差异的研究评述. 中国人力资源开发，2014 (13): 43 - 48.

162. 陈玉明、崔勋. 基于动态环境构型分析的企业雇佣策略研究. 管理学报，2015, 12 (03): 372 - 379.

163. 程德俊、赵曙明. 高参与工作系统与企业绩效：人力资本专用性和环境动态性的影响. 管理世界，2006 (3): 86 - 93.

164. 崔勋、吴海艳. 从近代劳动关系研究视角的变迁看劳资冲突走向. 中国人力资源开发，2010 (5): 80 - 84.

165. 丁为民. 企业劳动关系与经济绩效的变动. 福建论坛（人文社会科学版），2004 (7): 16 - 20.

166. 胡琼晶、谢小云. 团队成员地位与知识分享行为：基于动机的视角. 心理学报，2015 (04): 545 - 554.

167. 黄彦婷、杨忠. 雇佣关系影响知识共享行为的两种并行机制比较. 中国科技论坛，2014 (08): 149 - 153.

168. 蒋建武、李南才. 基于文献计量法的国内临时雇佣研究述评. 管理学报，2015, 12 (04): 619 - 624.

169. 卡利伯格 A. L. 、新馨 . 美国雇佣关系和劳动力市场的变化 . 国外社会科学，2001（4）：102.

170. 寇肯著、朱飞 . 美国产业关系的转型，王侃译 . 北京：中国劳动社会保障出版社，2008.

171. 劳动和社会保障部劳动科学研究所 . 中国劳动科学研究报告集（2000 - 2001 年度）. 北京：中国劳动社会保障出版社，2002.

172. 李建民 . 中国劳动力市场多重分隔及其对劳动力供求的影响 . 中国人口科学，2002（2）：1 - 7.

173. 李玲、陶厚永 . 身份“差序格局”对劳务派遣员工的工作投入影响研究 . 湖北经济学院学报，2012（01）：72 - 77.

174. 李新建、孟繁强、王健友等著 . 超组织人力资源管理研究：机理、模式与应用 . 山西：山西人民出版社，2011.

175. 廖小平 . 全球化与价值观的代际传承和代际整合——从中国社会的改革开放背景来看 . 湘潭大学学报：哲学社会科学版，2006，30（004）：25 - 32.

176. 凌云 . 内部劳动力市场的机理及在我国企业的运行效率研究 . 首都经济贸易大学，2010.

177. 刘林平、张春泥 . 农民工工资：珠江三角洲农民工工资的决定因素（英文）Social Sciences in China，2008（03）：104 - 120.

178. 刘平、王汉生、张笑会 . 变动的单位制与体制内的分化——以限制介入性大型国有企业为例 . 社会学研究，2008（3）：56 - 78.

179. 刘善仕、刘辉健 . 人力资源管理系统与企业竞争战略匹配模式研究 . 外国经济与管理，2005（08）：41 - 46.

180. 刘善仕、彭娟、邝颂文．人力资源管理系统、组织文化与组织绩效的关系研究．管理学报，2010（9）：1282－1289.

181. 刘星、李新建．基于扎根理论的多元雇佣工作群体的雇佣身份断层与激活因素研究．管理学报，2015，12（07）：1001－1011.

182. 迈克尔·布若威．制造同意——垄断资本主义劳动过程的变迁，李荣荣译．北京：商务印书馆，2008.

183. 宁光杰．自我雇佣还是成为工资获得者？——中国农村外出劳动力的就业选择和收入差异．管理世界，2012（07）：54－66.

184. 卿涛、郭志刚．组织变革下的雇佣关系转变分析．经济社会体制比较，2008（5）：175－180.

185. 任远、彭希哲著．2006 中国非正规就业发展报告．重庆：重庆大学出版社，2007.

186. 邵剑兵、王蕴．丰田公司非典型雇佣模式的经验与借鉴．现代日本经济，2009（5）：47－52.

187. 时博、李新建．非典型雇佣关系实证研究困境及其本土化问题探讨．外国经济与管理，2008（3）：28－34.

188. 孙美佳、李新建．多元雇佣与人力资源柔性配置的战略选择．领导科学，2017（26）：43－45.

189. 孙瑞．不同所有制企业员工心理契约差异化研究．东北财经大学，2006.

190. 万向东、刘林平、张永宏．工资福利、权益保障与外部环境——珠三角与长三角外来工的比较研究．管理世界，2006（6）：37－45.

191. 万向东、刘林平．“珠三角与长三角外来工比较研究”调查报告之一 流动、打工、生活与外来工权益状况．珠江经济，2007（4）：28－39.

192. 王兴化、张立富．企业多元雇佣的新制度环境分析．北方论丛，2010（4）：131－135.

193. 王阳．日本劳动力市场灵活化的经验及反思．中国人力资源开发，2011（10）：54－56.

194. 魏下海、余玲铮．我国城镇正规就业与非正规就业工资差异的实证研究——基于分位数回归与分解的发现．数量经济技术经济研究，2012（01）：78－90.

195. 温忠麟、侯杰泰、张雷．调节效应与中介效应的比较和应用［J］．心理学报，2005（2）：268－274.

196. 武中哲．双重二元分割：单位制变革中的城市劳动力市场．社会科学，2007（4）：47－57.

197. 薛欣欣．我国国有部门与非国有部门工资决定机制差异的实证研究．产业经济评论，2008（01）：60－81.

198. 杨斌．基于内部人力资源效能最大化的日本式经营．南开管理评论，2004（03）：57－62.

199. 张立富．论雇佣方式多元化格局下的企业劳动关系．现代财经（天津财经大学学报），2009（12）：3－8.

200. 张立富．中国和美国劳动关系转型的比较分析．中国人力资源开发，2010（4）：71－74.

201. 赵斌、付庆凤、蔡冰鑫．企业人力资源多元化雇佣研究述评．经济纵横，2012（3）：119－121.

202. 赵斌．知识员工暂时雇佣的动因、模式及其特征分析．技术经济与管理研究，2007（1）：75－76.

203. 郑刚、崔勋．基于身份多元化的国有企业人力资源管理研究综述与研究趋势 . 经济管理，2012（08）：183 – 191.

204. 郑刚 . 国有企业员工身份多元化对组织依附的影响机制研究 . 管理学报，2018，15（04）：504 – 511.

205. 中国劳动和社会保障部劳动科学研究所课题组 . 中国灵活就业基本问题研究 . 经济研究参考，2005（45）：2 – 16.

后　记

我十分欣喜这本专著的出版，它是我一段时光的留影和一份思考的凝结。比喻来说，我选题和研究的过程非常类似于《桃花源记》中的场景：在阅读文献的过程中一直“复前行，欲穷其林”，虽然有所得，但总觉得这一领域能够研究的问题大家都已经说尽了，也都说好了，我只能一直沉浸在文献的阅读中进行思考。终于在某一天“得一山，山有小口，仿佛若有光”，感觉好像找到了属于自己的研究思路，最后在反复思考中才发现眼前已经是“豁然开朗”。只不过我所寻得的桃花源不在世外，而是在我大脑中对现实的抽象与总结，这一过程中的所得固然重要，但在寻路途中的乐趣与获得的思考能力更加让人欣喜。

我对雇佣模式问题的研究也是这样反复思考的过程，在开始的时候认为它只是一个影响员工行为的组织因素，但不禁想问“既然大家已经知道了它具有什么样的负面影响，企业为什么还要大量地选用”。在归纳和分析了企业选择和构建新雇佣模式的原因之后，又忍不住要想“为什么大量的企业组织会同时发生这样的变化”“企业的外部环境究竟发生了什么样的变化”“为什么这些变化可以跨越国家的边界而存在”。

我在这样的追问中构建了整体的研究思路：从宏观环境的变化中分析雇佣方式的演变趋势，从企业的视角考察如何选择和构建新的雇佣模式来适应环境的变化，从员工的层面分析雇佣模式的变化对员工工作关系、态度与行为的跨层影响。通过这样层层递进的分析我将所研究的问题进行了整体性的呈现，好的方面是具有完整性和内在逻辑的统一，而不好的方面在于涉及了较多的探索性的问题，增加了研究和验证的难度，并且在具体问题上难以做到深入与细致地研究。

我能够顺利地完成研究和专著的撰写，要感谢导师、同学和同事，他们在我学习和研究中给予的指导和帮助是非常关键的：我的导师崔勋和我就雇佣模式的相关问题进行了深入的探讨，很多新的思考也由此而产生，他分析问题繁华尽去，直指问题核心，让我在研究的过程中避开了许多弯路；同时，也要感谢我的同学张义明、郑刚、瞿皎姣和曹霞等，我们共同对雇佣模式问题进行了细致的探讨，而且都在探索的过程中取得了进步；最后，我要特别感谢山东工商学院东亚研究院的傅志明院长，他对我的支持和对这项研究的关注与推荐是这本专著能够面世的关键。

我取得的每一份成绩都离不开身边的老师、同学、同事和家人的支持。今年我的孩子出生了，而这本书的面世就像是我的另一个孩子也来到了这个世界，我由衷地感谢那些帮助它诞生的人。最后，希望这本书能给关注雇佣模式问题的人以帮助，而不仅仅只是给我个人带来愉悦。

陈玉明

2020. 3. 28